台灣社會研究叢刊 18

意識形態的幽靈

于治中

獻給吾妻　麗君

如果事物的表現形式
和事物的本質會直接合而
為一，一切科學就都成為
多餘的了。

　　——馬克思，《資本論》，第三卷

目錄

自序

> 提問的本身，如同所有的研究，是生命迫
> 切感的一個產物。
>
> ——弗洛伊德，《孩童性理論》

　　意識形態？意識形態不是已經終結了嗎？自從冷戰結束以後，不同種類的「終結論」在知識圈中蔚為流行，「意識形態的終結」也是其中一個經常被觸及的議題。可是如果不健忘的話，將歷史時間稍微拉長，人們可以發現，早在上個世紀50年代冷戰開始不久後，所謂的「終結論」就已開始甚囂塵上。如果冷戰結束時的終結論可以用福山（F. Fukuyama）的「歷史的終結與最後一人」[1]作為代表，那麼冷戰初期的終結論就非貝爾（D. Bell）的「意識形態的終結」[2]莫屬了。以意識形態的問題作為開端，中間配上「現代化理論」[3]的福音，再用歷史走到

1　請見福山（1998a）。此書是由作者的一篇文章擴展而成，原文名稱為 "The End of History ?"，發表於 *The National Interest*, Summer 1989。

2　請見貝爾（2001）。

3　所謂的「現代化理論」其實從一開始就不是一個純學術的問題，在冷戰後出版的《作為意識形態的現代化：甘迺迪時期美國的社會科學與「國族營造」》這本書中，作者明確指出這是美國國家機器強力打造的一個有關全球戰略的意識形態工具。詳情請見雷迅馬（2003）。

終點作為結論，「三位一體」組成的神聖家族為整個冷戰過程似乎畫上了完美的句點。

　　面對冷戰剛結束後喧鬧的終結論，德希達（J. Derrida）當時一反潮流，令人意外地寫了一本討論馬克思的專書，其中不無嘲諷地說，歷史的終結、人的終結、意識形態的終結、形上學的終結等末日論的概念，毫無新穎之處，可以說從來就是當時他們那代人的哲學思考前提，甚至是他們「日常的食糧」（Derrida, 1993: 37）。然而，一樣米，養百樣人。與現在時髦的終結論高唱自由民主的勝利不同[4]，經過二次世界大戰殘酷的洗禮，面對同樣的命題，他們所思考的方向卻正好完全相反，是西方啟蒙思想為何會從理性與進步走向了自身的反面，最終在內部出現了匪夷所思的種族滅絕，在外部發展為剝削掠奪的殖民帝國。因為打敗了納粹德國[5]，並不代表同時就徹底理解了法西斯之所

4　福山的書中基本上以自由民主指稱資本主義，而他所謂的自由民主是特指自由主義式的民主。

5　一般人多單純地認為德國最終失敗主要是由於美國的參戰，是「自由世界」戰勝了法西斯。然而軍事史家清楚地知道，二戰真正的關鍵點並非是始於1944年6月6日的諾曼地戰役，而是源自1941年6月22日爆發的德蘇戰爭，在東線戰場的潰敗才是納粹德國瓦解的主要因素，因為德軍在二戰中的傷亡，約80%發生在東線戰場。二戰東線戰場可說是現代軍事史上最重要的一頁，迄今仍是史上規模最大，甚至可能是最殘酷的戰爭。雙方軍隊的戰線綿延超過三千公里，德軍深入蘇聯領土超過一千六百公里，戰爭的規模更是舉世罕見。僅以1943年7月5日開始到同年8月23日結束的庫斯克戰役為例，雙方就動員了近250萬名兵員，上千架次飛機，6000多輛坦克，迄今仍是史上規模最大的坦克會戰。通過這次戰役，蘇軍完全掌握了戰略主動權，德軍從此徹底喪失戰略進攻能力，轉入全線防禦。自從1941年12月7日，日本偷襲美國珍珠港海軍基地，太平洋戰爭爆發，歐亞兩大戰場合流，史達林一直敦促英國和美國在歐洲開闢第二戰場，以緩解蘇聯所受到的沉重壓力，但都被美英以各種借口所拒絕。1941年夏直到1944年，整整三年時間，德軍除了在北非和義大利戰場與美英等國軍隊作戰外，將大部分的部隊和陸軍作戰資源用於東線。直至1944年5月德蘇戰場勝負已定的時候，為了維護自己在歐洲大陸的利益，英美等國才登陸法國諾曼地，從西線開始進攻德國。最先攻陷柏林的也是蘇軍，而非同盟國的部隊。如果認為這段歷史蘇聯的說法或許不盡可信，亦可參考任教英國牛津大學著名的二戰史專家艾瑞克森（J. Erickson）的著作。請見Erickson（1985a, 1985b）。以往西方國家為了政治原因，刻意貶抑蘇聯抗德的戰績，加上諸多其他複雜的因素，東線戰場的史料大多也隱藏難明，直到蘇聯瓦解之後，戰史學者始能從俄羅斯公布的史料檔案中窺其

以存在的原因；放棄了殖民統治，並不意謂就真正清除了宰制他人的
欲望。

　　法蘭克福學派的代表人物之一阿多諾（T. Adorno）曾經說過，在
奧斯威辛（Auschwitz）[6]之後，不再有詩歌。因為這個地方所製造的恐
怖，已經超出人類想像的極限，從而也超出文字可以表述的範疇。自
從以前蘇聯為首的集團崩潰後，歡呼勝利的口號震天價響，反躬自省
的聲音喑啞難聞。其實冷戰之所以結束，與其說是資本主義「戰勝」
了共產主義，毋寧說是蘇東集團自我瓦解的結果，並且其不戰而敗的
速度與戲劇性，比諸1917年克倫斯基所領導的俄國臨時政府被布爾
什維克所取代的狀況，二者實在不遑多讓[7]。

　　如果事實勝於雄辯，冷戰之後，人們可以發現，最終可能並非是
自由民主世界的勝利，反而卻是自身危機的開始。因為所有的制度都
是歷史的產物，也終將被歷史所超越。當作為對手的邪惡帝國瓦解，
在拔劍四望顧盼自得之際，彷彿道成肉身或是修成正果，自己成為了
完美的代表，或至少是人類最高的演進階段。然而，魔鬼的對立面事
實上並不一定就是天使。被勝利沖昏頭的帝國，依然陶醉於「彰顯天
命」（Manifest Destiny）[8]的信仰，在沒有任何制肘的情況下，惟恐天下

堂奧，其中約40%的紅軍戰役都從未見諸歷史，被蘇軍視為戰神的朱可夫元帥也曾吃過
大敗仗。

6　原為波蘭的一個小城。1940年4月27日，納粹德國時期，親衛隊領導人希姆萊下令在此
　地建造一個集中營。1942年1月20日最高當局通過有關猶太人問題的「最終解決方案」
　後，此營與另外幾處成為實行有系統地屠殺猶太人的場所。

7　所謂「其興也勃焉，其亡也忽焉」，有關這個問題詳細的分析，請見C. Lefort（1999）。此
　外，P. Anderson分析中蘇二國革命的差異時，對蘇聯問題的看法基本上也與Lefort相同。
　請見P. Anderson（2010）。

8　與一般教科書所宣稱的不同，美國的獨立建國其實並非是由於宗教的迫害或是經濟的壓
　榨，而是北美大多數殖民者貪婪的、充滿物質主義追求的世俗性產物。為了替自身不斷
　擴張的行為謀求一個更具正當性的基礎，爾後又虛構出一種源自神意的理論。這種含有
　強烈宗教色彩的清教主義「天命觀」，不但是美國立國之後的一個重要精神支柱，也是構
　成它日後不斷擴張的理論基礎，並成為美國民族主義的一大特色。其重要的內涵就是認

不亂，四處尋找敵人，與其繼續搭配演出牛仔與紅番的戲碼。對外一面高舉「永久和平」的旗幟，一面遂行「先制攻擊」的暴力。這廂宣揚「民主和平」，那處炮製「文明衝突」，聖經與利劍並置，胡蘿蔔與棍棒齊飛。對不願隨之起舞的國家，今天散播它「威脅」，明日詛咒其「崩潰」，恐懼與妒恨共存，高帽子與畫符一色。除了感到「天命」難測，人們或許只能自嘆雷霆雨露，莫非君恩。911之後，當美國人茫然問到「他們為什麼恨我們？」，聞之令人實在有「何不食肉糜？」之感。

　　冷戰結束後，已經不再有國家輸出革命，可是卻仍然有國家強行推銷民主，而且是以不民主的方式行之。然而無論是出於無奈或是真心擁抱，不管是直接引進或是平行輸入，有的地區雖然紛紛按照西方

為清教徒是上帝的「選民」，整個北美的墾殖行為是屬於神靈授意的事業，是在上帝應許之地創造一個新的世界。有別於腐敗與墮落的歐洲舊大陸，這個新世界不僅是在人間實現了聖奧古斯丁的「上帝之城」，它還是照亮塵世的燈塔，將成為一切國家的榜樣，身為基督徒的美國人要遵從上帝的旨意來拯救世界。從這個角度亦不難理解，世上除美國外，沒有一個國家會在自身發行並具有世俗主權象徵意義的貨幣上，理所當然地印刻著「我們信仰上帝」（In God We Trust）。這句格言首次出現於1864年的兩美分硬幣的表面，1955年為了對抗共產世界的挑戰，美國國會更使其成為法定的國家標語。有關「天命觀」與美國霸權主義的問題，請見A. Stephanson（1995）。由「天命觀」可知，美國的建立不是一個朝向未來與前途未卜的烏托邦，而是已經由預言告知，是在當下體現的某種神聖的規劃。布希亞（J. Baudrillard）即是從「已實現的烏托邦」（l'utopie réalisée）這個概念，指出生活在這個悖論之中的美國社會，二個世紀以來幾乎基本沒有變化，一直以一種特有的非歷史性方式，持續在夢想與現實之間不斷搖擺。請見J. Baudrillard（1986: 75-102）。坎貝爾（D. Campbell）也認為，一般而言，對改變的恐懼確實深深地植根於美國的政治文化之中。不過他認為這種恐懼並非是源自於外在的武力威脅，而是與美國自身脆弱的「命定式」認同密切相關。從原先一大部分以農業為主，到如今已徹底工業化的美國，社會的性質雖然改變，可是對自身認同的焦慮卻一直持續。這種獨特的、非領土性與非歷史性的不安全感，在本質上更接近於空間的與倫理的向度。所以對坎貝爾而言，美國不斷向外擴張的根本原因並非是出於理想主義或是尋求經濟利益，重點是在維護自身的認同。請見D. Campbell（1992）。其他與「命定論」類似的概念，還有「美國夢」、「美國例外論」等。此外，冷戰時流行的「現代化理論」其實不過是以客觀的科學和人類的理性替換了上帝的授權，「已開發國家」不再以領土的擴張作為傳播民主的手段，而是企圖經由示範作用，而非正式的征服，作為推廣其價值觀與制度的工具。

的模式打造自身，然而這一波山寨的民主化結果，往往不是先天不
足，就是後天失調，畫虎不成反類犬，淪為所謂「不成熟」或是「失敗
國家」的樣本。不成功其實並不一定是因為東施效顰，與原裝相比自
己永遠是贗品，而是真貨本身也已弊病叢生。當西方世界不再有外部
的壓力，不僅喪失了促使其改進自身缺陷的動力，從此也無法利用敵
人威脅的藉口，作為凍結、轉移或是掩蓋自身內部矛盾的工具。縱使
是冷戰拖垮蘇聯的經濟，西方世界其實也是透支殆盡。揮霍勝利的紅
利後，在過度消費與盡享福利之餘，財政赤字、貿易赤字、經濟停
滯、股票泡沫、地產下跌、失業高升、金融危機、債務危機……相繼
地爆發，新貧階級開始出現，社會變為兩極分化，成了Ｍ型結構，
或是單極增長，導致99%與1%的對立。

　　而所謂「負責任大國」應對市場失靈的方式，就是連續量化寬
鬆，狂印鈔票。不同於之前鼓吹「霸權穩定論」時捨我其誰的豪氣，
現在則是事不干己地兩手一攤，以近乎無賴的口吻表明，這是「我們
的貨幣，你們的問題」[9]。自認是發達的國家不僅肆無忌憚地使用武力
與慷慨大方地外銷民主，當然也毫不吝嗇地輸出通膨，以鄰為壑，以
他國百姓為芻狗，轉嫁傾銷自身的危機，導致蝗蟲般的熱錢全球亂
舞，造成各地的物價飛漲。當某些所謂的落後國家在經濟上缺乏調控
的能力，人民無法繼續承受生活的重壓，奮起反抗無力保護自身的政
府，西方國家又搖身一變，倏然間禍首成了善人，以公平正義的好警
察、清教倫理的金融家、拯救凡世的佈道者自居，指鹿為馬，將問題
的焦點從經濟導向政治，以優美華麗的姿態站在正義與道德的制高

---

9 尼克森時代出現美元危機，1971年8月15日美國宣布美元貶值，並且停止美元兌換
　黃金。從此美元脫離1944年「布雷頓森林協定」的金本位制，當時的財長康納利（John
　Connally）有句名言：「美元是我們的貨幣，但卻是你們的問題」。從此為美國任意印行鈔
　票開啟大門。1971年12月西方「十國集團」雖然達成「史密森協定」，仍然無法阻止美元貶
　值，從此固定匯率制度徹底瓦解。

點，精心地調配「顏色」或澆灌「花朵」的革命。「翻手作雲覆手雨，紛紛輕薄何須數」，畢竟誰掌握了話語權，即擁有主導遊戲與制定規則的能力。

然而被仔細包裝當作精品外銷的政治制度，其實在西方亦早已面臨「政治凋敝」[10]的危機。從投票率的低落、腐敗的盛行、代表性的喪失，到民粹的興起、人民對政治的厭惡、對政黨的失望、對政治人物的不信任[11]……等。研究或關心這個領域的有識之士，紛紛憂心忡忡地開始「尋找政治」[12]或是「回歸政治」、「論政治」[13]。在《反自己的民主》這本著作裡，谷謝（M. Gauchet）表明，西方世界的人們基本上大致接受民主的統治；對來自反動的一邊或是革命的一邊的挑戰，民主確實是比這些長期以來的對手活得更久，然而現在民主卻遇見了最可怕的敵人，那就是它自己[14]。在《為什麼我們不喜歡民主》這本書中，黑歐達瑙（M. Revault d'Allonnes）也指出，不再有「他者」的民主在失去了與極權概念的對比後，不再神聖不可侵犯，亦喪失了動能。民主體制雖然強調對權力的監督與制衡，可是它的構成與維繫也離不開權力的關係。

冷戰結束後，西方社會被某種所謂「新自由主義」（Neoliberalism）勢力所籠罩。源自「經濟自由主義」的新自由主義，雖說是自由主義傳統的一個分支，可是實質上是一種「新保守主義」。這種新舊混和，自由與保守並存的政治經濟結構，在說著民主語言的同時，打造的卻是另一種新的治理模式，將民主的邏輯置於險境，使主體生存

10 這是M. Revault d'Allonnes所著的一本討論當代政治危機的書名，全書請見Revault d'Allonnes（1999）。

11 有關這些非民主現象的討論，請見P. Rosanvallon（2006）。

12 這是當代著名的社會學者鮑曼（Z. Bauman）所寫的書的名稱，請見鮑曼（2006）。

13 這兩本皆是C. Mouffe的著作的書名，請見Mouffe（1993，2005）。

14 請見M. Gauchet（2002）。

的不同領域化約為同一種樣態。傅柯（M. Foucault）對現代社會的分析表明民眾得以狀似「自由自在」的生存，並非是從天而降的恩賜，而是經由一系列「主體性化過程」的機制，反覆灌輸與刻意建構的結果。存活在他所謂「生命政治」中的「民主人」，不斷地被要求去完成所有應盡的責任與義務。然而民主的目標並不在於將異質性的人們同質化，將其改造為「單向度的人」，而是使權力與自由二者之間能夠保持一種動態的平衡。新自由主義的政治理性導致民主之中出現「去民主化」的現象，社會喪失了確定性，相對主義盛行，生活的安適感不再，自認享有並掌控主權的人民，矛盾地卻不停地對自身認同產生危機[15]。

　　朗西埃（J. Rancière）於《民主之恨》一書中揭示，對民主的厭惡並不新穎，從柏拉圖以降雖然古已有之，可是卻於今為烈。任何政治體制不過就是對權力的一種安排，所謂民主亦不例外。就本質而言，民主政體其實是一種「寡頭制的法治國家」，選舉所保證的，只是不斷複製換過名字的同一類統治者。將這種民主放置在「超驗」的位置，然後當作偶像般頂禮膜拜，並不能掩蓋傳統政治模式的力量已經耗盡的事實，也無法減少全球化之下社會的不公不義，更不必說有效地阻止金融資本主義貪婪的發展或是暫緩世界生態危機繼續的惡化。

　　新自由主義式的「民主拜物教」並不能代表歷史已經走到終點，更不意謂意識形態從此結束。在《意識形態與美國外交政策》書裡，亨特（M. H. Hunt）表示美國是一個高度意識形態的國家，只是在個人層次上，他們自己沒有意識到而已。因為令人驚訝地，他們都一致地贊同相同的意識形態，並且視為天經地義而怡然自得。由於美國人將自己的意識形態當作理所當然，從而也自然地認為，其他不同的意

15　請見 M. Revault d'Allonnes（2010）。

識形態是異類或反常[16]。更因為對此事的不自覺,美國人宣稱並且炫耀自身所擁有的並非是意識形態,而是一套完整的「價值觀」。如果仔細檢驗這種所謂的價值觀,它確實不能完全算是純粹的意識形態,而是一個仙體凡胎與上下拼湊的科學怪人。因為與其他的意識形態相比,美國的價值觀事實上更落後與保守,它是宗教與意識形態的綜合體,是「前現代」與「現代性」交配的產物,是超驗與經驗同居的品種,是烏托邦與現實世界共處的結果。正因為是自然與人工的巧妙搭配,是神聖與世俗完美的結合,從而若有若無,似幻似真,如在眼前,與「美國生活方式」(American way of life)徹底地融為一體。冷戰後美國所推行的「新干涉主義」,其中所高舉的民主與人權,本質上依然還是早期「天命觀」在當代的延續與新的翻版[17]。

我們現代所謂的意識形態概念並非自古有之,它的出現不是一個歷史的偶然,它是在18世紀末與現代西方民族國家同時誕生。重要的是,二者不但是同時,而且是同構,是同一現象的一體兩面。自從法國大革命以來,作為最高主權象徵的民族國家取代了宗教的神祇,成為終極價值的來源。政體從神權、王權到民權,人民從教徒、臣子到公民。社會開始從超驗走向世俗,從他律變成自律,正當性與合法性基礎也從宗教變成了意識形態。如果說宗教的核心是信仰,意識形態的核心是就是認同。信仰創造生命的價值,認同提供存在的意義。價值產生服從,意義導致信任。信仰的來源是出自團體的外在,垂直地從上降至下層,意識形態的來源是起自社會的內部,水平地由下凝聚而成。信仰的對象是唯一與固定的,而認同的對象可以是多元與可變的。

相較於傳統的封建社會,西方民族國家的興起,就是一部藉由不

---

16 請見亨特(1998)。
17 有關這種「新干涉主義」的分析,請見 L. Portis(2000)。

斷的認同過程所創造的歷史。自從作為主權象徵的民族國家取代以往
的宗教與教會，出現以民族作為單位的國家以及以個人作為單位的公
民，二者其實互為表裡，屬於同一個認同過程所產生的結果。這個過
程起初是由民族國家由上發起，從制度上主動將個人從舊式的封建社
會連結關係中剝離，召喚至以民族為範疇的政治體制之內。換言之，
個人化的過程是社會的產物，是政治領域自主性的結果。至20世紀
中葉，社會個人化的趨勢開始轉變，認同的對象從國家逐漸轉換為個
人，從此開啟了當代身分認同另一個新的階段。在一本名為《令人無
法置信的對相信的需要》的著作中，克莉絲特娃（J. Kristeva）從精神分
析的角度，闡釋對相信的需要其實是構成人類主體性不可或缺的部
分[18]。在《信任與統治》中，著名的政治學者蒂利（C. Tilly）在做了大量
的調查與比較研究後，亦表明公共政治領域的成敗，涉及到信任關係
網絡的存在[19]。

　　最令人發噱與充滿歷史反諷的是，宣布歷史終結之後的福山，出
人意料地推出《信任——社會道德與繁榮的創造》一書，也認為信任
是推動經濟發展的社會「價值觀」[20]。替明確的既存事實改頭換面或遮
遮掩掩，正是標準的意識形態操作伎倆。或許是出於無知，要不就是
如精神分析所謂「被壓抑的重新回覆」，福山替自己的終結論做了最
壞的示範，可是卻對意識形態的運作做了最佳的展示。只不過以類似
公開自我切腹的方式顯現如此簡單的道理，實在有些小題大作或是譁
眾取寵。日後他修正了自己的立場，其實並不令人意外，因為早已有
跡可循。或許他先前就應該接受來自他同行告誡。在一本比終結論早
兩年出版的書中，亨特仔細分析意識形態在美國外交政策中所扮演的

18　請見 J. Kristeva（2007）。
19　請見蒂利（2012）。
20　福山（1998b）。

角色時言道:「他們和我們面臨的問題,都是要去理解意識形態,而不是表面上譴責並抹掉意識形態的某一種表現形式,而暗地裡又接受另一種表現形式。」[21]

意識形態不是射向對手的一支利箭,將敵人定在恥辱柱上作為罪惡的化身,自己就立刻成為光榮榜上真理與正義的代表。它也不是某種政治體制所獨有,只要民族國家存在一天,就不會消失。意識形態連結觀念、召喚理想、填補政治裂痕、縫合社會矛盾、熨平歷史皺摺。但是同樣地,它也製造分裂、產生對立、提供錯覺、沉溺激情、逃避現實、鼓動暴力。意識形態是個人或團體形成的一部分,它是「生之驅力」與「死之驅力」的綜合,從而宣告意識形態的死亡等於否認自身的存在,這即是為何在宣告之後它又立刻復活,重複不斷地發佈它的訃聞,反證了它的無所不在。否認意識形態真正所想要表達的,其實不是對自身生命的否定,而是對死亡的焦慮,不敢面對它存在的事實。

在西方,伴隨著民族國家與意識形態同時出現的另一個重要的現象,就是康德的批判哲學。康德的哥白尼式革命將人對外在認識的方式從宇宙論或本體論轉向知識論,為現代人文社會科學的形成奠定了基礎。如果說法國大革命在政治上開啟了一個世俗的與自律的社會,康德的哲學體系則在思想上為這個新出現的體制提供了知識上的保證。然而康德哲學主要是建立在人具有先天綜合能力的假設之上,從而將人看作既是認識的主體,同時又是知識的對象。其所開啟的現代人文社會學科的知識,事實上是建立在一個悖論性與不穩定的基礎之上。

---

21 請見亨特(1998: 9)。此書英文版出版時間為1987年,由耶魯大學出版,比發表於 *The National Interest*, Summer 1989的〈歷史終結論〉(原文名稱為 "The End of History?")早二年。

　　這種既先驗又實證式的人文社會知識體系，以東方的帝國作為外在他者，以不證自明的理性作為內在原則，替西方民族國家的同質化過程提供合理化的依據。然而在啟蒙進步價值的光照中，尼采重估了意志與真理的關聯。仕學術客觀中立的表象下，弗洛伊德發現了欲望與知識的糾結。在現實利益衝突的身後，馬克思指出了觀念與權力的共謀。意識形態的作用正是在遮蔽或是掩飾無法被當代（西方及我們自身）知識體系所涵蓋的裂縫或缺口。它不但將這個知識體系中暗藏的激情與權力披上合理的外衣，並且也將西方本土的價值包裝成普世性的真理。然而在想像層次運作的意識形態，雖然如幽靈般穿梭於各個學科之間，或是暫留在某個學科中的一個邊緣角落，卻無法抹除自身經過時遺留下的痕跡，在掩蓋社會矛盾過程的同時，也暴露了自身的矛盾，從而亦可以作為理解現代社會連結形式的一個重要節點，透過這扇窗口重新理解觀念與權力、知識與欲望、真理與意志的關係。

　　本書是一個長期的寫作計畫，基本上是圍繞著一個中心議題，按照次序陸續地完成；主旨不在探討意識形態的類型或內容，亦無意於從事歷史性的分析，而是嘗試研究意識形態的運作機制與功能。寫作的時間起於上世紀 90 年代，最早一篇〈主體性的建構與國族的文化想像〉，源自於 1994 年 6 月「『南進論述』的批判：資本國族－國家與帝國」的會議論文。這篇短文簡單地從精神分析的角度切入「南進論述」，目的在凸顯「國家的意識形態機器」與認同過程的關聯。撰寫此文後，開始動念想要進一步徹底釐清意識形態中主體性的形成機制。然而深入這個領域後發現，如果無法進入構成意識形態的根基，思考意識形態幾乎是不可能的任務。

　　這個根基涉及與構成了社會與精神過程背後最深的底層，正是在這個厚實無聲與難以辨認的實體之上，矗立著宗教、道德、信仰、政治，以及由此而來的各種社會制度。由於語言是人類再現世界的工

具，從而也是構成思想與意識形態最基本的元素。人類對語言的認識
不僅反映出人類是如何認識世界，也包含如何認識自身的主體性。本
書理論的部分即是從作為意識形態物質基礎的語言開始，直至主體性
機制的形成。可是實際的書寫過程是以台灣的政治認同為起點，進入
一系列的理論研究，止於當代中國大陸自我認同的議題，中間夾雜
一篇與此相關討論法國68年事件的文章。不同於黑格爾的《精神現象
學》從「精神」到現實，再回到「精神」；本書是從具體到抽象，再返至
具體，從現實到理論，再重歸現實。

　　這一系列文章的寫作持續時間與台灣解嚴後民主化的過程正好吻
合。猶記得2004年正在撰寫理論研究部分的最後一篇文章，當時正
值台灣政治最動盪的時刻，大選的狂熱橫掃全台，每位政治人物無不
聲嘶力竭地吶喊，從握手拜託、鞠躬下跪，到抹黑造謠、發誓詛咒，
各政黨無所不用其極地動員自己的支持者。不管是平面報刊或是視聽
媒體，每日鋪天蓋地的宣傳與報導，馬路田間旗海飄揚，公司住家處
處文宣，幾乎絕大部分的人，上至清流士紳、知識分子，下到平民百
姓、民間藝人，皆陷於激情的躁動之中。二顆子彈事件後，全台更是
幾乎長期陷入無政府的狀態。

　　人們以為將這些病灶簡單地歸因為「民粹」，似乎就可以解釋這
些現象，並輕而易舉地將問題消解於無形。然而正好相反，「民粹」
只是一個替罪羔羊，事實上它並不與民主對立，亦不是民主的派生
物，或是一個有瑕疵的產品，而是內在於民主之中，是民主的一體兩
面，是民主之所以存在的前提，是構成民主的可能性條件。「民主內
戰」中，在政治人物高唱仁愛與溫情的說詞裡，其實每一句話都潛藏
著憎恨與暴力，皆意謂著對立與撕裂。過往的歷史以及本書的研究表
明，仇恨遠比仁愛更能持久地凝聚自己一方的力量，以及增加消滅

對方的動能，所謂的「博愛共同體」[22]根本上是建立在妖魔化對方的產物。書寫〈意識形態中的主體性形構〉一文的過程時不禁感嘆，在批判「南進論述」中，自己最初對台灣民主所表達的不安與憂慮不幸成真。或許已無需再以「威瑪共和」的現代性歷史作為樣本，去理解盧卡奇所謂「理性的毀滅」，以及施米特所揭示的民主體制之中所存在的結構性悖論。因為文章裡描述的情況彷彿出現在此時此地，理論與現實已經合而為一，自己在文中分析的對象被「意識形態的幽靈」附體，活生生地從筆下跳出，奔走在台灣的大街小巷。

　　為了清楚明瞭起見，故將全書分為二個部分。第一部分是理論研究，第一章在認識論上替意識形態問題做一個歷史的定位。第二章在起源上分析馬克思意識形態理論中存在的問題。第三章是對第二章所引發問題的回應，目的不在批判對方，而是藉此補充馬克思意識形態理論的內容。第四章進一步深入討論構成意識形態基本物質元素的語言。第五章與第六章分別處理巴赫金與阿爾杜塞二人有關意識形態物質性的理論。第七章以精神分析的理論闡明語言的物質性及所涉及的主體性。第八章從精神分析的理論說明意識形態中的主體性如何形成。第二部分現象研究，收入三篇討論台灣，大陸與法國的文章，內容皆涉及現代性與自我認同的問題。

　　由於資質魯鈍，加上生性閒散，這些文章拖延至今方始完成。由於最初是以單篇文章的形式於不同的地方刊出，趁此次結集成書之際，除了對原有的文字與內容做了刪改、修訂與增補，使其內容更通曉暢達，另添加幾張圖表，希望有利於問題的清楚呈現，此外也統一了全部書寫的格式與翻譯的名稱。除了最後一篇是當年仰賴趙剛教授的抬舉，不揣淺陋，為他精心譯注的書所作的序文外，其他文章皆發

22　二戰時發動侵略戰爭的三個軸心國國家，皆利用過「博愛」（fraternalism）的論述對內剷除異己，與對外侵略。詳細請見 P. Brooker（1991）。

表在《台灣社會研究季刊》與《中外文學》。非常感謝這二份刊物的支持，使得這些看起來枯燥冷僻的理論性研究得以有發表的空間，其中有幾篇論文僥倖曾獲得國科會研究計畫的補助，在此也一併答謝。原本素不相識的林少陽教授，多年來一直非常關注這些毫不起眼的研究，藉此機會對他長期的厚愛表示十分的感謝。2009年春季，承蒙汪暉教授的邀約，至北京清華大學訪問，本書大部分的內容曾作為系列演講的材料與班上同學交流，除了對邀請人及接待機構表示深深的謝意，也非常感激這段期間何吉賢、周展安、張翔、袁先欣等學弟妹經常不辭辛勞，居間聯絡同學與行政單位。在黃平教授、張志強教授與程凱教授盛情的邀請下，本書部分的內容也曾在他們所屬的團體與單位做過討論，在此致上萬分的謝意。此外由衷感謝《台灣社會研究季刊》的同仁，多年來大家在知識上給予的激勵與啟發，並且審核同意將拙文列入「台灣社會研究叢刊」的系列。最後特別感謝行人出版社，在高度競爭的社會環境中，仍然願意不計成本，堅持高水準地印製與發行不具商業價值的學術書籍，特別是總編輯周易正先生以及執行編輯孫德齡小姐，排除各種困難，費心的安排，使本書最終得以在預定的時間出版。此外，還須感謝美術設計鄭宇斌先生，為此書設計一款精美的封面。

　　重讀這些文章，有若聆聽過去流行的樂曲，往往不由自主地跌入回憶，想起當時經常獨處於研究室中寫作的情境。房間所在的院館，坐落於校園高處的山丘上，昔日實為一片墳地，雖說是人鬼共處，倒也便於古今神遊。「躲進小樓成一統，管它冬夏與春秋」，在這間狹小寂靜的空間裡，疲憊休憩或苦思冥想之餘，偶爾抬頭環顧四壁圍繞自己的各類圖書與檔案資料，有時眺望白日下綿延不絕的遠山或暗夜裡高速公路的燈火。窗外從皓月當空轉為艷陽高照，從狂風呼嘯變成陰雨綿綿，歲月也就在不知不覺中匆匆流逝。「平生心力坐消磨，紙上

雲煙過眼多」。物轉星移，寒暑交替，孤坐桌前的日日夜夜，最終化作字字句句堆砌而成的一冊書籍，而封面上赫然印著自己既熟悉又陌生的姓名。

　　長期以來，在求學、工作與寫作的過程中，曾直接或間接地接受過許多師長的栽培與朋友鼓勵，時時銘記在心，難以回報，藉此機會致上由衷的謝意，為避免掛一漏萬，也就不一一列舉。最後，必須特別感謝結褵多年辛苦理家的妻子，當年負笈海外求學，課業未畢時，皆需靠她在陌生的異國工作養家。返台任職後，喜愛讀書的她，卻無法如願以償，除仍須辛苦操勞家務，還要照顧中風的父親與教育孩子的功課。沒有她全心的支持與無私的奉獻，沒有她長期的寬容與衷心的諒解，也就不可能有這部作品的出現，在此謹將此書獻給她。

2013.9.15 於新竹

第一部分

理論反思：從物質性到主體性

第一章

意識形態的幽靈
問題架構的源起與演變[*]

* 原文最初發表於 2013 年 9 月，《台灣社會研究季刊》，第 92 期。

　　　　　　　　　　·

　　　　　　　　　　　　　思想、觀念、意識的生產最初是直接與人
　　　　　　　　　　　　　們的物質活動，與人們的物質交往，與現
　　　　　　　　　　　　　實生活的語言交織在一起的。

　　　　　　　　　　　　　　　　　——馬克思，《德意志意識形態》

一、觀念、意識、意識形態

　　在人文社會科學的領域中，「意識形態」（idéologie）[1]這個概念所引起的爭議，可以說從其誕生之日起就沒有停止過。有趣的是，這個概念的實質內涵雖然充滿了歧義，可是卻沿續至今，仍然不斷地被廣泛使用。這個詞語不僅在日常的溝通行為裡經常出現，在當代人文社會科學的專業領域中，也仍然被視為是一個不可或缺的概念。

　　毫無疑問，意識形態一詞之所以能夠流傳到現在，與馬克思對這個概念的使用有關。可是這個語詞事實上並非是他的創建，而是借用了18世紀末法國啟蒙時期學者的構想。馬克思雖然借用了這個語詞，可是經過近半個世紀時間的流逝，其所指涉的內涵已經截然不同。最初這個字是用來稱呼德拉西（Destutt de Tracy）當時新創建的一

---

1 由於idéologie一字在中文被譯作二個詞，即觀念學與意識形態。一般區分原則是，以大寫Idéologie表示觀念學，小寫idéologie代表意識形態。

門以研究觀念（idée）為主的學科，亦即觀念學（Idéologie），之後逐漸
蛻變成馬克思指稱的某種脫離現實的思想體系。隨著這個語詞原始內
容的消失，不僅是如表面上所呈現的情形，單純地從大寫變成小寫，
從觀念變成意識（形態），從原義擴大變成引申義。或是如內容上所
展示的，從一種含有正面價值的學科，簡單地被顛倒成是一個充滿貶
義的虛妄體系。這個繼承與改變的過程具體地代表了西方在有關知識
的看法上出現了劃時代的改變，而德拉西與馬克思二人的思想體系事
實上分別屬於不同的知識架構。劃分這二者界線的標誌，就是康德批
判哲學所代表的「哥白尼式革命」。經由認識論層次上的斷裂，西方
的思想從古典進入現代，誕生了如今所謂的人文學科。

　　從現代符號學的觀點出發，本文主要的問題意識是：語言是人類
再現世界的工具，從而也是構成意識形態的最基本元素。人類對語言
的認識事實上反映出人類是如何認識世界，也包含如何認識自身的主
體性。不同於一般使用連續性的歷史論述方式[2]，此處採取認識論斷裂
的視角，將意識形態概念置於思想與知識型構變遷的脈絡之中，探討
語言問題如何制約德拉西的觀念學與馬克思的意識形態理論，以及康
德所開啟的批判哲學對意識形態議題的影響。這三者將問題意識分別
建立在「觀念」（德拉西）、「主體」（康德）及「現實」（馬克思）的架構
之上，正好代表了西方知識體系如何從古典進入現代並嘗試穿越現代
的歷程。

　　本文將在認識論的層次上闡明，德拉西雖然將觀念學建立在語言
的基礎之上，可是他卻將語言等同於觀念，真正探討的對象既非語
言，亦非觀念，而是觀念背後的邏輯。德拉西自認是革命性的創舉，
事實上並未跳出西方古典時期對語言的認識，仍然視語言是一種透明

2　一般研究意識形態史著作，大多是從一種自然連續性的角度，簡單地處理德拉西與馬克
　　思的關係。譬如請見 Barth（1976）、Larrain（1979），以及 Eagleton（1991）。

性的存在，而這種前現代模式的語言觀完全無法支撐他所企圖建立的學科。取而代之的康德批判哲學，雖然克服了古典時期認識論的限制，開啟了現代知識體系，可是其問題意識與語言完全無關，基本上是建立在一個先驗主體（transcendental subject）的架構之上。康德將自我提升到一個絕對的地位，使純粹意識成為所有認識的來源，不僅導致自我既是認識的主體，同時又是認識的對象，使現代的知識體系立足在一個悖論的與不穩定的地基之上，並且遮蔽了語言與意識的關係，造成意識形態日後成為內在於各個新興學科中一個重要同時卻又難以被歸類與分析的領域。

　　馬克思顛倒了康德以主體作為認識基點的模式，他站在現實的角度，從勞動分工的議題架構中，導引出了意識形態的概念，並將其定義成是「虛妄意識」或是「主導權意識形態」。馬克思繼承了 Idéologie 這個詞，可是卻轉換了德拉西原先以語言為基礎，含有樸素唯物傾向的構想。他雖然認識到語言對意識形態的重要性，然而受制於其時代有關語言知識的限制，無法深入問題的核心，造成其意識形態理論中存在著一個結構性的矛盾[3]。雖然他在後期討論商品拜物教時，將商品比擬為語言，觸及了此一問題，但語言的問題像幽靈般不僅糾纏著馬克思的意識形態理論，日後也一直制約著馬克思主義者或非馬克思主義者有關這個議題的思考。最後，本章進一步指出，語言不僅是構成意識形態的前提條件，同時也是進入象徵的維度與無意識領域的門徑，這二個面向不僅擴展與加深了語言與意識形態關係的內涵，也為理解意識形態的運作機制提供了另類可能性。

3　有關這個問題的討論，請見本章第五節。

二、人文學科的史前史：觀念學

與其同時代的英國哲學家不同，法國的啟蒙思想家沒有扮演君主
的諮詢者角色，滿足於以君權制約貴族權力。這些人強烈要求徹底擺
脫整個封建秩序，一方面高舉理性的大旗和宣揚科學的精神，將批判
的矛頭指向宗教。另一方面也反對舊式形而上學，致力於使哲學世俗
化並面向群眾，大力抨擊現實社會中各種不合理的現象，啟發了人們
的自由意識與對民主的要求。德拉西出身貴族，可是卻是法國大革命
的擁護者，然而他的認同並無法改變革命者對他的懷疑，在渡過了隨
著大革命立即而來的恐怖統治後，他極力主張重新改革法國老舊的政
治與社會體制。

德拉西及其志同道合者認為，政體的變更必須要建立在社會的改
革之上。他們除了呼籲在國家主導之下規劃具有現代意義的公共醫療
體系，以此「看顧」新生共和國人民的身體（即傅柯所謂「生命政治」
的開端），另外他們強調，外在體制的轉化必須同時要以人們內在觀
念以及思維方式的改變為基礎。所以他們還倡議改革教育施行的方
式，使更多的人有受教育的機會，也由此開啟了西方現代的公共教育
制度的先河（即阿爾杜塞的「國家的意識形態機器」的起源）。尤有甚
者，德拉西進一步認為，人類知識的限制並非是由於人類自身內在的
某些無法超越的弱點，而是源自人類思維與推理方式的不完美。政治
與社會領域的革命如果想要成功，與教育體制相伴的思想領域也必須
同時要進行徹底的革命。他甚至指出，需要改變的非但是觀念思想的
內容，還必須要更深入至其所使用的語言本身（這個構想分享了現代
分析哲學的假設）。為了完成整個目標，他提出一個全盤改革哲學的
計畫，嘗試超越既有的知識體系，另外創立一個全新的學科。

在培根、洛克、康地亞克（Condillac）等人思想的啟發下，以德
拉西為代表的這些觀念論者認為，舊式形而上學中的先驗原則往往是

產生各種虛假認識的主要來源，故力圖跳出推理演繹的方式，嘗試建立一種基於對事實觀察之上的經驗性研究，以此作為變革人心同時改造社會的準則。洛克曾對笛卡爾「天賦觀念」（idées innées）原則進行過深入而詳盡的批判，指出「……在理性和知識方面所有的一切材料，都是從那裡來的呢？我可以一句話答覆說，它們都是從『經驗』來的，我們的一切知識都是建立在經驗之上的，而且最後是導源於經驗的。」（洛克，1983：68）既然所有觀念皆是來自於經驗，認為這些觀念是構成人類道德與內心世界的基本組成單位，從而德拉西主張將研究的對象集中在人們日常所使用的觀念本身，並據此塑造了一個新詞，稱這個學科為觀念學。

由此可見，德拉西所謂的觀念並非是柏拉圖式的獨立於人類之外存在的某種抽象「理念」，而是繼承康地亞克的觀點，指人與外在世界接觸時所產生的各種感受（sensations）。他認為以人類具體經驗所產生的各種感受為基礎，不僅能夠防止被錯誤的抽象原則干擾，並且可將觀念拆解為簡單的元素，有利於對人類知識進行客觀的分析與驗證。觀念本身是透過社會約定俗成的語言所呈現，非但個人經驗的分享，甚至知識的傳播，皆經過此一系統的媒介。因此「觀念學」的主要內容即是在探究一種嚴謹的文法與語言規則，釐清模糊的觀念，考察語言的字彙或句法，分析由觀察所得的事實與觀念二者之間是否相符。由於觀念是任何思維活動不可或缺的組成部分，以至於德拉西還宣稱觀念學能夠進一步作為其他種類學科的基礎，是各種「理論的理論」、「科學的科學」（Rastier, 1972: 14-15）。

為了達到所預設的目的，與盧梭採用的方式不同，德拉西排除了任何有關觀念歷史起源（origine）的探討，從效果上去考察觀念生產的過程。他將研究的範圍嚴格限制在思想的運作方式上，也就是說分析觀念如何形成、發生（genèse）及其相互之間關係等各種基本現象，希

望能夠如牛頓觀察物理世界的方式一樣，從中分離出一些最基本的規律或原則。如此不僅使哲學能夠步上科學的道路，超越當時形而上學與神學的糾葛，並且企圖使其成為所有知識傳遞過程的基本方法論，最終建構出一種能夠包涵所有知識體系的學科。

對德拉西而言，認識一個對象或事物，就是將其重新顯現（représenter）出來，使其成為類似一種「圖表」或是一幅「忠實的繪畫」。如果要正確地完成這個行為，首先必須要能夠察覺事物的每一個要素，其次必須能夠複製存在於事物各要素之中的次序；整個再現過程（représentation）的關鍵，在於將事物及其表象這兩個分開卻具同質性的要素建立起某種關係。德拉西的問題架構隱含了兩個前提，一個是對外在自然（la nature）的認識，另一個是對事實的判定。因為是自然保證了整個構想的完整性，而自然本身被視為是具有體系或至少是某種完整的結構組織。由於所有的認識皆來自於對外在的感受，而感受又形成了觀念，在現實與感受，或是由此而來的觀念之間互相等同的情況下，觀察的過程能夠將外在現實轉換成話語。建立在觀察基礎之上的事實概念，被用來作為自然與其再現之間的中介，通過將存在於自然之中的次序移置於話語之中，同時也將一個事實轉換成為一個真理。正是這個從現實到觀念、從事實到真理轉換過程的正當性，保證了推理演繹分析方法的有效性。

在《觀念學基本原理》（*Eléments d'Idéologie*）一書中德拉西指出，人類的智力創造出觀念，接著是符號，然後是推理，從而他將這個未來學科的內容分為了三個主要部分，分別是觀念學本身（Idéologie proprement dite）、語法學與邏輯學，三者皆以觀念作為研究的對象。觀念學本身處理觀念怎樣形成，語法學負責觀念如何表達，邏輯學判定觀念是否正確，三者共同構成了人類認識外在的工具或方法。所以觀念學一詞實際上包含了兩種內容，一是作為一種類別，指稱由不同

的認識工具所形成的科學。另一個是作為專有名詞，指稱觀念科學的自身，是不同類別的認識工具中的一種（Rastier, 1972: 6）。德拉西從類似發生學的觀點強調，雖然人類組織生活的行為必然導致符號的出現，可是觀念卻是先於符號而存在。由於人類推理的過程無法缺少符號，所以符號又先於推理。從表面觀之，書中的內容與敘述過程是按照這個先後次序呈現，可是書中實際的理論架構卻正好相反，觀念學的內容是被語法學所支配，而全體又是受到邏輯學的制約。

在討論觀念學本身這個部分時，德拉西簡單地區分了四種與外在事物相關的能力，分別是感受、回憶、判斷與意願，這些能力的整體共同構成了思想的最基本模式。感受屬於初級的單一性觀念，而回憶、判斷與意願則是屬於組合性觀念。回憶、判斷與意願雖然在邏輯上是後於感受而存在，可是並不是派生於感受，每一種能力在思想中佔據同樣的地位。對德拉西而言，外物存在方式的本身是實在的或是抽象的並不重要，因為所謂的外在現實，其實只是以嚴謹的方法去分析感受所產生的結果，其存在並非是本體上的，從而僅具有邏輯上的意義（Rastier, 1972: 61）。真正的關鍵在於外物存在的同時，必然肯定了與其相對應的人，亦即一種基於感受而存在的主體。正是因為觀念與現實之間沒有根本的不同，所以對觀念的分析可以建立起事實，並由此認識到外在世界的真理。

觀念與現實之間的這種關係似乎也被移植到思想與符號兩者的問題之中。德拉西強調「我們在擁有人為的符號之前即開始了思想」[4]（Clauzade, 1998: 146），由於思想是先於符號而存在，所以是屬於初

---

[4] 事實上，這個論點並未與沒有符號就無法思想的問題衝突。因為除了感受之外，德拉西表明人類另外還擁有一種能力同樣可以產生觀念，即是行動。任何思想必定自然地伴隨著行為，任何行為也必然會產生思想。從而約定俗成的符號最初並非起源於文字性的語言，而是來自人類在社會中的行動過程，符號對思想之所以能夠產生影響，是人類在行動性語言的基礎上發明了人工性語言的結果。

級的單一性觀念層次。作為人工性符號的語言真正進入思想領域是從
組合性觀念的階段開始，其作用在於將單純的感受傳送至一個抽象的
觀念之中，並且將各種觀念的結合固定住，使其達到能夠表現複雜思
想的水平。換言之，一個由不同的感性印象所組成的符號就是一個觀
念，符號是觀念完美的再現，兩者可以互相替換[5]。符號在組合性觀念
的層次產生作用，進入或使用組合性觀念去表達複雜的思想時，必須
要經由語言的中介。

　既然所有使用的觀念皆是處在被符號覆蓋的情況下，只有藉著語
言的輔助方有可能將其加以結合與運作，如果想要分析這些符號的表
現方式以及所滋生的各種效果，就必須要設想一個語法學的存在。然
而觀念學中的語法學有別於一般性的文法，雖然它的內容是建立在日
常性語言的基礎上，可是卻可以適用於其他所有的語言。原因在於德
拉西認為任何符號在性質上沒有差別，自身具有一種源自於理性的普
遍性內涵，可以完美地再現觀念。所以從個別語言所產生的語法，對
其他語言而言當然具有同樣的效力。語法學以具體使用的語言作為研
究對象，除了確認語言作為一種輔助性工具的價值外，並力圖證明語
法學自身的普遍性意義。它不但從語言的多樣性之中呈現出內在規則
及功能的普遍性，並且由此更進一步揭露，所有這些規則皆是源自於
人類天性中知性能力的普遍性，正是由於這個原因，德拉西將其稱之
為「普遍性語法學」。

　語法學的目的在於解決語言中存在的曖昧性，它以句中「單字」
的功能作為準則，以此決定其他不同的文法類別。從語言最初始的元
素開始，經由一系列的判斷過程，逐步建立語言鏈與觀念鏈的同構
性。然而，分析人類的認識是否確實固然依賴判斷，可是判斷的可靠

---

5 德拉西另外也表示，「我可以說，一個觀念以及再現這個觀念的字是完全同一回事，因為
　任何事物發生在一者，也會發生在另一者。」（Rastier, 1972: 83）

性又必須根據一個更高的原則，也就是真理的問題。從而德拉西認為，理解符號所滋生的各種效果時，不僅語法學是不可或缺的一環，另外還需要一個與真理相關的邏輯學。在這種認識之下，語法學最終成為只是一種過渡，一種達到真理之前必須擁有的知識。邏輯學既然以真理為對象，所以就必須拋開表象，在起源上去尋求它的可能性，亦即是說，從我們說話時能夠完全確認的最初事實著手，而這個事實就是我們的觀念，或是組成觀念的感受。對德拉西而言，觀念或是最初始的事實，是所有確定性的基礎與原因，經由這種確定性所產生的判斷，成為所有其他判斷的來源與根本。

　　將確定性最終建立在人類無法超越的感受上，其實也就是將確定性的起源與人自身的存在等同。德拉西認為當我們做出一個判斷，由於我們對這個判斷有感受，所以就不可能是虛假的。然而，強調感受確定性的目的，並非是要如笛卡爾式主體那樣，作為肯定自身某種本質（即理性）的依據，而是企圖創造某種條件，使得思想可以成為是一種感受性的真理。就這個意義而言，在邏輯學中所謂的真理，不再是如一般所定義的那般，探究精神與外物二者是否相符的問題，而是被轉換成在現實生活中，唯一能夠獲得的感受是否與主體自身互相一致的問題（Clauzade, 1998: 152）。將真理定位為對最初事實的追溯，其結果必然導致思想的正確與否是屬於邏輯的範疇，與語言自身的問題無關。對德拉西而言，語言僅僅被看作是一個簡單的外在物理記號，或是一個圖畫，所以可以等同於觀念，甚至於被觀念替代。語言自身沒有內在性，亦無自主性，更不存在現代語言學所謂的「價值」，而是類似一種透明的事物，其主要的功能與其說是指涉，毋寧說是如鏡子般反射，只是用來記載或標明符號所再現的觀念。

三、觀念學與古典時期的終結

從歷史上來看，以德拉西為代表的觀念論者深受啟蒙主義的影響，在法國大革命的激勵之下，企圖創立一個橫跨不同領域並且能夠作為其他學科基礎的理論，希望以此匡俗濟時，改革思想，引領社會進入一個嶄新的時代。這些人雖然在實際的政治與社會領域表現的非常激進，可是他們所提出的這個方案，卻是建立在對外在的自然、事實、人的認知能力等一系列不證自明的前提之上，並且幾乎將所有的認識化約為是觀念的問題，最後將其置於一個封閉的再現體系之中。從認識論的角度而言，德拉西自認為是一種革命性創舉的理論，其實基本上並未跳出17、18世紀西方古典時期的知識體系。

德拉西討論觀念與思想的理論主要是來自於經驗主義的傳統，然而理性主義者如笛卡爾等有關人的理解力及其推理原則的概念，卻是德拉西及其同時期的人追尋語言自身規則的重要依據，這也是為何當代著名語言學家喬姆斯基（N. Chomsky）將這個時期稱之為「笛卡爾式語言學」的時代（Chomsky, 2009: 57）。然而當時笛卡爾的理性主義雖然被奉之為圭臬，可是實際上他對語言自身的功用卻充滿了疑慮。笛卡爾認為世界可以被劃分為事物與觀念兩個部分，而語言其實無助於二者的溝通，反倒是造成人類各種錯誤認識的原因之一，是一種障礙，是一種無用的或是表面的中介物。悖論的是，他對語言的否定是源自於一個具有自主思考能力的主體，由於對這個主體內在能力的肯定，激發了人們企圖穿過紛雜的語言現象，積極尋求語法背後的規範性。因此他對語言的不信任並無礙他的哲學思想成為日後，乃至現在[6]，研究語言時重要的理論來源。

在古典時期，最主要的代表當屬朗斯洛（C. Lancelot）與阿爾諾

---

6 譬如喬姆斯基的衍生語法理論。

（A. Arnauld）二人合著的《普遍唯理語法》（*Grammaire Générale et Raisonnée*），又名《波爾・羅瓦雅語法》（*Grammaire de Port-Royal*）。作者以笛卡爾的理性哲學作為基礎，重新導入了被文藝復興時期學者所忽略的中世紀符號理論。在書中，語言被視為是一種由符號所構成的系統，真正能夠指稱外在事物的是觀念，而觀念則是由語言文字所包覆。書中強調，外在事物的真理並不能夠在語言的使用過程中顯現，因為真理是位於觀念的層次，也就是說，是屬於邏輯的問題。語法處理的對象是語言，而語言僅是上述邏輯層次的一個代表，縱然有自主性，可是仍是受邏輯所支配。

《普遍唯理語法》既忽視從不同的語言做比較，又不承認語言的自主性，將語言及語法最終化約為邏輯的問題，其目的在於揭露語言的底層必然存在著某類共同的理性，人類對語言的認識以及所建立的規則皆必須以此作為依歸。正如傅柯（M. Foucault）在一篇專門為這部著作而撰寫的導論中所強調：「普遍性進入的並非是一般語言的普遍性，而更應該是在任何語言中產生作用的理性普遍性。這些理性是內在於表現、再現、思想的範疇裡。」（Foucault, 1994: 738）《普遍唯理語法》的作者之一阿爾諾又進一步去完善這個理論，與另一位波爾・羅瓦雅學派的學者尼構勒（P. Nicole）合著了《邏輯或思維的藝術》（*La Logique ou l'art de penser*），在語法與邏輯兩者之間相互地密切配合之下，一套符號理論的雛型逐漸顯現。

波爾・羅瓦雅學派的學者並未正面地對符號自身進行分析，而是把觀念視為是符號，將其放置在觀念與對象的問題架構中討論。他們認為對外物的感受促使觀念的產生，這個觀念可以用來再現另一個外物。與日後德拉西對符號的看法雷同，這些學者也強調代表符號的典型例子不是字詞，亦非標記，而是圖畫或是地理的圖示。符號的功用如同圖畫所模擬的內容一樣，在於忠實地再現觀念。將某個符號賦予

給某個觀念，即是委身於觀念或自身成為某個觀念[7]；這個被視作是觀
念的符號，其所再現的對象等同於再現外在對象的觀念。符號的內
容包含了二個部分，或者如這派學者所言，二個觀念：一個部分（觀
念）是用來進行再現的東西（la chose qui représente），另一個部分（觀
念）是被再現的東西（la chose représentée）。符號的本質即在於使用第
一個去激發第二個。關係如下：

對象 ──────── 觀念（第二個觀念）──────── 符號（第一個觀念）
　　（再現）　　　　　　　　　　（再現）

　　　觀念再現對象，符號再現觀念。在整個再現的過程裡，位居中間
的觀念既是符號的對象，本身又再現外在對象。對象、觀念、符號三
者的地位相等，可以互相替換。符號再現對象是經由觀念的中介，從
而符號與對象的關係含有雙重性質，它複製了觀念與對象的關係，是
一種再現的再現。所以傅柯表明「從觀念到它的符號之間的關係因此
是一個特殊過程，或者應該說，是從觀念到它的對象之間關係的一種
分裂或是重複。再現只有始終是再現某物的情況下才又能夠吸納符
號。語言或更應該說單字／符號（le mot-signe）藉由其再現對象的觀念
棲身於開放的空間之中。」（Foucault, 1994: 743-744）
　　　從語言分析的角度來看，波爾・羅瓦雅學派不再如以往的理論，
視語言是一個匯集不同詞項的拼湊物。這派學者認為語言是一種有組
織的創造，一套由符號所構成的體系。他們以新的方式塑造概念與研
究語法，嘗試揭露隱藏在語言符號之下主導觀念運作的邏輯，替語法

---

7 或者如Récanati評論《波爾・羅瓦雅邏輯》的符號理論時所言：「符號像一面鏡子，給人
　看見它自身以外的事物，或者另外像一片透明玻璃，使它自身以外的事物可以得見。」
　（Récanati, 1979: 33）

學的領域開啟了一個新的認識論空間。不僅如此，從表面上看，研究
語法的目的在於分析語言的形式，可是它的內容其實是在探討邏輯，
也就是說，有關語言的研究是位於語言之外，有賴於從另一個後設的
認識論領域加以限定。它研究的對象雖然是某個具體的單一語言，可
是卻是一部普遍的以及唯理的語法。唯理的原因在於它將可以闡明每
一個事實，普遍的理由在於它同樣替其他語法開啟了各種可能的空間
（Foucault, 1994: 752）。正是因為這個特質，傅柯從更廣與更深的知識
考古／檔案學角度認為，波爾・羅瓦雅學派的語言理論在西方古典時
期知識體系中扮演了一個極為關鍵的角色，並視其是認識同時代其他
領域的門徑。

　　在17、18世紀，主導西方整個知識體系最基本也是最核心的認
識單位，亦即傅柯所謂的「認識素[8]」，就是「再現[9]」。受理性主義的影
響，人們對外在的認識不再受制於宗教的信仰或是超自然的力量，而
是追隨自身內在的理念，認為在冥冥的世界中暗含一個秩序，觀念寓
於其中同時也將其反映於外，所謂知識就是將這個既有的秩序重新顯
示出來，或是再現出來。在這個被傅柯稱之為「再現的時期」，以波
爾・羅瓦雅學派為代表的新式符號理論與同時代的整個再現體系，二
者共同存在於整個思想領域，並且相互之間完全滲透，也就是說「再
現被當作是可以再現的事物，符號就是再現的可再現性[10]」。由於符號

8　法文為épistémè，中譯一般譯作「知識型」。從字源上而言，此字源自希臘文，意謂知
　　識。可是傅柯使用時卻有特殊的意涵。結構主義語言學對語言的分析，其特點是尋求最
　　小的意義單位，如音素（phonème）、語意素（sème）等。C. Lévi-Strauss挪用這個方法至神
　　話的研究，提出神話素（mythème）的概念。傅柯則將其搬到認識論的領域，故在此譯作
　　認識素。此外還須指出，傅柯所謂的認識論並非知識論，而是比知識更廣泛並構成知識
　　前提的各種「認識」（savoirs）。他認為知識的形成是建立在不同的可能性條件之上，認識
　　素即是構成這些不同可能性條件的前提。有關討論，請見Foucault（1966: 13）。

9　法文représentation含有兩種意思，一是表示再現的過程。另一是這個再現的結果。

10　"..., le signe c'est la représentativité de la représentation en tant qu'elle est représentable."
　　（Foucault, 1966 : 79）。

等同於再現，而再現本身的再現性就是符號，因此這類符號理論普遍
擴張的結果，實際上造成了任何的現象只能於再現之中被理解，除此
以外無其他可能。最終所有的再現在循環論證的方式下相互指涉，共
同形成了一個的巨大網路，包裹了整個時代對外在的認識。在這種情
況下，符號或語言當然無法獨自開展任何其他另類的可能性[11]。

　　從歷史上考察現代人文社會學科興起的前提條件時，傅柯強調語
言理論在西方古典時期具有極為特殊的關鍵性意義。以笛卡爾的理性
哲學作為基礎的《波爾‧羅瓦雅語法》與《邏輯》，其所呈現的內容具
體地展示出，符號作為這個再現體系中的一環如何再現自身，同時又
作為這個再現體系的基礎滲透到其他不同的領域，成為了這整個時期
的代表。以德拉西為主的觀念學，忽視語言的自主性，將語言或符號
等同於觀念，以觀念作為問題的核心，分析字詞的表達方式及其推理
連結的過程，最終將語言及語法化約為邏輯的問題，整個內容事實上
繼承了波爾‧羅瓦雅學派的思想，並且未質疑再現的根源及其內在
的限制，仍然將所有的知識安置在再現的領域之中，使其作為一切
理論的基礎。故傅柯表明「……觀念學將其反思擴展到整個認識領域
時，……嘗試著在再現的形式中重新掌握那些在再現之外正在組成及
重組的事物。這種重新掌握只有在幾乎同時是一種特殊的與普遍的起
源性神祕形式中方能達成：即從最微不足道的再現開始，一種孤立
的、空洞的及抽象的意識必須慢慢地發展出所有可以被再現出的最大
圖畫。在這個意義之下，觀念學是古典哲學的最後一支。」（Foucault,
1966: 255）

　　對傅柯而言，處於古典時期末的觀念學並不僅是各種再現理論中
的一支。它龐大的知識體系以及企圖作為「理論的理論」、「科學的科

11　從理論上討論符號與意義之間的問題，請參考Eco（1984）。至於從歷史的角度討論二
　　者，請見Rey（1973&1976）。

學」的構想，也可以被視為是《普遍唯理語法》理論發展的極致，標示
著再現理論在退出歷史舞台之前，一次光彩耀目的謝幕演出。這與德
拉西的初衷，亦即為一個新時代提供開幕之作，正好相反。在古典時
期，再現的「認識素」穿越整個知識領域的空間，定義所有的關聯，
展示事物的組成過程。可是值得注意的是，這個無所不包的再現過程
本身，卻無法再現出何者是使其得以成立的基礎。亦即是說，承擔整
個再現過程並使其成為可能的「人」，在其中卻不具任何作用。在這
個時期，作為再現的主體，人僅僅被視為是意象或是反射，不存在於
這個再現過程之中，從而也不具有認識論上的意義[12]。也就是說，「人
作為厚重的與首要的實體，作為所有可能性知識的困難對象與獨立至
高的主體，沒有任何位置。從經濟學、語文學（philologie）以及生物
學的規則而來的某些現代主題，產生了具有生命力的、言說能力的
以及勞動能力的個體，……所有這些對我們現在而言孰悉並且與『人
文學科』的存在相關聯的主題，皆被古典思想排除在外。」（Foucault,
1966: 321）

在18世紀的末尾，德拉西企圖以觀念作為基礎，開創一個全新
的學科，重塑西方的知識體系。可是他立論的核心仍然是源自舊式的
古典時期語言觀，如與自然相通的內在理性、語言等同於觀念、觀念
就是再現、再現就是使用語言去再現等。從而一旦人類本性中認識的
能力受到質疑，一旦觀念與符號緊密相通的屬性開始受到干擾，不再
是互相完全透明時，也就是說，當構成這個時期語言知識的這些前提
條件不再是理所當然時，再現作為一個不證自明的概念也就受到挑
戰，觀念論所代表的這個知識形式也就必然潰散，喪失了支撐整個知

---

12 在《詞與物》書中，傅柯也曾以17世紀西班牙畫家Diego Velázquez著名的畫作「侍女圖」
（Las Meninas）說明這個問題。請見Foucault（1966, Chap. I）。

識體系的能力，更無法成為一個替新時代奠基的學科[13]。

四、康德與西方人文學科的誕生

　　當時與觀念學處於同一時代可是不同國度的康德，在重塑西方哲學體系時則採取了另類的方式處理與再現之間的關係。有別於觀念學從再現的內部去挖掘再現之間的關係，他的批判哲學並非是植根於再現的層次，而是更進一步，從條件上去追問，何者是使普遍性的再現形式之所以成為有效的前提。從認識的層次上而言，觀念學與康德的哲學二者雖然同樣地是以再現之間各種關係作為問題的起點，可是在方法上應該如何去面對這些關係，特別是關於何者使得這些關係得以建立，並且被證明是可行的問題上，二者則開始分道而行。簡言之，觀念學的特色在討論再現的「內容」，而批判哲學則是將問題的重點轉移到產生再現的「條件」。這個新的視角觸及了古典時期再現成立的基礎及其限制，使原本不存在於再現過程之中的人，第一次浮出了歷史水面。

　　在堅持理性主義有關認識的普遍必然性的前提下，康德繼承了經驗主義強調經驗內在性的原則，努力從外在的經驗與人的內在認識能力之間尋求知識有效性的基點。在《純粹理性批判》中，他系統地闡明人的認識能力中含有一種先天（a priori）的架構，這個由感性時空框架與知性十二範疇所構成的整體是一切知識不可或缺的條件，從而具有普遍必然的確定性。外在事實的經驗本身雖然是雜亂無序，可是人內在普遍必然的先天能力能夠規範與整合這些經驗材料，被先驗主

13　反言之，這個現在看來很簡單的道理，為何西方古典時期的哲人會搞不懂呢？是甚麼東西妨礙了他們理解呢？答案當然即是如文中反覆說明的，當時他們將語言看作是一個簡單的外在物理記號，或是一個圖畫，所以等同於觀念。語言自身沒有內在性，沒有自主性，沒有現代語言學所謂的「價值」，只是如鏡子般反射外物而已。

體的認識能力所統攝的這些對象材料自然顯現了普遍的必然性。從而對康德而言，尋求知識普遍必然性的關鍵，首先在於考察認識主體的先天綜合能力。

　　相較以往，這種全新的批判性思想拉開了人與再現之間的差距，明確地指出再現的限制所在，掙脫古典時期完全由再現所主導的議題架構，打破再現之間的內在自我循環關係，將問題的核心從再現內容的分析轉向至再現所賴以成立的前提，亦即獨立於所有的經驗與普遍有效的先天條件；這些可能性條件不但是再現之所以構成的原因，同時也是再現的正當性來源。對傅柯而言，康德批判哲學的意義正在於他的問題架構明確地超越了古典時期認識論的限制，開啟了現代思想：「相對於觀念學，康德的批判哲學相反地標示著我們現代性的開端；它考問再現，並非是根據從簡單的要素到其所有可能的組合這樣模糊的方式去運作，而是從再現的權限開始。」（Foucault, 1966: 255）

　　康德以人的先天綜合能力作為一切認識的基礎，從而使主體不再是處於與經驗對象相互對立的位置，反而是與經驗對象得以統一的邏輯前提。從古典時期開始，笛卡爾式的主體雖然首次將人認識能力的可靠性作為知識的起點，但是他的「我思」仍然是一個與物質實體相對立的精神實體，並未拋棄主體自我的經驗性與有限性。主體既是思維者又是感覺者，既是再現體系中一個可以被再現的實體，又是日常意義下的一個有限的自我，與其他主體進行溝通時，必須借助於無限的上帝所賦予的「天賦觀念」。與笛卡爾式思維性主體不同，批判哲學的主體是一個先於經驗同時又是關於經驗的先驗性主體，這種純粹自我不再是一個心物一體的自然之我，而是現象世界的建構者，是普遍必然性知識之所以成為可能的前提條件。康德特別指出，所謂先驗，與認識的對象無涉，而與認識對象的方式相關（康德，2004：19），其目的在考察經驗知識如何是可能的，以及是建立在那些先天

62

4意識形態的幽靈

的可能性條件之上。

　　然而康德所開啟的這個先驗主體，雖然不是來自於經驗事物的感受，而是藉助先驗演繹的方式，從概念上分析經驗的可能性條件所產生的結果。可是先驗主體的形成是以自身作為目標，所以在成為外在世界的組織者時，實際上也變成了一個類似對象性的外物，或者至少是具有某些特徵，從而可以被辨別或是被描述的實體（Carr, 1999: 114-118）。此外，先驗主體本身雖然不能作為經驗對象來考察，但卻在認識過程中始終伴隨著一切的再現，並成為它們的統一性根源。因此先驗自我只能存在於一切經驗意識之中，其功用僅在於以先天的形式使經驗成為可能，並無法脫離一個經驗性自我。再者，由於康德承認作為現象基礎而存在的物自體，並將感覺材料的來源歸於這個不可知的物自體，因此先驗主體所規範的只是認識形式的先天性，並不能達到物自體，其自身仍然侷限在現象的領域。如果如海德格所認為，對康德而言，只有感性直觀，不存在所謂的「智性直觀[14]」，從而他的先驗主體就仍然只能是一種臣屬於人性的自我，所達到的只是有限的普遍必然性，並未徹底擺脫心理主義和「人類學[15]」的框架。

　　明顯地，康德的先驗自我極大地彰顯了人類的理性與自我的能動性，將笛卡爾的實體性自我提升為功能性的自我，雖然其中存在著沒有解決的問題，可是通過將自我的先天性與感性的接受性分別歸類於兩個來源不同的領域，即產生自我的先驗領域與源自物自體的經驗領域，康德轉化與稀釋了唯理論與經驗論二者無法調和的矛盾，將其改

14　請見海德格（1999：66-69）。書中譯者將 Intellektuelle Anschauung 譯為「理智直觀」，此處採用倪梁康先生的譯法。

15　在康德本人自己整理出版的最後一部著作《實用人類學》（1798）中，經驗與先驗之間的緊張關係還是一直仍然持續著。相關的分析，請見 Foucault 在翻譯康德這部書之後所做的導論（Foucault, 2008）。如眾所知，這個著名的長篇導論原本只是傅柯博士論文的附錄，後來成為他撰寫《詞與物》這部鉅著的起點，以往僅有一個幾頁的非常簡要版本，收入 Dits et écrits. Tome I. 1954-1969. Gallimard. 1994。第 288-293 頁。

由各自內部不同的領域來承擔。值得注意的是，康德的先驗哲學將人擺放在一個至高無上的位階，可是結果卻是使其處於一個極為曖昧與自相矛盾的境地，因為康德由分析知識的二重性而衍生出自我主體的二重性，將自我區分為純粹自我與經驗自我，其結果如傅柯所闡釋，導致這個自我既是認識的主體，同時又是知識的對象，是臣屬的支配者，是被看的觀眾（Foucault, 1966: 323）。

　　康德的「人類學」與古典時期的人性理論的差別，並不在於後者忽略了所謂的人，而是因為這種「人類學」開啟了一種獨特的歷史模式，揭露了人既是認識的主體又是認識的對象。正是這種同時混和了所思與未思、經驗與先驗、實證與根基等不同存在模式的人，組建了我們現代思想的核心，構成如今我們所謂的「人文學科」之所以能夠產生的可能性條件。所以「……我們現代性的開端並不位於人們想要將客觀的方法運用於人的研究的那個時刻，而其實是在大家稱之為人的經驗－先驗複合體（doublet empirico-transcendantal）組成之日」（Foucault, 1966: 329-330）。這個悖論性的前提表明了一個經常有意被忽略的事實，亦即我們的現代知識是建立在一個極其不穩定的地基之上，因為當先驗的維度為經驗性事物出現的條件奠定基礎時，自身又被其中可能湧現的經驗性內容所干擾。

　　在文藝復興時期，人文主義將外在世界視為是一本有待解讀的書籍，人需要依靠想像力去連結自身與外在事物以及外在事物之間的相似性（ressemblance）。思索意義或是尋求規則，就是闡明何者相似。人在這個充滿相似性的世界中確實佔據一個中心位置，是外在的大宇宙與內在的小宇宙的交會點。然而建立在人性（la nature humaine）與自然（la nature）交織狀態的這種架構，並非來自於對人處境的反思，而是借助語言的想像力量所創造出來的結果。人除了將自身作為自然的存在物之外，無法在認識論上擁有一個自主的位置，其知識內容的

組成中，包括了某些合乎理性的認識、施行法術時的奇想以及匯集各
類現象的博學。在古典時期，受再現認識素的制約下，人僅是浮面的
空間性存在，對自我而言是透明的，只是作為一個經驗性的實體與所
有其他的生物並列。人們借助於圖表、分類與發生等概念，理解與構
築外在世界的「尺度與次序學」（la mathesis），其知識的形態表現為自
然史、財富分析與普遍語法。從而人文主義與理性主義確實曾在世界
的秩序中賦予人一個特殊的地位，但是皆未能真正思考人。

　　康德的批判哲學將人推向世界舞台的中央。作為人的學問，人文
學科中的人扮演了二個角色，他是所有實證性的基礎，同時又存在於
各種經驗事物的元素之中。「因此從事物及其存在的可能性條件中，
人們尋求經驗的可能性條件；而在先驗的反思中，人們將經驗事物的
可能性條件等同於經驗本身的可能性條件。」（Foucault, 1966: 257）在
先驗的對象化過程中，或者更確切地說，在對象的先驗化過程中，由
於時間性與歷史性的介入，使事物的存在有了縱深，從各方面超出古
典時期的再現架構，一種實證性的知識取代了以往的認識模式，而知
識的實證形式使人具有了厚度與實體，並最終成為一個有限的存在。

　　從根本上而言，這些來自具體生活的經驗性知識是以否定的方
式定義人，描繪出其所受的限制：亦即作為生命歸宿的死亡、作
為語言核心的不透明性與作為勞動本質的異化。傅柯觀察，這種具
有否定性質的有限性（la finitude）迫使人類無可逃避地去面對自身
存在的意義，將生命、語言與勞動幾乎抬高到「準先驗物」（quasi-
transcendantaux）的地位（Foucault, 1966: 262），弔詭地從反面肯定了人
們可以通過不斷努力去突破自身所受的侷限，以類似末世論的方式允
諾人類最終可以完整地復得自身。譬如生命形式未來的演變、語言最
終如何恢復到透明，以及生產結構去異化的可能等主題，皆是為了回
應這個最初的以及無法超越的有限性。正是這個問題架構的出現，使

得生命的存在、語言的形式以及生產的規律等客觀的知識成為可能，我們現代的生物學、語文學與經濟學也由此而誕生。

康德的批判哲學確實導致了一場哥白尼式的革命，開啟了西方現代的人文社會學科。他將古典時期糾纏於再現的「內容」問題，轉移至分析再現之所以成為可能的「條件」。也就是說，將提問的方式從「我知道甚麼？」，變成了「我如何能知？」。康德將整個問題的答案歸因於一個先驗性的主體，然而這個具有先天綜合能力的主體是以「純粹意識」作為基本的認識元素，可是其來源事實上與語言的物質性並無實質的關聯[16]。這個問題架構不僅導致自我既是認識的主體，同時又是認識的對象，造成現代知識體系內存在一個結構上的悖論，並且遮蔽了語言與意識的關係，奠定了日後馬克思從現實的「勞動分工」角度，將意識形態定義成所謂的「虛妄意識」或是「主導權意識形態」的前提，最終使意識形態變成了各新興人文學科中的一個重要同時卻又邊緣的議題。

五、馬克思與意識形態理論的建立

西方現代意識概念的來源應始自笛卡爾的「我思」，他認為「思」即是在我們身上發生並且為我們直接意識的一切。所謂的「我思」，實際上是對意識的意識，亦即自我意識。然而笛卡爾的「我思」只是一種經驗的、心理學意義上的自我意識，故其問題主要關切的對象是觀念。康德批判哲學所開啟的先驗領域將自我提升到一個絕對的地位，使純粹意識成為所有認識的來源，取代了經驗性的感受以及作

16　康德在著作中雖然有時偶爾涉及語言或是與此相關的問題，可是如卡西爾（E. Cassirer）所言，「他向我們提供了一種有關認識的哲學、道德的哲學以及藝術的哲學，可是沒有語言的哲學。」（Cassirer, 1979: 147-148）一般的思想史多只突出這個時期唯心主義哲學的發展，忽略了在18世紀末19世紀初的德國，仍然有一種經驗論的語言學說與康德先驗哲學體系並存。有關康德與這個派別的語言理論之間的關係，請見Formigari（1994）。

為這種感受的最基本元素（即觀念）。但是由於康德承認物自體的存在，使自身體系不可避免地導向一種懷疑主義。

　　其後的費希特與黑格爾各自在不同的領域裡繼承與發展了康德的問題架構，嘗試克服其哲學體系內部存在的二元論的限制。費希特的方法是突出主體性的位置，他認為應當拋棄物自體的概念，以「絕對自我」取而代之。這個按照邏輯推理產生的「絕對自我」，具有自我設定自己本身的能力，既非經驗的自我，亦不是先驗的自我，而是所有認識的先驗根據，是一切知識和經驗實在性的基礎。不同於費希特試圖以思維的純粹形式去建立主體性的先驗領域，黑格爾則強調經驗性的問題，嘗試在意識自身之中揭露經驗事物內容的先驗形式，故他將精神現象學定義為「關於意識的經驗的科學」（黑格爾，1979上卷：62），考察一般意識本身的層次結構中所具有的邏輯必然性[17]。

　　黑格爾雖然強調意識的經驗性，可是語言卻被他看作只是事物發展過程中的一個層次，或者如《精神現象學》中所呈現的情形，是所有對立物轉換過程的中介場域，經由此一場域，對象被賦予了普遍性的特質[18]。青年黑格爾派視語言僅為意識實現自身的過渡性場域，主要即是來自於黑格爾的哲學體系。費爾巴哈固然將黑格爾哲學語言中顛倒現實的過程顛倒過來，可是由於對語言認識仍停留在唯名論式的觀點，自然地導致費爾巴哈將語言簡化為主要僅是聯絡既成思想的載

17　譯者在導言中特別指出，黑格爾著作裡經常出現意識形態這個術語，可是所使用的並不是 Idéologie 這個詞，而是德文 die Gestalten des Bewusstseins 或是 Gestaltungen，直譯應作「意識諸形態」，指的是意識發展每一個階段的各個形態，因此精神現象學也可以說就是意識形態學。這個用法明顯地與德拉西的觀念學完全無關，也與馬克思所謂的意識形態不同。

18　譬如：「語言是為他的、為別人而存在著的自我意識，而這種自我意識是作為自我意識而直接存在著的，並且作為這一個自我意識就是普遍的自我意識。語言是一種能把自己從自己本身分離開來的自我……」（黑格爾，1979下卷：161）有關黑格爾哲學中語言的問題，請見 Cook（1973）。

具。康德的批判哲學將古典時期以觀念為主導的架構轉換成為意識，馬克思繼承了德拉西觀念學一詞，可是透過對宗教的批判、對青年黑格爾派的批判以及對古典政治經濟學的批判，將整個內涵從觀念如何形成、表達與判別的問題，轉換成對意識的來源及其功用的討論，最終成為了我們現在所謂的意識形態。

　　一般認為，促使觀念學真正開始過渡到意識形態的人，並非是馬克思，而是拿破崙（Kennedy, 1979）。這是由於倡導觀念學的人士當時反對拿破崙所推行的政策，而後者站在政治實踐的角度，反駁這些人雖然在口頭上高調宣揚革新，可是事實上只是停留在觀念的層次，缺乏實際的行動能力。縱然觀念學一詞的內容從拿破崙開始賦有一種貶抑與反哲學的內涵，逐漸脫離了原有的學科性質，成為某種與實踐相對立的理論或思想；然而對這些被拿破崙譏諷為「玩弄觀念的人」（idéologues）的批評，只能視作是一種世俗的反智論，而非一種有關哲學如何運作的系統性看法。此外在馬克思青年時代，非普魯士的青年黑格爾派人士，如費爾巴哈、史特勞斯（D. F. Strauss）等人，就宗教問題所做的激烈抨擊，對馬克思早期思想的形成確實產生過影響，並對之後意識形態理論的建立起到一定的作用，可是這些人的理論事實上仍停留在純粹的哲學層面，簡單地從異化的觀點批判宗教。在這類問題架構中，超驗的神祇被視為是人將自己的本質投射於外，加以客觀化與擬人化的結果。然而這種異化概念雖然以「顛倒」作為內在核心，可是並非是對現實的反映，而是以想像的方式製造出另一種虛構式的現實，是現實世界的替代物，佔據了現實的位置。

　　意識形態問題架構真正的出現，應是1840年代普魯士激進黑格爾派哲學危機高潮的產物。因為觀念學者以及其他的先驅者如培根、洛克、康地亞克等人，雖直接或間接觸及到觀念或意識的問題，可是他們仍然篤信抽象思考可以產生普遍的真理以及肯定哲學至高無上的

地位。直待普魯士的青年黑格爾派出現，特別是鮑爾（B. Bauer）及盧
格（A. Ruge）兩人，站在社會與政治的角度開啟對哲學的批判，方使
得具有現代意義的意識形態理論的建立成為可能（Mah, 1987）。從書
的全名亦可看出，馬克思的《德意志意識形態。對費爾巴哈、布·鮑
威爾和施蒂納所代表的現代德國哲學以及各式各樣先知所代表的德國
社會主義的批判》這部著作，其主旨完全是圍繞在對當時德國青年黑
格爾派的批判。他認為這些人自認繼承啟蒙運動的精神，以理性為準
則，對當時德國的社會，特別是在宗教與倫理的問題上，採取嚴厲的
批判態度。這種「思辨的唯理論」強調思想與理論的作用，認為意識
的產物如觀念、概念，不但為獨立的精神活動，並且為一切的根本。

　　對馬克思而言，儘管這些激烈的黑格爾左派皆宣稱超越了黑格爾
的哲學，事實上他們都只是抓住黑格爾思想的某一方面來反對他的體
系，並沒有真正跳出黑格爾哲學的問題架構。針對當時這些宣稱外
在對象的現實性僅僅是純粹哲學思維之異化的學說，馬克思強調「思
辨終止的地方，即在現實生活面前，正是體現（Darstellung）人們實踐
活動和實際發展過程的真正實證科學開始的地方。」（《馬恩全集》，
3：30-31）他摒棄抽象性的思維，以經驗性的現實概念作為一切認識
的前提，而「任何人類歷史的第一個前提無疑是有生命的個人存在」
（同上，23），「個人是什麼樣的，這取決於他們進行生產的物質條件」
（同上，24）。由此可見，馬克思對人的理解相較於傳統形上學有明顯
的差異，也與黑格爾式視人是精神的外在化與客體化的觀點有別，亦
不同於費爾巴哈將人的本質理解為「物種」，而是一種內在的、由許
多個人自然地聯繫起來的共同性。

　　值得注意的是，在《德意志意識形態》一書中，馬克思以「具體的
人的活動」與「自主的物質結構」這兩組概念作為理解現實的基礎，可
是兩者之間的關係並非是前者屬於後者。生產的物質條件雖然是界定

個人的前提，可是人的活動相對地也創造物質條件，即他所謂的：
「人們生產他們所必需的生活資料，同時也就間接地生產著他們的物
質生活本身」(《馬恩全集》，3：24)，從而物質的條件也由人的活動
所界定。無論現實所指的內容確切為何，正是為了揭露這個與意識相
對立的現實二者之間的關係，馬克思借用同時置換了 Idéologie 一詞，
首先用來作為批判對手的一個論爭性概念，其次以此指稱當時流行的
德國唯心主義哲學，進而再將其擴展至所有視概念活動是獨立於現實
之外，並具有決定性力量的思想體系。此一問題架構不僅導致馬克思
意識形態議題的出現，更促使實踐概念的產生，以及歷史唯物論的萌
芽，三者互相制約，各自構成對方存在的可能性條件。

　　然而由於馬克思有關現實的問題架構中，「具體的人的活動」與
「自主的物質結構」二組概念相互之間的關係並未被清楚地界定，從
而與現實相對立的意識形態的內容也在「顛倒」與「反映」兩種不同的
問題意識之間搖擺不定。意識形態雖然源自於現實，可是如果是與
「具體的人的活動」相對應的「顛倒」，則意謂意識形態含有主動性，
具備遮蔽或是扭曲外在現實的能力。反之，如果是與「自主的物質結
構」相對應的「反映」，意識形態則變成是一種被動性的存在，僅是外
在世界的折射或直接表現，對現實不存在任何的反作用功效。在《德
意志意識形態》中，此一曖昧性不僅內在於這個概念的認識論層次
(即虛妄意識)，也存在於與此相關的政治實踐的領域(即主導權意識
形態)。這種結構性矛盾或許可以為意識形態一詞在馬克思晚期作品
中的消失提供一個線索，也可以替日後意識形態理論中存在不同形式
的多元論與機械論的理論來源作為一個註腳。

　　隨著對外在認識的不斷深化，勞動與生產的過程成為了《資本
論》中現實的核心內容，馬克思以構成資本主義社會最簡單的表現形
式的商品為起點，考察這個最基本的元素在生產與交換過程裡的不同

關係，區分出使用價值與交換價值，並進而揭示被交換價值所掩蓋的「價值」，闡明了商品經濟的一個最重要、最根本的範疇，以及「商品拜物教」之所以產生的原因。在《資本論》中，意識與外在現實之間的關係如果是顛倒著的，那並非是像在《德意志意識形態》中以及之前，是由於觀念遮蔽或扭曲外在現實，而是因為現實自身就是顛倒的，觀念不過是記錄或反射現實的結果。所以馬克思說：「私人生產者的頭腦把他們的私人勞動的這種二重的社會性質，只是反映在從實際交易、產品交換中表現出來的那些形式中……他們沒有意識到這一點，但是他們這樣做了。」（《馬恩全集》，23：90-91）

在《資本論》裡馬克思以「顛倒」為裡，「反映」為表，綜合了兩者的功能，解構商品經濟神祕的特質。受交換價值所制約的「商品拜物教」的再現形式完全不同於宗教或意識形態。宗教本質上是一種想像性的再現（imaginary representation），其崇拜對象是人類心靈直接創造的產物，是一種直觀式的結果，其內容是一種錯覺（illusion）。意識形態的問題架構則將心靈的活動進一步擴展至所有智性的行為，意識在此雖然轉換為某種抽象性的概念化過程（abstract conceptualization），然而無論此一過程是「顛倒」或是「反映」，意識形態類似於宗教，與外在現實的直接性關係並無改變，二者的主要差異在於表現的形式，一為想像式的再現，另一則是知性式的再現。「商品拜物教」與上述兩者最根本的不同之處，不僅在於對現實的認識上，更是因為它的再現形式並非是源自一個直接的創造或思想過程，而是被具體商品的交換價值所中介，在這種馬克思所謂的「客體性的思維形式」（objektive Gedenkenformen）裡，現實與其再現之間存在著一條無法跨越的鴻溝，縱使生產的過程被清楚地理解，商品「幽靈般的客體性」依然存在，無法被消弭[19]。

---

[19] 有關整個問題的詳細分析，請見本書第二章。

在「商品拜物教」中，意識並非是先驗般（transcendental）自主的存在，不再是思維的根本與起點，而是一個由生產與交換過程貫穿與運作下的某種效果（effect）。所以馬克思強調：「觀念的東西不外是移入人的頭腦並在人的頭腦中改造過的物質的東西而已」（《馬恩全集》，23：24）。早期在《關於費爾巴哈的提綱》中，馬克思逐漸與傳統的形而上學決裂，以實踐的概念為前提，將人視為是一種具體的客觀性存在，使其從玄學的思辨體系中解放出來。後期在《資本論》中，馬克思也與其同時代的古典政治經濟學不同，因為這些學說仍然將人視為是行為的主體與意義的來源，並從其自主的「需求」範疇中探討經濟的過程。與其相反，馬克思則是從生產過程自身之中理解經濟現象，而人並非是這個過程的起點與原因，事實上與意識的來源一致，只是此一過程所導致的結果[20]，也就是說「生產不僅為主體生產出對象，而且也為對象生產出主體。」（《馬恩全集》，12：742）

值得注意的是，馬克思「商品拜物教」概念的形成，如他自己所言，首先在於他不是從抽象的概念出發，而是以具體的商品作為起點。其次勞動產品是構成現代社會最簡單的社會形式，故以其作為最基本的分析單位[21]。如果從這種特殊的分析方式重新考察他早期的意識形態理論，或許可以理解其中之所以存在結構性的矛盾，其原因可

20 請見Althusser & Balibar（1975: 112-149）。在《詞與物》中，傅柯通過內在的「需求」角度探討匱乏與勞動的關係，認為最早真正提出完整勞動價值理論的應是李嘉圖，並指出從西方知識最根本處而言，馬克思並未引入真正的斷裂。從而不無嘲諷地說，其實馬克思主義的思想在19世紀並不激進，而是如魚得水般的適應。資產階級經濟學與革命經濟學之間「他們的爭辯徒勞地激起某些浪花，在水面上畫出一些波紋：這些僅僅是孩童澡盆中的風暴。」（Foucault, 1966: 274）然而傅柯的批評似乎忽略了一個重要關鍵，亦即作為勞動主體的「人」，事實上馬克思與李嘉圖二人對這個概念的認識是存在著根本的差別。

21 「我不是從『概念』出發，因而也不是從『價值概念』出發，……我的出發點是勞動產品在現代社會所表現的最簡單的社會形式，這就是『商品』。我分析商品，並且最先是在它所表現的形式上加以分析。」（《馬恩全集》，19：412）

能在於馬克思忽略了構成意識形態具體的物質條件與基本單位，亦即語言。意識與語言本為一體兩面，如馬克思自己所強調：「人也具有『意識』。但是人並非一開始就具有『純粹的』意識。『精神』一開始就很倒霉，注定要受物質的糾纏，物質在這裡表現為震動著的空氣、聲音，簡言之，即語言。語言和意識具有同樣長久的歷史；語言是一種實踐的，既為別人存在並僅僅因此也為我自己存在的、現實的意識。語言也和意識一樣，只是由於需要，由於和他人交往的迫切需要才產生的。」(《馬恩全集》，3：34)

馬克思於《關於費爾巴哈的提綱》的第一條雖然曾開宗明義地將現實區分為實踐的與直觀的二種不同形式，在撰寫《德意志意識形態》時，他對現實的理解仍然搖擺於「具體的人的活動」與「自主的物質結構」二組概念之間，由於「語言是思想的直接現實」(《馬恩全集》，3：525)，馬克思對語言的認識也存在著二種可能性。從直觀式的「自主的物質結構」而言，語言為現實生活表現的結果，源於溝通需要所產生的一種工具，並不擁有自主性，受其他物質關係制約，僅是消極地再現外在的現實。然而從「具體的人的活動」觀之，語言則是一種實踐的行為，具有自身的物質結構與規則，思想必須經由此一過程的中介，並受其規則制約，方能呈現自身。在這個問題架構中，語言不僅是一種社會的產物(product)，同時也是一種構成社會的力量，一種產生社會之物(producer)，直接參與形塑社會的過程，與其他物質性生產活動的關係並非是臣屬的，而是平行交往與相互影響。

在《資本論》裡，馬克思並未直接處理語言的議題，可是在分析商品拜物教的形成時，他從資本主義社會最基本的元素(即商品)出發，透過對「抽象勞動」的分析，卻觸及了一個與現代語言學的誕生密切相關的問題，亦即「價值」的概念。馬克思在政治經濟學領域裡，透過對具體商品的分析所獲致的結論，與索緒爾在語言學的範圍

內，經由對語言符號的詮釋所開啟的問題架構，二者存在著令人驚訝的類似之處。在論述的過程中，他不僅經常將商品視為是某種形式的語言（《馬恩全集》，23：91），更公開使用「商品語言」一詞（同上，66）。

眾所皆知，在《德意志意識形態》中，馬克思是從現實中「勞動分工」[22]的議題導引出意識形態的理論。他顛覆了康德的主體性哲學，可是在繼承Idéologie這個概念時，卻轉換了德拉西原先以語言為基礎，含有樸素唯物傾向的構想。馬克思雖然敏銳地觀察到意識與語言之間牢不可分的關係，然而受其身處時代的限制，他對語言的認識大約皆集中於有關語言的起源、使用以及與思想之間的關係上，只注意到事物的等同性，無法跳出當時的歷史比較語言學的領域，這對其意識形態理論中存在著一個結構性的矛盾不無影響。在《資本論》裡，雖然他從批判古典政治經濟學的過程，發展出與現代語言學類似的「價值」概念，有助於重新釐清語言與意識二者之間的關係，可是仍然沒有也無法進一步考察構成意識形態本身最基本的物質條件——即語言[23]。誠如馬克思自己所預言，意識「注定要受物質的糾纏」，當作為其前提的語言被取消，非但無法真正擺脫語言與意識二者緊密相聯的事實，反而造成語言的問題像幽靈般一直不斷反覆地糾纏著意識的存在，制約著日後意識形態理論的發展[24]。

---

22 「分工起初只是性交方面的分工，後來由於天賦（例如體力）、需要、偶然性等等而自發地或『自然地產生的』分工。分工只是從物質勞動和精神勞動分離的時候才開始成為真實的分工。……從這時候起，意識才能擺脫世界而去構造『純粹的』理論、神學、哲學道德等等。」（《馬恩全集》，3：35-36）

23 有關這個問題的詳細分析，請見本書第四章。至於當代學者試圖填補這個缺憾，重建一個馬克思主義的語言哲學的問題，請見 Lecercle（2004）。

24 在馬克思主義的傳統中，強調從語言或是物質性的觀點討論意識形態的首推巴赫金（M. M. Bakhtin）及阿爾杜塞（L. Althusser）二人。請見本書第五及第六章。當代有關此議題的討論請見 Thompson（1987）。

六、從意識形態到象徵領域與無意識

自法國大革命以降，君主王朝被世俗政體替代，權力自身正當性的來源與合法性的基礎發生了徹底的改變。從前，權力是借由某種外在的先驗性力量以垂直的方式授與。而如今，權力基礎的來源不再是從上而下，而是以水平的方式從社會內部共同凝聚而產生。權力的性質從神權、王權過渡到民權。人民的身分也從教徒、臣子轉變為公民。當社會聯結的方式從神聖逐漸變成世俗，從依賴他律轉成獨立自律，康德的先驗哲學同時也將人對外在認識的重點從宇宙論或本體論轉向至知識論，為現代人文學科的形成奠定了基礎。如果說法國大革命在政治上開啟了一個世俗的與自律的社會，康德的哲學體系則在思想上為這個新出現的體制提供了知識上的保證[25]。

在現代的人文學科與民族國家相伴而生的過程中，建立在前現代假設之上並作為人文社會學科史前史的觀念學，不僅喪失了「理論的理論」、「科學的科學」的地位，甚至無法繼續作為一門獨立的學科而存在，變成了某種抽離於現實之上的再現體系，最後以意識形態的面貌出現在所謂的人文與社會領域之中，成為各個新興學科內部始終無法完全排除可是又難以分析與定位的對象[26]。除此以外，意識形態不僅在知識內容上取代了觀念學，同時某種程度也在組織功能上替換了以往宗教在前現代社會所扮演的角色，成為了新興統治階級替自身正當化與合法化的工具。

從政治人類學的觀點考察現代權力形成的方式時，勒否（C.

---

25 由此或許也可以理解，當這個體制發生重大危機時，西方的思想界就會出現一股「重回康德」的潮流。例如19世紀中後期德國的新康德主義，以及20世紀晚期對法國後結構主義的批判。值得注意的是，所謂「重回康德」，往往並非回到作為康德哲學知識基礎的第一批判，而是作為其道德與實踐基礎的第二批判。

26 最著名的案例莫過於K. Mannheim從他所謂的知識社會學的觀點研究意識形態所形成的悖論。有關這個問題，請見Ricœur（1986, Chap. 10）。

Lefort）指出馬克思不僅從現實社會中既有的勞動分工[27]引導出意識形態的問題架構，並且將歷史轉變的動力歸因於現實，也就是作為整個社會基礎的經濟結構。從而馬克思注重在理論上闡明支配物質生活發展的生產力及其生產關係，並指出這二者的互動是由一種自然的機制所主導。勒否在〈現代社會中意識形態的起源芻議〉一文中表明，對一個生活在社會中的人而言，如果作為物質生活整體的現實具有任何意義，首先這是由於現實是鑲崁在一個意義的世界，否則所有實踐將無從展開。他認為馬克思的問題表現在過於相信現實可以表述自身，從而忽視從根本上去考察。能夠區分生產與再現、辨別與召喚社會中的有產者或無產者等現象的關鍵，不在於勞動本身的自然特性，也就是說，社會分工的產生並不在社會之中，而是來自使社會領域之所以成為可能的象徵維度（la dimension symbolique）。這是「某種對立性的體系，依照這個概念，社會各種面貌相互的關係可以被辨識與接合，亦即這是社會成員的分工狀態與再現所維持的關係」（Lefort, 1978: 499）。因為正是這個最初的以及同時是非自然的層次，揭露出社會關係起源的原理，決定了制度的模式，分化出其中的基本元素與結構，建立了運作的規則，並且使社會作為一個整體而存在。

　　由於馬克思無法完全擺脫實證主義的影響，從而「……他不停地在生產與再現二元對立的詞語中進行推理，無法思考語言，或是以更廣義的方式，思考將所有的社會實踐皆納入其中的象徵次序。」（Lefort, 1978: 432）「因此他能夠展現出來的就是混淆了意識形態的次序與象徵的次序，使神話的、宗教的、政治的、法律的等等論述化約成是在想像次序中（l'ordre imaginaire）『現實』衝突的投射，最終在經

27　勒否指出，馬克思討論意識形態時涉及三種不同類型的分工，一是表現在社會勞動分工的階級分工，二是與社會關係形式的破壞－生產有關的時序分工，三是知識與實踐的分工（Lefort, 1978: 493）。

驗層面使權力與法律的標誌性地位降低,使其變成社會的『產物』。」
(Lefort, 1978: 500)勒否表明,象徵維度的組成及其展開必須有賴於權
力的運作,此處所謂的權力並非是經驗上可以被標明的宰制關係,
而是與再現過程緊密相關,通過這個過程使得社會產生分化的同時
又保持了同一性。由於權力是社會空間最初「建構性的分工」(division
constitutive)來源,故勒否將象徵維度在社會中所展現的形式稱為「政
治」(le politique)。這個領域既不是社會中的一個次級系統,亦非經
濟基礎的上層結構,而是一般現實社會中,涉及各類具體權力關係的
政治(la politique)及其學科的前提,故在某種程度上這是一個「真空
場域」(un lieu vide);也正因為如此,成為各種勢力不斷爭奪與佔據
的目標。

　　「政治」不僅調控紛爭,而且有意識地組織社會。有別於馬克思
從經濟的面向辨別社會的形式,勒否從他所謂的「政治」維度區分前
現代社會與資本主義社會的差異,強調意識形態是現代社會所特有的
一種論述類別。以往傳統社會在構成的過程中,往往必須依賴一個外
在於自身的勢力,以神話的或是宗教的先驗領域作為正當性的來源。
然而世俗化過程的開啟,促使現代的意識形態無法再求諸於另一個想
像的或彼岸的世界,這些曾經擁有主導性與權威性的力量逐漸消失或
者墮入凡塵,蛻化成為社會關係中的一員。為了適應現代資本主義體
系不斷擴張以及求新求變的需要,一種新型的論述從社會內部產生,
目的在遮蔽現代社會自身不穩定的因素,以及重塑當下現實的可信
度。

　　相較於前現代社會單一不變的信仰,意識形態論述在內容上經常
變換或是同時使用多種再現。它憑藉新興的實證性知識建構出某種理
想,質疑傳統或宗教的先驗性,在取代前者的同時,也使自身成為另
一種形式的先驗。它站在擁有主導權的資產階級的特殊立場,將人

類、平等、自由、進步、理性、財產、家庭……等觀念提升至先驗的
地位，以及宣揚成普世的價值，使其作為現實的再現與規範，並從中
導出準則，包裝在社會某種類型的人（如有產者、老闆、家庭中的父
親）身上，最終將自身融入某個角色，以此區隔他者（如無產者、工
人、奴隸、瘋子），將自身建構為自主的與理性的主體。資產階級意
識形態的展現方式並非一成不變，而是依照社會體制分化的過程將自
身多樣化。由於權力的關係是源自於一個「真空場域」，從而這是一
個在經常改變參照物的情況下，持續不斷的正當化過程，用以掩飾結
構上既有的社會分工，使人為的結果被視為是自然的本性，以及隱藏
時序上必然會面臨的變遷，使歷史的過程被看作是靜止的現象。「換
言之，意識形態就是各種再現的接合，其功用是在歷史性的社會之中
重建『無歷史』社會的維度。」（Lefort, 1978: 510）

　　上述分析可見，勒否在某種意義上反轉了馬克思的意識形態概
念，並將其重新放置在一個更為根本的問題架構之中。馬克思的限制
在於雖然掌握了意識形態的某些特質，但是受實證主義的影響，混淆
了意識形態次序與象徵次序二者的差別，無法思考所有的社會實踐其
實是與一個象徵次序有關，其中包括作為象徵次序主要支柱的語言實
踐。馬克思一直深信意識形態這種新型論述是與某個隱身於後的現實
相關，並未進一步追問，如果確實有隱藏的事實發生，那麼支撐這種
隱藏的原則從何而來？以及是建立在何種可能性條件之上？對勒否而
言，意識形態並非是對現實的一種誤識，而是一種屬於想像次序的論
述，其中意識形態是否是一種有關現實的知識，或者知識與現實是否
對等，這些並非是問題的核心，真正的重點在於這類知識在社會中到
底扮演了何種角色。

　　如果說「政治」維度確實建構社會成為一個整體性的存在，可是
同時也產生了「建構性分工」問題。意識形態的功用即在於「重新遮蓋

政治形式的難解之謎，消解由此產生的社會分工與時序分工的效果，修復對現實的信任」（Lefort, 1978: 491）。然而，值得注意的是，在意識形態論述得以有效的運行過程中，也留下了其失敗的命運。因為它自身是立足於一個內在無法逃避的矛盾之上，亦即當意識形態論述企圖掩飾社會中存在的各種對立時，不得不訴諸於社會之外的某個領域，可是正是由於拒絕任何一個超出經驗世界之外的事物，意識形態的論述方得以誕生。在想像次序運作的過程中，意識形態論述無法抹除自身經過時遺留下的痕跡，在掩蓋社會矛盾過程的同時，也暴露了自身的矛盾，從而亦可以作為理解現代權力關係與社會形式的一個重要節點或另一扇窗口。

在〈作為文化體系的意識形態〉一文中，紀爾茲（C. Geertz）從文化人類學的角度考察意識形態的社會根源與結果時，認為當前意識形態的理論基本上可分為二大類，一是將爭權奪利作為主旨的利益論，另一是強調彌補或是矯正機體失衡的張力論（the strain theory）。「對於前者，意識形態是面具與武器；對於後者，意識形態是病徵與處方。……在一者中，人們追逐權力，在另一者中，他們逃離焦慮。」（Geertz, 1973: 201）二種理論各有利弊，利益與張力既可以包含個人的狀態，亦可以代表團體所置身的客觀結構。既是心理學概念，也可以是社會學概念。利益論重視社會的結構及其因果關係，可是有時流於狹隘的功利主義或是膚淺的歷史主義，對動機的分析過於簡單，掩蓋了意識形態所具有的其他功能，例如認同的強化或減弱，社會分類的確定或干擾，既有規範的維護或破壞，對未來的許諾或幻滅等。

張力論認為社會是一個有機體，由內部各種不同機制的平衡狀態所構成，故從功能性的角度強調社會整合的重要性，突出個人的人格與社會體系相互滲透的問題，使動機的起因得到更系統的描述，補充了利益論的缺陷。然而這種理論並無法逃脫所有功能性分析皆必須面

對的質疑，亦即潛在的功能概念經常只是對既存現象的指稱，卻未
對其做出真正的解釋。紀爾茲認為造成這二類理論內在缺陷的主要
原因，在於它們「對理解符號形成的過程方面，除了最簡陋的概念之
外，實在一無所有。意識形態的原因與效果之間的關聯似乎是偶然
的，因為相關的因素——符號形成的自主過程——在沉默中被忽略
了。利益論與張力論二者皆直接從來源分析走向結果分析，從未嚴謹
地將意識形態作為互動的符號體系，作為相互作用的意義模式來檢
驗」（Geertz, 1973: 207）。

　　勒否或是紀爾茲的論述分別從歷史發展與社會結構的角度表明，
在社會的象徵領域或文化體系中，意識形態不僅扮演了極為重要的角
色，並且共同強調語言或符號與意識形態二者不可或分的關係。對形
成語言或符號自主過程的忽視，必將導致對意識形態問題的難以理
解。作為觀念、意識或思想等前提的意識形態，無論是其負面的效果
或是正面的功能，不但對於個人的認同、抉擇、行為等方式具有無法
忽視的影響力，也是任何團體、組織、族群、國家所賴以統合的基
礎。

　　此外，語言不僅是進入意識形態、象徵領域或文化體系的門徑，
同時如弗洛伊德在分析夢的語言時所指出，也是理解無意識的康莊大
道。有別於大多數馬克思主義者忽視語言問題對意識形態架構的重要
性，精神分析的理論則是從語言的物質性問題開啟了人類對精神領域
研究的新視野，不僅引領人們對主體的理解從表面的「意識」形態達
到深層的「無意識」領域，從理性的面向進入到所謂的非理性範疇，
更重要的是它重新定義了雙方之間的關係，闡明無意識或非理性並非
是意識或理性的一種非常態的表現形式，而是正好相反，無意識不僅

不是意識的派生物，更是意識之所以能夠成立的可能性條件[28]。

　　精神分析的理論有助於認識作為意識形態最基本元素的語言，除了傳達意義，而且也承載欲望；非但是現實性的語言，同時也是情感性的語言。語言內在的異質性亦表明，作為使用者的人，不單是一種社會性的存在，更是一種驅力性的存在。拉岡（J. Lacan）之所以宣稱「重返弗洛伊德」，其目的正是為了揭露「精神分析者放棄語言基礎的企圖」（Lacan, 1966: 243），闡明在象徵體系中存在並且作為其主要支撐力量的語言，並非只是人類歷史過程中的一種偶然，實際上對欲望主體的形成與社會聯結的建立具有結構上的必要性，這對於釐清許多表面上被視為是偏差性、病態性、非理性的行為與社會運作邏輯之間深層的關係大有裨益。

七、小結

　　自從馬克思提出現代我們所使用的意識形態一詞以來，這個語彙就一直漂浮在人文與社會科學中的各個領域，成為一個不證自明的概念。繼康德先驗哲學之後出現的實證主義思潮，雖然進一步催生出現代人文與社會科學中的不同科目，可是意識形態本身作為一種論述卻一直難以被定位，從而一般經常只是停留在從意識形態的內容上去作解釋、比較、分類與歸納；或者單純地將它視為是受到外在政治、經濟、社會與文化條件影響下的結果。對意識形態自身的性質及其運作機制是建立在何種可能性條件之上，以及由此所產生的效果，則鮮少成為關注的重點。在認識論的層次上考察現代人文學科興起的過程時，傅柯表明其中精神分析、人種學與語言學三者可以被視為是人文學科之中的「反學科」（contre-sciences），原因在於這三種學科分別在

28　相關討論請見本書第七與第八章。

不同的層面上觸及了其他人文學科的未思之處（l'impensé）。

　　有別於其他學科未曾離開再現的問題架構，站在意識的位置詮釋無意識，並將後者簡單地視為是前者的一個部分，精神分析則不再受再現的內容所限制，以超出實證性知識所能掌握的無意識作為研究的起點，從內部質疑了人文學科所賴以成立的基礎。不同於精神分析從知識結構上重新定義無意識與意識二者的關係，當代人種學則從世界人類的歷史出發，採取另一個角度，將人導向了作為同類的他者，不僅由此反思文化上的未思之處，同時也省察不同的時間形式。對傅柯而言，相較於其他人文學科，當代人種學面對一個文化時，將問題的重點放在闡明其社會組織與象徵體系的結構模式，使歷史性的差異與特徵作為文化中的未思之處展現出來，同時防止將其引導至一個普世性與無時間性的人身上。不同文化之間各自歷史性的多樣性表明，每一個文化整體皆是處於一個歷史的變化之中，並且受其限制。現代人文學科本身即是一個歷史的過程，這段歷史同樣也與某些文化形式息息相關。

　　從無意識主題與歷史性維度所指向的未思之處，傅柯闡釋了精神分析與人種學深層的親緣關係，以及二者與心理學和社會學的區別，同時也標明人文學科的範圍與限制。精神分析與人種學在知識領域上分別處於實證性再現體系的二個極端，如果說人種學是人文學科外在的他者，精神分析則可被視為是其內在的他者。反之亦然，精神分析主要以個人的無意識為前提，而人種學所謂的象徵體系基本上就是某種社會的無意識。對傅柯而言，雙方在結構上的對稱性其實並非偶然，而是源自於一個共同的方法論，即二者問題架構的建立皆依賴某種語言理論。語言學成為反思人文學科未思之處的理論，主要原因在於作為其對象物的語言，既是建構象徵次序的基本根據，同時又是產生無意識的物質性基礎。從而語言學不應被化約為只是一種內在於

再現體系的學科，簡單地利用外來的形式主義方法探討與其他人文學科相似的內容。相反地，語言學應該作為「某種首要的辨識原則」（Foucault, 1966: 393），與精神分析及人種學三者共同引導人文學科重新回到其自身認識論的可能性條件[29]。

　　如果說人文學科的前提是人的發現，側身於其中的三種「反學科」的基礎則是回歸語言。不過與古典時期不同，語言並非僅僅被視為是用以執行再現的工具，更是意義的來源與基礎，人最終也不再是一種自主性的主體，轉而成為語言運作下的一種主體性效果。從德拉西的觀念，到康德的純粹意識，再至馬克思的意識形態的整個過程可見，意識形態難以在人文學科中找到自身的位置，實與構成意識形態基本元素的語言密切相聯，其所涉及的問題超出了實證性再現體系的範圍。馬克思繼承了含有樸素唯物傾向的觀念學，顛倒了康德以降的唯心主義哲學，可是受其時代限制，將原先立足於以語言或主體為基礎的問題架構，轉變成以勞動分工為原則的意識形態，未能進一步思考意識形態自身的特質與機制。從語言學、人種學與精神分析三種「反學科」的視角可知，個人或集體的主體性建構與意識形態密不可分。意識形態無法簡單地被歸類於一個屬於個人認知層次上的問題，它是被召喚的主體所有情感的投注與整個希望的寄託，從而極易成為孕育激情與暴力的溫床，縱使所謂的事實最終得以呈現，往往也無法真正使它憑空消散，這也是它令人迷惑與難以理解之處。此外意識形態不可被化約是社會內部中某個具體的領域，亦無法完全被視作是某種脫離現實的思想體系，或是偏離正常思想運作的非理性狀態；它是

29　這三種學科的內容當然並不一定如傅柯所描繪，全部超出人文學科的領域，而是指其中某些理論傾向具有這些潛力，如 C. Lévi-strauss 的人類學，J. Lacan 的精神分析等。此外，除了語言學、精神分析及人種學，傅柯認為從馬拉美（S. Mallarmé）以降，當代某些的文學實踐，同樣挑戰了語言作為再現的問題，故具有與這三種「反學科」相似的功能。

象徵體系的產生與運作過程中不可或缺的一個重要環節，是構成現實
或思想的可能性條件。

　　馬克思曾言，意識形態「沒有歷史，沒有發展」(《馬恩全集》，
3：30)，故意識形態不會終結，也無法被終結，只能以另一個取代。
每當世人宣布它的死訊時，它正以另外一個面貌奇蹟般地復活，因為
說話者真正的目的，其實是企圖隱藏自身的意識形態。縱使經過易容
變身或是改名換姓，美其名曰是價值觀或是世界觀，這並無法改變自
身的命運。從而對意識形態問題的誤識，恰好暴露了自身意識形態的
盲點。事實上，意識形態的幽靈各處可見，但往往又難以察覺。

第二章

論馬克思的「意識形態」*

* 原文最初發表於 1996 年 7 月，《台灣社會研究季刊》，第 23 期。

人的思維是否能達到客觀真理的問題，並
不是一個認識問題，而是一個實踐問題。
人必須在實踐中證明他的思維的真理，即
其實現性、力量和世間性。[1]

——馬克思，《關於費爾巴哈的提綱》

一、問題的起源

意識形態一詞，從18世紀末誕生至今已近兩個世紀。隨著人文
與社會學科的分化與重組，政治現實的改變與社會環境的變遷，這字
的內容也呈現出極端複雜與曖昧的面貌，早已脫離了它原始的涵義。
隨著時間的演變，這個概念非但沒有喪失其重要性，反而逐漸成為瞭

1　本段引文主要參考朱光潛對《馬恩全集》中文本的改譯，再略加修正。首先，朱文將
　　Macht譯為威力，而非力量，似嫌誇張。另外，Wirklichkeit譯為現實性似乎忽略此字
　　與Realität的差別。Wirklichkeit應指Realität（現實）形成的過程，故譯為實現性。英譯為
　　reality，而法譯則為Réalité或Réalité effective，後者似較接近原文。最後，Diesseitigkeit則不
　　論中譯本或朱光潛的改譯皆為此岸性，英譯也為this sideness雖較接近原文，可是中文此
　　岸性則令人不知所指為何。Diesseitigkeit在此處是與玄想、神祕相對的另一世界，朱光潛
　　以加注（可知性）的方式解決似嫌繁瑣與不切題。法譯為de ce monde或le caractère terrestre
　　則較清楚。故譯為世間性，似較明確易懂。有關朱光潛的論點，請參閱朱光潛（1983：
　　512-527）。有關法文的翻譯，請見 G. Labica（1987: 29-30）。本書中有關馬克思的中譯，除
　　特殊情況外，皆以《馬克思恩格斯選集》1-4卷本為主。不足之處再補以《馬克思恩格斯全
　　集》。以下簡稱《馬恩選集》或《馬恩全集》。

解現代社會所不可或缺的思考工具。從概念的發生與演變的過程觀之，這個結果毫無疑問與馬克思對此一問題的看法具有密切的關係，他所建立的問題架構一直制約著整個有關意識形態的論述，直到現在仍然是一個「無法超越的地平線」。

然而，一般研究馬克思意識形態理論的學者首先碰觸的難題，卻是馬克思本人並未正式建構出一個完整的、系統的意識形態理論，只留下某些相關論點，散佚在他浩翰繁雜的著作之中，而這些論點又隨著馬克思本人思想發展的轉變，呈現出不同的意義。因所採用的觀點不同，人們對於這些帶有歧義性文字的詮釋，往往產生極為相異的結果。本章的目的並非是在建構一個完整的馬克思意識形態理論，亦非是在批判馬克思有關意識形態的看法，而是企圖分析此一問題架構是建立在一個什麼可能性條件（condition of possibilities）之上而產生，以此指出其限制所在。

馬克思最早使用意識形態一詞，是在他與恩格斯合著的《德意志意識形態》一書裡。首先值得注意的是，馬克思雖然在此書中觸及意識形態，並使用於書名之中，可是書名的意義卻與書內所談的意識形態在內容上略有差異。此書的全名為《德意志意識形態。對費爾巴哈、布‧鮑威爾和施蒂納所代表的現代德國哲學以及各式各樣先知所代表的德國社會主義的批判》，特指當時德國出現的一種哲學思潮。然而在書中，意識形態的專有性質轉變成為一個批評的概念，以此指出觀念活動的虛幻，最後則擴大至泛稱所有思想活動所構成的體系。

另外，如我們所知，《德意志意識形態》一書的著作時間為1845到1846年，可是當時遭受出版商拒絕。除了第四章及其他幾頁用匿名短評的形式在當時的雜誌上發表之外，並未在二人生前出版。按照馬克思本人在〈《政治經濟學批判》序言〉的說法，寫此書的目的「實際上是把我們從前的哲學信仰清算一下。這個心願是以批判黑格爾以後

的哲學的形式來實現的。……由於情況改變，不能付印，既然我們已
經達到了我們的主要目的——自己弄清問題，我們就情願讓原稿留給
老鼠的牙齒去批判了。」(《馬恩選集》，2：84)直至1932年，此書才
由當時蘇共中央馬克思列寧主義研究院將全文出版問世，也就是說相
隔了近一百年之久[2]，與此書同時出版的還有著名的《1844年經濟學哲
學手稿》。然而在這段漫長的期間之內，馬克思的思想早已經由第二
國際的重要理論家如普列漢諾夫、考茨基以及之後的列寧等人建構為
一種主義。上述重要事實顯示，馬克思的思想在成為一種主義的過程
裡，這些標示著馬克思從哲學過渡到政治經濟學階段的著作並未被納
入成為組成部分[3]。這也是《1844年經濟學哲學手稿》的問世，在西方
曾引起巨大回響的主因之一。其中有關異化勞動的概念，更造成有關
馬克思人本主義的論戰。

　　然而與其同時出版的《德意志意識形態》，似乎並未影響到有關
馬克思意識形態的論述，在馬克思的著作中，這個概念也一直被視為
是具有負面及消極的意義，停留在反映論的層次，其中原委多少與恩
格斯有關。事實上，從馬克思主義的發展過程中來看，意識形態理論
的形成，來自於馬克思自身最初的孕育較少，更多則是來自恩格斯在
國際工人運動中大力傳播馬克思思想的理論著作，如《反杜林論》、
《路德維希・費爾巴哈和德國古典哲學的終結》等，由於面對實際鬥
爭的需要，意識形態的概念成為一種批判的工具，以反映階級的矛盾
為主要原則。

　　此外，《德意志意識形態》一書雖終能問世，同一作者恩格斯對
此書卻持否定的態度，他在《路德維希・費爾巴哈和德國古典哲學的
終結》的序言寫道：「……我又把1845到1846年的舊稿找出來，重讀

---

2 此書第一章費爾巴哈在1924年於俄國及1926年於德國先行發表過。
3 有關討論參見 J. Larrain（1983a: 54-63），以及 M. Henry（1976: 9-33）。

一遍。其中有關於費爾巴哈的一章沒有寫完。已寫好的一部分是解釋
唯物主義歷史觀的；這個解釋只是表明當時我們在經濟史方面的知識
還多麼不夠。在舊稿裡面對於費爾巴哈的學說本身沒有批判；所以，
舊稿對於我們現在這一目的是不適用的。」（《馬恩選集》，4：208）

在檢討了《德意志意識形態》一書後，恩格斯卻在同一文章中
大力讚揚作為附錄的馬克思同一時間的另一遺稿〈關於費爾巴哈的
提綱〉，認為「這些筆記作為包含著新世界觀的天才萌芽的第一個文
件」（同上，209）。如我們所知，馬克思有關實踐的概念即是在這篇
手稿裡第一次出現。恩格斯此處強調以行動為主的實踐概念，自然
貶抑帶有觀念與玄想色彩的意識形態，對《德意志意識形態》一書日
後的詮釋與價值產生相當影響。如著名的馬克思主義學者高德曼（L.
Goldmann）即接受此一觀點，在〈德意志意識形態與關於費爾巴哈的
提綱〉一文中認為「這兩篇文章的重要性與它們的長度比例完全顛倒」
（Goldmann, 1970: 151），「德意志意識這些大量手稿，對所有想要追
究兩位科學的社會主義創始者的思想起源的人而言相當有趣，但是對
尋找理論與科學真理的人而言，則興趣缺缺。」（同上，153）

無論各種對馬克思意識形態概念的論點為何，畢竟《德意志意識
形態》一書為馬克思使用此一名詞的起源，非但在其中他多次觸及此
一概念，整個問題架構也植根於此，重回此一起點，為任何意欲瞭解
或發展意識形態理論者無法逃避的課題。

二、意識形態的內容與架構

綜觀《德意志意識形態》一書，它的主旨可以說整個圍繞在對當
時德國「青年黑格爾派」的批判[4]。這批人繼承啟蒙運動的精神，將理

4　1831年黑格爾過世後，學派內部爆發對基督教神學教義不同的論戰。為了標明學派內部
　　思想的分歧，一般以老年黑格爾派與青年黑格爾派分別。史特勞斯（D. F. Strauss）則引用

性作為準則，對當時德國的社會嚴厲的批判，特別是對宗教與倫理的問題。這種「思辨的唯理論」尤其強調思想與理論的作用，認為意識的產物如觀念、概念，不但為獨立的精神活動，並且為一切的根本。

　　馬克思在書中的開端即指出，這些激進的批判，篤信現實世界是觀念世界的產物，完全忽略哲學與現實之間的關聯，「不僅是它的回答，而且連它所提出的問題本身，都包含著神祕主義」（《馬恩選集》，1：22），其核心即是黑格爾的哲學體系。在《1844年經濟學哲學手稿》最後一部分，他對黑格爾的辯證法和整個哲學進行批判時，歸納出二點主要錯誤，一是視外在對象的現實性僅僅為抽象的及純粹的哲學思維之異化，「其他一切對立及其形式，不過是這種唯一有意義的對立的外觀、外殼、公開形式，這些對立構成其他世俗對立的意義。」（《馬恩全集》，42：161）其次，是將精神視為是思想的本質，「因為只有精神才是人的真正本質，而精神的真正形式則是能思維的精神、邏輯的、思辨的精神……因此，《現象學》是一種隱蔽的、自身不清楚的、被神祕化的批判。」（同上，162）

　　對馬克思而言，儘管這些激烈的黑格爾左派皆宣稱超越了黑格爾的哲學，事實上，他們都只是抓住黑格爾思想的某一方面來反對他的體系，並沒有跳出黑格爾哲學的問題架構。因此，他宣稱「德國的批判直到它的最後掙扎，都沒有離開過哲學的基地」（《馬恩全集》，3：21），「儘管青年黑格爾派思想家滿口講的都是『震撼世界』的詞句，而實際上他們是最大的保守分子。」（同上，22）

　　馬克思對這種批判哲學的批判，完全是從「現實」的前提出

左、右的概念做為區別的標準，故也有黑格爾左派和黑格爾右派的稱呼。劃分的標準並無定論，譬如 D. Mclellan 以傳統的青年老年作為區分，請見 D. Mclellan（1969: 6-47）。而馬利寧與申卡魯克不僅將其分為左、中、右派外，還進一步劃分出一個「中左派」和黑格爾左派另一分支—「自由人」。請見馬利寧＆申卡魯克（1987：16-38）。

發。他認為「思辨終止的地方，即在現實生活面前，正是體現⁵
（Darstellung）人們實踐活動和實際發展過程的真正實證科學開始的地
方」（同上，30-31），所以「不是意識決定生活，而是生活決定意識」
（同上，30）。馬克思在此處所謂的現實，係指摒棄思維的想像，以
經驗的原則為本。他認為：「任何人類歷史的第一個前提無疑是有生
命的個人存在。」（同上，23）而「個人是什麼樣的，這取決於他們進
行生產的物質條件」（同上，24）。從這個定義可以看出，馬克思對人
的概念與傳統形上學有明顯的差別。不僅與黑格爾式視人為精神的外
化與客體化的觀點相異，也不同於費爾巴哈將人的本質「……理解為
『類』⁶，理解為一種內在的、無聲的，把許多個人純粹自然地聯繫起來
的共同性。」（同上，8）

　　值得注意的是，在《德意志意識形態》一書裡，馬克思強調「具體
的人的活動」與「生產的物質條件」這兩個重要概念，可是兩者之間的
關係並非是前者屬於後者。生產的物質條件雖然是界定個人的前提，
可是人的活動相對地也創造物質條件，即他所謂的：「人們生產他們
所必需的生活資料，同時也就間接地生產著他們的物質生活本身。」
（同上，25）因此，物質的條件也由人的活動所界定。現實概念所存
在的這種曖昧性，不僅對意識形態概念的瞭解，甚至對馬克思整個理
論架構的詮釋皆有重要的影響⁷。

　　無論現實指的是「自主的物質結構」，亦或是「具體的人的活
動」，正是為了暴露與此一現實相對立的觀念或意識之間的關係，馬

---

5 中譯本將Darstellung譯為「描述」，似乎並不正確，此處應指現實本體自身的呈現，這個
　概念在馬克思的作品中具有一個重要位置，相關討論請見本章第三節以及第三章第四節。
6 原文為Gattung，不過朱光潛認為將此字譯為「類」並不合適，而應該譯為「物種」。請見朱
　光潛（1983：520-521）。
7 例如M. Henry（1976）討論馬克思的鉅著，全書即是以馬克思「現實」的概念重新詮釋馬克
　思的思想，指出其與德國唯心主義的深層的聯繫。此外，P. Ricœur（1986）闡明馬克思意
　識形態理論時，也是將重點放在這一問題之上。

克思使用了意識形態一詞。以此首先指稱德國的唯心主義哲學，再進而延伸至所有視觀念的活動具有決定的力量的思想體系[8]。此一問題架構不僅導致意識形態問題的呈現，更促使歷史唯物論的萌芽，以及實踐概念的產生，三者交互交錯，各自構成對方存在的可能性條件[9]。

在討論意識形態與現實的關係時，馬克思說：

> 我們的出發點是從事實際活動的人，而且從他們的現實生活過程中我們還可以揭示出這一生活過程在意識形態上的反射和回聲的發展。甚至人們頭腦中模糊的東西也是他們的可以通過經驗來確定的、與物質前提相聯繫的物質生活過程的必然昇華物。因此，道德、宗教、形而上學和其他意識形態，以及與它們相適應的意識形態便失去獨立性的外觀。(《馬恩選集》，1：30-31)

這段引文不僅清楚地展示出意識形態獨立性的虛幻以及與現實兩者互相對立，它並且被定位為現實的「反射」、「回聲」、「模糊的東西」及「昇華物」。這一系列隱喻的內容不但完全是否定的，更重要的是意謂著，意識形態除了忠實地反映與其相關聯的外在世界，並不具備任何的作用力量。所以馬克思接著說：「它們沒有歷史，沒有發展；那些發展著自己的物質生產和物質交往的人們，在改變自己的這

---

8 主編者在注釋中特別指出，手稿中刪去了一段話，即「德國唯心主義和其他一切民族的意識形態沒有任何特殊的區別。後者也同樣認為思想統治著世界，把思想和概念看作是決定性的原則，把一定的思想看作是只有哲學家們才能揭示的物質世界的祕密。」(《馬克思全集》，3：16)

9 此處指馬克思本人。一般對意識形態起源問題的研究，皆認為至少可以上溯至 Machiavelli、Bacon及法國啟蒙時期的思想家，如Holbach、Helvétius等人。請見H. Barth (1976: 1-37)、J. Larrain (1979: 17-34)，以及D. McLellan (1986: l-9)。然而依照H. Mah的研究，意識形態問題架構真正的出現，應是1840年代普魯士激進黑格爾派哲學危機高潮的產物。請見H. Mah (1987)。

個現實的同時也改變著自己的思維和思維的產物。」(同上，31)這也
是為何馬克思以意識形態這個詞語指稱青年黑格爾派，認為他們生活
在幻想的世界，只是以「詞句」來作鬥爭，對社會的批判毫無任何作
用。

　　然而，在另一段馬克思又說道：

　　意識在任何時候都只能是被意識到了的存在，而人們的存在就是
　　他們的實際生活過程。如果在全部意識形態中人們和他們的關係
　　就像在暗室[10]中一樣是倒現著的，那麼這種現象也是從人們生活
　　的歷史過程中產生的，正如物象在眼網膜上的倒影是直接從人們
　　生活的物理過程中產生的一樣。(《馬恩選集》，1：30)

　　此處對意識形態的定義似乎與上述視意識形態為被動的不具任何
功能、純粹以反映現實為目的的論點不同。從「暗室」與「眼網膜」這
組隱喻的使用來看，處於被動的意識形態雖然無法獨立存在，可是卻
並非毫無作用力，它實際上具有顛倒現實的功能，正是這種扭曲所造
成的假象，使人們非但忽視思想本身為一個生產過程，更使得現實中

10　原文為Camera obscura，中譯本譯為照相機，似乎不夠準確。Camera原指拱頂，再轉引
　　為拱形覆蓋物及房間。早在亞里士多德，對日蝕的觀察過程裡，暗室的原則即已存在。
　　於11至16世紀，這個方法也使用於天文學中，在文藝復興時期進入藝術領域後，逐漸
　　廣為人知。19世紀中葉，在發明攝影之前，以暗室的原理製造的物品已經非常的流行。
　　馬克思在1845-46年撰寫此書時，雖正逢照相機的誕生階段，這並不意謂暗室即等同於
　　照相機。非但如此，一般視覺藝術史將攝影甚至電影的出現，視為是暗室的原理與技藝
　　長期發展的自然產物，在根本上亦是疏忽了兩者差異性的結果。這種技術決定論視暗室
　　只是一個簡單的觀看外在世界的工具，完全漠視其背後所隱藏的認識論問題，忽略在這
　　個過程中，觀看者與外在世界之間的關係並非一直處於相同的基本假設之中。有關此一
　　問題，J. Crary (1990) 有非常深入與精彩的分析。此外，J-M. Schaeffer從可見之物的產
　　生與複製的討論中，也特別指出攝影與暗室兩者的差異。請見J-M. Schaeffer (1987: 20-
　　27)。

無法解決的矛盾得以在思想中以意識形態的形式暫時獲得妥協。因此，意識形態不僅是以虛構的方式建構一個論述，它並且還具有某種扭曲現實或是使現實合理化的反作用力。

　　以上兩組不同的隱喻（一為「暗室」及「眼網膜」，另一為「反射」、「回聲」、「模糊的東西」及「昇華物」）所導致的「顛倒」或是「反映」的問題，雖然一直是所有討論馬克思意識形態理論者詮釋的重心，可是卻皆未將這兩組隱喻視為是不同的問題架構，經常只是強調其中的某一個或其中幾個，甚或是某一組隱喻，忽視其他隱喻的存在。賴潤（J. Larrain）曾經注意到這兩類隱喻的內在矛盾性，並且認為「這是一個混亂的來源，不僅顯示出馬克思的某些說法欠缺完整，並且致使馬克思難以解決自己的問題」[11]。然而提出問題後，他卻立刻解釋，認為馬克思此處的重點是在批判唯心主義，所以「馬克思最終想要說的是意識並非獨立於物質條件之外」（Larrain, 1979: 38）。此一詮釋事實上並未闡明非獨立存在的意識與物質條件的關係究竟為何。

　　在他的另一本著作《馬克思主義與意識形態》裡，賴潤又重複此一疑問，可是卻改變論調，泛泛地說道：「重要的是不要陷入某些特別的隱喻的窘況中，而是要仔細地考量整個語境。……選擇並且誇大馬克思與恩格斯所使用的某些孤立的語詞，使他們自己的概念與其他德國哲學不同的立場對立起來是不適當的。」（Larrain, 1983a: 18）排除了對這些隱喻的討論後，賴潤卻總結認為，「馬克思想要表達的信念是，反對唯心主義時，意識並非是獨立於物質條件，反對舊的唯物主義時，意識並非是外在現實的反射」（同上），至於意識與現實的關

11　請見J. Larrain（1979: 38）。不過他並未按照馬克思原有的分法，卻將「模糊的東西」從「反映」的類別中抽出，放置在「顛倒」的一組中，與「暗室」及「眼網膜」並列。此一劃分似乎違背了原文的本義。德文Nebelbindungen，指霧狀的形成物，與原句中緊接著的另一隱喻「昇華物」，有相互呼應的作用，毫無任何「顛倒」的含義，英譯是phantoms，法譯為fantasmagorie，亦是如此。

係為何，他仍然沒有任何解釋。

　　這些隱喻所產生的內在緊張關係，並非如威廉士（R. Williams）所
謂「僅僅是意外的」（Williams, 1977: 58），或是如莫泛（J. Mepham）所
認為，這些大量隱喻是馬克思意識形態理論失敗的癥兆，因為其中沒
有一個隱喻單獨令他滿意（Mepham, 1979: 144）。德希達（J. Derrida）
在分析哲學論述中隱喻的位置時指出，在思維的建構過程，隱喻的使
用並非僅是裝飾，作為輔助概念推展的工具而已；所有哲學概念在成
為自身之時，即已包含著隱喻。對概念而言，隱喻是異質的，可是又
是必須的，它打開了概念的封閉性與畛域（Derrida, 1972: 272-273）。

　　此外，上述兩組隱喻各自蘊含的「顛倒」與「反映」內容，它的重
要性不僅是理論上的，事實上還具有實踐上的意義。因為意識形態與
外在現實的關係如果僅是直接「反映」，則鬥爭的主要方向必須應該
指向外在的具體社會；現實矛盾的消弭，即意謂著錯誤的虛幻意識必
定自然地與終極地煙消雲散。反之，如果意識形態存有「顛倒」的性
質，縱然其源自於現實，對現實卻具有事後[12]的反作用力量，這將導
致在實際的鬥爭中，非但必須面對現實的矛盾，鬥爭的層面更應包括
意識形態的領域，並且視意識形態的鬥爭為現實鬥爭的一種。或許這
也是馬克思、恩格斯寫這部五百頁鉅著的原因之一，至少絕非僅僅是
如他們所說，「自己弄清問題」，「把我（他）們從前的哲學信仰清算一
下」（《馬恩選集》，2：84）而已。

　　從研究馬克思意識理論的歷史來看，這些隱喻雖然一直吸引了
眾多研究者的注意，可是由於只專注於某一種或某一組隱喻，不僅
忽略了其他的隱喻存在，更漠視它們之間相互的關係，以致眾說紛
紜，莫衷一是。例如詹明信（F. Jameson）強調「暗室」為一永恆的自然

12　有關此一問題，請見本章最後一節。

過程，此一隱喻與受社會制約及歷史決定的意識形態，二者相互抵觸（Jameson, 1971: 369）。米契爾（W. J. T. Mitchell）也認為「暗室」隱喻的使用，意謂人與其社會環境之間的關係，是純粹與無中介的過程，這與馬克思在其他地方認為意識是社會產物相互齟齬（Mitchell, 1986: 173）。威廉士卻指出「暗室」為一個有意識的設計，顛倒的意象可以借另一鏡片改正，反而「眼網膜」中的顛倒影像無法與腦部直接活動此一物理過程分開（Williams, 1977: 58）。如同威廉士，竇赫（P. Tort）也強調「暗室」賦有技藝的色彩，可是卻認為「眼網膜」為自然的過程，並指出自然／人工兩種特質雖然皆存在意識形態的問題裡，但是從顛倒的幻覺角度而言，「暗室」的類比較「眼網膜」更為適當（Tort, 1988: 19）。

　　綜觀上述有關這組隱喻的討論，雖然重點各有不同，主要的癥結則集中於自然／人工兩者的對立，此一情形不僅展現在「暗室」與「眼網膜」之間，甚至也存在於「暗室」隱喻本身之中。詹明信與米契爾視「暗室」為一個自然永恆或無中介的過程，不受外在條件的影響，此種說法強調影像的機械複製，完全忽視「暗室」是人的歷史產物，以及實踐過程裡人為的操作。達密許（H. Damisch）在《透視的起源》中指出，照相器具因其構造的特點，從產生的過程與產生的效果兩種不同的角度，可導至二種不同層次的詮釋，然而不論是其編碼過程（code）或是訊息結果（méssage），皆存有明顯的人為痕跡（Damisch, 1987: 9-10）。

　　至於「暗室」與「眼網膜」之間所存在的對立，此一問題的產生，根本上是孤立此處文意的結果。將「眼網膜」歸類為賦有自然的特質，實際上係建立在漠視其過程為人的活動此一具體事實之上[13]。將

13　有關此一問題在藝術史中的討論，請參考E. Panofsky（1976: 37-182）。在哲學中的討論，請見M. Jay（1993: 21-82）。

人的本質予以自然化,而不視為實踐的活動,如我們所知,正是馬克思對費爾巴哈批判的重點所在。由此觀之,整個有關「暗室」與「眼網膜」的問題,如果從與現實相對應的角度觀之,皆可歸於馬克思現實概念中「具體的人的活動」此一內容之中[14]。

此外,馬克思現實的概念還制約著被大多數研究者忽略的前面另一組隱喻,即「反射」、「回聲」、「模糊的東西」與「昇華物」。不過此處的現實,並非指「具體的人的活動」,而是它的另一組成部分:「自主的物質結構」。唯有從這個角度或許能理解,為何馬克思在此將意識形態視為對現實直接的反映,以不含任何積極與正面力量的隱喻作為類比。黑柯(P. Ricœur)在論及這些隱喻時,除了強調「昇華物」隱喻雖為化學蒸發過程,可是卻含有具體物品的物理起源的意義,並特別指出「反射」、「回聲」等隱喻,也一直成為正統教條式馬克思主義用以排除所有智性自主活動可能性的最佳利器(Ricœur, 1986: 79)。同理,這也是為何威廉士認為這些隱喻「過於單純」(simplist),屬於一種「機械的唯物論」(Raymond, 1977: 59)。

從以上所述瞭解,作為與意識形態相對應的現實,不僅自身具有曖昧性,此一性質還貫穿意識形態的概念之中,因此使意識形態變成具體的物質領域裡虛幻的與不具實體的部分,然而它同時又是具體的物質所產生的實在效果與反射。多數學者,如詹明信、吉登斯(A. Giddens)、伊格爾頓(T. Eagleton)、馬庫斯(G. Markus)及湯姆普孫(J. B. Thompson)等,皆承認在《德意志意識形態》一書裡,至少包含著兩種不同的意識形態問題。一是認知或認識論的問題,即上述所討論的意識與現實之間的關係;另一是功能的或政治的問題,即有關統治階級的思想或所謂的主導權意識形態的問題[15]。值得注意的是,前面

---

14 有關「暗室」概念所隱含的主體模式,請參見 J. Crary(1990: 25-66)。

15 請見詹明信(1990),A. Giddens(1991: 22),T. Eagleton(1991: 90),G. Markus(1991),

因現實概念的曖昧性，造成意識形態在認識論上的內在矛盾性，同樣
也存在於主導權意識形態的問題架構之中。

在談到統治階級與統治思想時，馬克思說：

統治階級的思想在每一時代都是佔統治地位的思想。這就是說，
一個階級是社會上佔統治地位的物質力量，同時也是社會上佔統
治地位的精神力量。支配著物質生產資料的階級，同時也是支配
著精神生產的資料，因此，那些沒有精神生產資料的人的思想，
一般地是受統治階級支配的。佔統治地位的思想不過是佔統治地
位的物質關係在觀念上的表現，不過是以思想的形式表現出來的
佔統治地位的物質關係……。（《馬恩選集》，1：52）

很明顯地，在此處物質條件為完全主導的因素，觀念的表現不僅
受其支配，且不具任何作用能力。被統治的階級不僅外在於物質的力
量，更外在於精神的力量，意識形態因此成為宰制關係直接與自然的
體現。此一論述，視意識形態為外在現實忠實的反映，呼應了現實概
念中「自主的物質結構」之內容。

然而，在另一段，馬克思卻說：

每一個企圖代替舊統治階級的地位的新階級，為了達到自己的目
的就不得不把自己的利益說成是社會全體成員的共同利益，抽象
地講，就是賦予自己的思想以普遍性的形式，把它們描繪成唯一

J. B. Thompson（1990）。各家雖有不同的說法及分類，但多只是表面上的不同，本質上
並無多大差異，如 Markus 及 Thompson 認為馬克思的意識形態觀有三種，還有一種論爭
性概念（polemical conception）的意義。此一問題在本章的一開始即已提出，不過它似乎
比較是指意識形態的效果，而非其內容。

合理的、有普遍意義的思想。(同上,53)

　　這裡顯示,不論是想要奪取或是已經掌控物質生產資料的階級,仍然需要借由一個敘述的抽象化過程,以普遍性的概念作為鬥爭的工具,或遮蓋統治的事實。如此,精神力量不必然只是物質生產資料自然與立即的反映,本身也具有顛倒或合理化的功能。此點又與現實概念中「具體的人的活動」內容相互關聯。

　　統治階級思想的問題裡所內含的這兩種明顯差異,更成為黑柯探討《德意志意識形態》一書中現實概念二重性的切入點[16]。巴利罷(E. Balibar)在討論馬克思主義與現代政治危機的問題時,不僅也同樣指出馬克思主導權意識形態概念的內在矛盾性質[17],甚至更認為馬克思於1845-1846年之後,逐漸放棄使用意識形態一詞的主要原因,即是由於他無法突破這個概念內在的、理論的及政治的矛盾,日後整個馬克思主義的歷史過程中,也一直不停地複製這種矛盾[18]。綜合以上討論可見,意識形態的問題在《德意志意識形態》一書中主要的癥結,並非如伊格爾頓所言,存在於認識論與政治二個不同層次的糾纏(Eagleton, 1991: 79)。真正的問題更應該是馬克思現實概念定義的不確定性,導致「顛倒」與「反映」二種問題架構的產生,這種曖昧性完全貫穿認識論與政治實踐的二個議題。如下圖所示:

16　請參見 P. Ricœur(1986: 68-102)。黑柯在書中雖然指出馬克思現實概念中「真實的個人」與「物質條件」二種可能性,以及因此所導致的不同詮釋方向,可是他將重點放在勞動的分工以及階級的概念上,並未深究思想與現實二者之間的關係。
17　請見 E. Balibar(1983: 111-112),不過與本文的論點不同,他將問題放在統治與被統治階級意識形態之間的關係上。
18　他認為馬克思於1859年〈《政治經濟學批判》序言〉中,雖然仍使用意識形態一字,可是討論的並非是意識形態的本身,而是「意識形態形式」,類似於社會意識的形式,或是一個特定歷史階段的自我意識,請見 E. Balibar(1986: 147)。

	現實	意識形態	功能
認識論	具體的人的活動	暗室、眼網膜	顛倒
	自主的物質結構	反射、回聲、模糊的東西、昇華物	反映
政治實踐	具體的人的活動	賦予自己的思想以普遍的形式	顛倒
	自主的物質結構	物質生產資料…支配精神生產資料	反映

三、「顛倒」及／或「反映」在馬克思作品中的位置

　　事實上,「顛倒」與「反映」的二重性,不僅構成《德意志意識形態》一書中討論意識形態問題的重心,更貫穿馬克思整個作品,成為理解意識與現實兩者關係的一組重要概念。馬克思早期對宗教與黑格爾國家概念的批判,主要即建立在「顛倒」的概念之上。此一概念導致人類視其活動為某種異於自身行為的結果,以致於現實在思維中被顛倒,真正的本質被歪曲。黑格爾即是在這種思維邏輯下,視現實為抽象觀念展開的過程,而作為此一結果的國家(普魯士),則為其在經驗世界裡具體的展現[19]。

　　至於馬克思所謂「世界總的理論與通俗邏輯」的宗教,更是此一情形極端的例證。他認為「對宗教的批判就是對苦難世界的批判的胚胎」(《馬恩選集》,1:2),「對宗教的批判是其他一切批判的前提」(同上,1)。在這過程裡,人將自己的本質投射於外,客觀化與擬人化為超驗的神祇,所以「國家、社會產生了宗教,即顛倒了的世界觀,因為它們本身就是顛倒了的世界」(同上)。然而這種「顛倒」的形

19　有關討論請見 P. Ricœur(1986: 21-34)。

式，並非是被動與單純地反映現實，它是以想像的方式製造一種現實的形式，他說：「宗教把人的本質變成了幻想的現實性，因為人的本質沒有真實的現實性。」（同上）

在這個過程裡，作為「顛倒」最主要表現形式的宗教，雖然將人的本質徹底剝奪，然而它卻想像地重新建構了另一個現實；縱然是虛構，可是卻為現實世界的替代物，佔據了現實的位置，同時也因此產生了某種功能。消極而言，它是一種逃避，隱藏甚至彌補了現實的缺憾，他的名言「宗教是人民的鴉片」，即為最佳佐證；積極而言，它對現實更具有反作用力，這也是為何他認為「宗教裡的苦難既是現實苦難的表現，又是對這種現實的苦難的抗議」（同上，2）。因此，馬克思對宗教批判的重點，在於戳破宗教是自主性存在的這種幻覺，而非完全針對宗教本身。「顛倒」的形式雖然在馬克思對宗教批判的過程裡獲得徹底表達，可是並非全然是對此一形式的功能性有所質疑[20]。

「顛倒」概念的使用達致頂點，則是在《德意志意識形態》一書[21]。然而如前所述，馬克思在此企圖掙脫費爾巴哈的影響，對現實內容的理解產生了「具體的人的活動」與「自主的物質結構」二種觀點。在這作品之後，1852年出版的《路易・波拿巴的霧月十八日》一書，則經常被大部分研究者忽略。此書原為馬克思應雜誌的邀請，對法國當時的革命運動所作的立即評論，雖非理論的著作，可是卻是馬克思第一次以歷史唯物論的觀點，對一個歷史事件所做的具體分析。

---

20 馬克思對宗教的批判多集中於基督教，對猶太教的批評多半是對商人精神的批判，然而在《論猶太人問題》（1844）一文中，馬克思比較德國猶太人在基督教的德國之中矛盾的位置，更突出了宗教作為社會控制手段的功能性。請見 J. Carlebach（1991: 47-65）。

21 在這之前的《1844年經濟學哲學手稿》裡，馬克思視人類勞動為一種異己的、外在的與超驗的結果，他對私有財產與資本的分析雖然皆是建立在「顛倒」的模式之上，然而如 P. Ricœur 所指出，「顛倒」的概念在此書中具有的是一種「非常技術上的意義」，而非直接指涉意識與現實之間的關係。請見 P. Ricœur（1986: 36）。

　　在書中，雖然並未提出「顛倒」或「反映」的隱喻或問題，意識形態一詞的出現也僅二次[22]，並且皆是重申其受制於物質與生產方式的制約。然而從他對小農意識分析的結果卻清楚顯示，在歷史實際的鬥爭裡，意識形態功能性不可或缺的事實。因此，雖然在形式上沒有，可是在本質上依舊重複著「顛倒」或「反映」的問題架構。誠如阿頌（P. L. Assoun）所言：「《霧月十八日》補充而非否定了《德意志意識形態》：如果在1845年意識形態的地位似乎較抽象以及有些不具體，那是它在特殊的普遍性層次被理解，是由社會經濟情形中的功能位置所決定，《霧月十八日》相反地是在歷史運作的具體有效性中掌握它。」[23]

　　《〈政治經濟學批判〉導言》（1857-1858）及〈序言〉（1859）則具體標示著馬克思歷史唯物論的全面展開及政治經濟學方法的形成。在這階段，意識形態功能性的價值似乎全盤遭受否定，法權與政治也直接臣屬於經濟運作的規則之下，他強調：

　　　　人們在自己生活的社會生產中發生一定的、必然的、不以他們意
　　　　志為轉移的關係，即同他們的物質生產力的一定發展階段相適合
　　　　的生產關係。這些生產關係的總和構成社會的經濟結構，這現實
　　　　基礎上聳立著法律的和政治的上層建築並有一定的社會意識形式

22　「一切歷史上的鬥爭，無論是在政治、宗教、哲學的領域中進行的，還是在任何其他意識形態領域中進行的，實際上只是各社會階級的鬥爭或多或少明顯的表現，而這些階級的存在以及它們之間的衝突，又為它們的經濟狀況的發展程度、生產的性質和方式以及由生產所決定的交換的性質和方式所制約。」（《馬恩選集》，1：602）另外「在不同的所有制形式上，在生存的條件上，聳立著由各種不同情感、幻想、思想方式和世界觀構成的整個上層建築。整個階級在它的物質條件和相應的社會關係的基礎上創造和構成這一切。」（同前，629）

23　請見 P. L. Assoun（1978: 110-111）。雖然此處論點與本文一致，但其書重點在強調「重複性」（répétition）的概念與歷史唯物論的關係，並據此突出《霧月十八日》一書在馬克思整個作品中的特殊地位。

與之相對應[24]。物質生活的生產方式制約著整個社會生活、政治
生活和精神生活的過程。……隨著經濟基礎的變更，全部龐大的
上層建築也或慢或快地發生變革。在考察這些變革時，必須時刻
把下面兩者區別開來：一種是生產的經濟條件方面所發生的物質
的、可以用自然科學的精確性指明的變革，一種是人們借以意識
到這個衝突並力求把它克服的那些法律的、政治的、宗教的、藝
術的或哲學的，簡言之，意識形態的形式。（《馬恩選集》，2：
82-83）

　　如眾所知，這段著名的文字，在馬克思主義中討論有關意識形
態問題時，一直佔據關鍵的位置。雖然上層建築在馬克思其他文章
中有時等同於意識形態[25]，可是在此處二者卻有差異。上層建築應
指法律的與政治的層次，與此相對應的才是各種意識形式。此一問
題使一般輕率地認為上層建築與現實基礎[26]兩者之間直接的「對應」
（entsprechen）受到質疑。阿爾杜塞（L. Althusser）即特別指出，「要注
意馬克思經常引用『對應』一詞，絕非是說上層建築對應基礎，他保
留『對應』一詞在二種情況之中：生產關係與生產力之間的對應，以
及在上層建築（法律與國家）和『與其相對應的意識形式』（formes de
conscience idéologique）之間的對應」（Althusser, 1994b: 415），「整個馬

---

24 原句在閱讀上易產生混淆，此處為作者的改譯，中譯本原為：「這些生產關係的總和構
　成社會的經濟結構，即有法律的和政治的上層建築聳立其上並有一定的社會意識形式與
　之相適應的現實基礎。」
25 如在上述《路易‧波拿巴的霧月十八日》中。R. Williams更認為上層建築在馬克思的作品
　中共有三種不同意義：1.是法律的與政治的形式；2.是某一階級的意識形式；3.是人認
　識根本經濟矛盾的過程。請見R. Williams（1977: 76-77）。
26 原文為die reale Basis，有時為了與上層建築一詞配合，也被稱為下層建築，這種詮釋在
　經濟論的傳統中特別明顯，基礎與上層建築之間的關係也經常被化約為是簡單的因果關
　係。

克思有關此點說的是『上層建築聳立（sich erhebt）在基礎上』」（同上，416）。

　　至於基礎與上層建築之間的關係為何，阿爾杜塞也承認這是一種理論上的空白。然而如威廉士所言，這個建築意象所賦有的物理與固著的特徵，正面突顯了物質條件為主導的意涵，如果再對照馬克思所用的「聳立」一語，縱然兩者之間的關係並非明顯的對應，至少彰顯出思想為物質結構的客觀結果此一事實。這與前述「反映」的內涵相互契合；也因為如此，這個建築隱喻一直成為機械和教條式的馬克思主義者所援引的例證。事實上，也正是為了突破此一框架，阿爾杜塞提出他著名的「多元決定」（surdetermination）的概念（Althusser, 1965: 87-128）。

　　「顛倒」與「反映」的問題在《資本論》中變得更為複雜，與馬克思前期的作品有表面上的類似，可是在根本上卻又不同，似乎深化了先前所討論的這種區分，但同時又顛覆了它。馬克思以構成資本主義社會的基本元素——商品——作為分析的起點，闡明體現在商品中的二重性：即使用價值與交換價值，以及由此而產生的商品拜物教。他認為商品獨特的神祕性質並非源自於商品使用價值，也不是出於價值規定的內容，而是來自於商品形式的自身。這是因為「商品形式在人們面前把人們本身勞動的社會性質反映成勞動產品本身的物的性質，反映成這些物的天然的社會屬性，從而把生產者同總勞動的社會關係反映成存在於生產者之外的物與物之間的社會關係」（《馬恩全集》，23：88-89）。

　　換言之，勞動產品在交換的過程中取得了一種社會形式，使自身分裂為有用物與價值物。這種生產者私人勞動的二重社會性質，使社會關係「不是表現為人們在自己勞動中的直接的社會關係，而是表現為人們之間的物的關係和物之間的社會關係」（同上，90）。因此，馬

克思指出,「由於這種轉換,勞動產品成了商品,成了可感覺而又超感覺的物或社會的物」(同上,89),「它不僅用它的腳站在地上,而且在對其他一切商品的關係上用頭倒立著」(同上,87)。

在形容這種「顛倒」問題時,馬克思又引用了眼網膜的隱喻,指出:

> 正如一物在視神經中留下的光的印象,不是表現為視神經本身的主觀興奮,而是表現為眼睛外面的物的客觀形式。但是在視覺活動中,光確實從一物射到另一物,即從外界對象射入眼睛。這是物理的物之間的物理關係。相反,商品形式和它借以得到表現的勞動產品的價值關係,是同勞動產品的物理性質以及由此產生的物的關係完全無關的。這只是人們自己的一定的社會關係,但它在人們面前採取了物與物的關係的虛幻形式。因此,要找一個比喻,我們就得逃到宗教世界的幻境中去。在那裡,人腦的產物表現為賦有生命的、彼此發生關係並同人發生關係的獨立存在的東西。在商品世界裡,人手的產物也是這樣。我把這叫做拜物教。勞動產品一旦作為商品來生產,就帶上拜物教性質,因此拜物教是同商品生產分不開的。(同上,89)

在此「顛倒」構成了商品拜物教與眼網膜的共同特質。然而,由交換價值所產生的商品拜物教與眼網膜的光學現象,二者所代表的意義卻截然不同。雖然如馬克思所言,後者為物之間的物理關係,而在前者中,物之間的關係是虛幻的,可是在眼網膜中,意識與現實之間的關係是直接的,而在商品拜物教裡,兩者之間的關係是間接的,經由具體的商品關係所穿透及取代。正因此種差異,所以馬克思認為眼網膜的隱喻不恰當,而必須至宗教世界裡尋找。值得注意的是,這並

不意謂著馬克思將商品拜物教與宗教完全等同對待，二者內在邏輯固
然類似，並且皆由人所製造（一為手，另一為腦），可是宗教的幻覺
是人腦直接的產物，具有想像的特性；而商品拜物教則是經由物品的
交換價值而來，是在具體的現實中產生。

　　考夫曼（S. Kofman）在探究為何意識形態能產生虛幻的自主特性
時，即忽略了這種根本的區別，雖然她曾正確地指出，馬克思「暗
室」的隱喻在《德意志意識形態》與《資本論》中確有不同（Kofman,
1973: 26-27）。德希達在其著作《馬克思的各種幽靈》中，亦曾觸及了
此點。然而他認為《德意志意識形態》與《資本論》之間，二者雖然不
具同質性，可是在這個議題上並無真正的斷裂。從而德希達縱使注意
到勞動產品具有獨特的「幽靈般的客體性」（objectivité　fantomatique）
（Derrida, 1993: 262-265），可是他同樣也漠視其中存在的差異，僅將
其簡單地化約為拜物教過程中的一般性問題。

　　事實上，商品拜物教與宗教僅是部分的類同。柯恩（G. A.
Cohen）在比較兩者神祕力量的來源時，中肯地指出：

　　　在經濟的拜物中，力量的出現並非源於一個思想過程，而是來自
　　一個生產過程。它顯現在商品社會中生產過程如何被組成的方式
　　裡。它是與商品生產過程無法分割的，甚至當商品生產過程被
　　很清楚的理解時仍然會倖存下來：瞭解並無法「驅散迷霧」，而
　　市場經濟即是經由這迷霧而被人所感知。這種虛假的外觀更像
　　是一種佇立於外在世界的海市蜃樓（mirage）（而不像是一種幻覺
　　〔hallucination〕）。在經濟的拜物教中，現實與它自身的外觀之間
　　存有一個深淵。心靈記錄著（registers）崇拜物。而不像在宗教的
　　例證裡，創造出（create）崇拜物。（Cohen, 1978: 115-116）

　　上述分析可見，宗教的崇拜物源自於心靈，而商品拜物教的崇拜
物來自於商品，雖然是虛假的，然而卻是真實的存在，並且構成其力
量的來源。換言之，在商品經濟中，實體性的經濟崇拜物在某種意義
上被賦予了它所缺乏的某種力量，然而宗教崇拜物則非常單純，自身
並不存在，欠缺實質性的力量。此外，商品拜物教不僅不同於宗教，
事實上亦不是意識形態問題架構的自然承續。三者雖然皆是有關外在
現實的表達，可是由於對所對應的現實認識有別，所產生的表現形式
也不一致。

　　在批判宗教時，馬克思認為宗教的自主性存在完全是一種幻覺，
並且其崇拜物是人類心靈直接創造的產物，一種直觀式的結果，故屬
於一種想像式的再現（imaginary representation）。意識形態的問題架構
則是將心靈的活動進一步擴展至所有智性的（intellectual）行為，意識
在此被轉換是某種抽象的概念化過程（abstract conceptualization），然
而無論此一過程是「顛倒」或是「反映」，意識形態與外在現實直接的
關係並無改變。這一結果表明，意識形態與宗教類似，二者皆屬於再
現（Vorstellung, representation）的範疇，其中的差異僅在於方式上，一
為想像式的再現，另一則是智性式的再現[27]。

　　商品拜物教與上述兩者的不同之處，不僅在於現實概念的內容問
題，更是因為它的表現形式並非是一個直接的思想過程，而是經過商
品交換過程中介後的產物。換言之，在商品拜物教中，意識並非是
思維的基礎與起點，不再是超驗般（transcendental）自主的存在，而是
一個由生產與交換過程貫穿與運作下的某種效果（effect）。這種獨特
的以客體作為意識來源表現方式，馬克思稱之為「客體的思維形式」

27　P. Ricœur認為在《德意志意識形態》中，意識形態為想像式的（1986: 70），不過此處則採
　　用M. Henry的觀點（1976: 374）。

（objective Gedenkenformen）[28]，完全有別於將主體性意識作為出發點的「再現」，而是屬於「體現」（Darstellung, presentation）的範疇[29]。所以馬克思指出：「觀念的東西不外是移入人的頭腦並在人的頭腦中改造過的物質的東西而已。」（《馬恩全集》，23：24）這也是為何縱然此一過程的規律可以清楚地被認知，商品拜物教的力量並不會就此消失。宗教、意識形態與商品拜物教三者的相互關係，如下圖：

意識的形式	現實	功能	來源	表現方式	過程	思維方式
宗教	擬人化的現實	顛倒	想像的創造	再現 Vorstellung representation	從主體到客體	主體性思維
意識形態	具體的現實 〈 人的活動 ⋯⋯ 物質結構	顛倒 ⋯⋯ 反映	知性的建構			
商品拜物教	勞動與生產的現實	顛倒→反映	商品中介的效果	體現 Darstellung presentation	從客體到主體	客體性思維

　　因此，在《資本論》中，意識與外在現實之間的關係如果是顛倒著的，那並非是像在《德意志意識形態》中以及之前，是由於觀念掩蔽或扭曲外在現實，而是因為現實自身就是顛倒的，觀念不過是記錄

28　有關這概念，請見 W. F. Haug（1987: 66-69）。

29　P. Ricœur 強調，馬克思仍然保留了黑格爾對這二個概念的用法。在馬克思的作品中，再現一詞大多具有貶義，經常用來描述虛假的、錯誤的、被扭曲的現象。並且認為在被扭曲的再現之外，事物仍存有真正的體現。Ricœur 還指出，英譯本即忽略了二者的差別，皆譯為 representation。請參閱 P. Ricœur（1986: 81, 75）。由於 Darstellung 或 presentation，指客體呈現時自身無需借助外物，故此處譯為體現。而 Vorstellung 或 representation 意謂在再現的過程中，意識以自身作為起點，在表達外物時，必須借助於某個工具將自身重新顯現出來，故譯為再現。

或「反射」現實的結果。所以馬克思說：「私人生產者的頭腦把他們的私人勞動的這種二重的社會性質，只是反映在從實際交易，產品交換中表現出來的那些形式中……他們沒有意識到這一點，但是他們這樣做了。」(同上，90-91)此一結果綜合了上述內在於意識形態概念中的矛盾，包括了「暗室」與「反射」兩組不同的隱喻所衍生的理論內涵：即「顛倒」與「反映」。暫且不論意識形態一詞在馬克思晚期作品中不復出現是否與此相關，可是此一問題架構並未就此消失，只是隨著現實概念的不斷深化而一直轉變。

早期在黑格爾的影響之下，現實的概念在馬克思的著作裡表現為理想式的普遍性。在接觸費爾巴哈後，現實逐漸轉變為抽象的物種與可感之物，最後則擺脫其影響，現實成為人具體的活動以及自主的物質結構，導致了《德意志意識形態》一書中「顛倒」與「反映」的糾結。直至《資本論》，現實最終成為勞動與生產的過程。如果說馬克思早期對黑格爾國家理論與宗教的批判是以「顛倒」為主[30]，那在《德意志意識形態》中對哲學體系的抨擊，則是游走在「顛倒」與「反映」之間，在《政治經濟學批判》序言及導言時，「反映」則成為質疑政治與法權的主導概念，最後在《資本論》裡綜合了兩者，以「顛倒」為裡，「反映」為表，解構商品經濟神祕的特質。

四、「顛倒」與認識論的斷裂

然而，對《資本論》進一步的理解，則可發現馬克思晚期「顛倒」概念的獨特性，不僅展現在形式上從想像的與抽象的最終至被具體商

---

30 J. Larrain在不同的地方(1983a: 12-13及1983b: 219)皆強調，早期對黑格爾國家概念批判時，馬克思即瞭解黑格爾式的「顛倒」並非僅是某種虛幻性感受的結果，而是有現實的基礎，在現實中被顛倒，因此比費爾巴哈更進一步。此一說法忽略了此時馬克思雖然由哲學領域逐漸轉至具體社會，可是對現實本質的認識，仍然停留在費爾巴哈式的架構中，並未有根本的差異，請見M. Henry(1976, tome I: 369)，以及P. Ricœur(1986: 27)。

品交換所中介的問題上，實際上更促使思考邏輯自身的改變，亦即「顛倒」概念自身的轉換。如我們所知，馬克思「顛倒」的概念主要是源自費爾巴哈，並且正是經由此一概念，費爾巴哈建構他反對宗教與黑格爾思辨哲學的基點。馬克思與黑格爾的關係同樣地也是建立在這個概念之上，而且不僅將它發揮至法權、政治與經濟的領域，甚至深入他的思考邏輯之中。在《資本論》德文版第二版的跋中，馬克思還替黑格爾辯護說：「……我要公開承認我是這位大思想家的學生，並且在關於價值理論的一章中，有些地方我甚至賣弄起黑格爾特有的表達力式。辯證法在黑格爾手中神祕化了，但這絕不妨礙他第一個全面地有意識地敘述了辯證法的一般運動形式。在他那裡，辯證法是倒立著的。必須把它倒過來，以便發現神祕外殼的合理內核。[31]」（《馬恩全集》，23：24）

因此，一般在討論「顛倒」問題在馬克思作品中的位置時，除了在「暗室」等隱喻中略加觸及外，並未將它視為是一個獨特的概念，只是將重點放在馬克思與黑格爾辯證法之間的關係上。特別是阿爾杜塞，更以此作為他著名的認識論斷裂（coupure épistémologique）問題架構的起源。他認為「一種像這樣被『顛倒』的哲學僅能被視為『被倒過來』的哲學，僅是一種理論上的隱喻；事實上，它的結構、它的問題、它的問題的意義一直被『相同的問題架構』（Problématique）困擾著」（Althusser, 1965: 70）。為了徹底釐清馬克思作品中非馬克思的因素，他借用巴希臘（G. Bachelard）的論點，從認識論上將馬克思的著

---

31 恩格斯在《路德維希·費爾巴哈和德國古典哲學的終結》中也提出類似的論調：「黑格爾不是簡單地被放在一邊，恰恰相反，上面所說的他的革命方面，即辯證法，是被當作出發點的。但是這個方法在黑格爾的形式中是無用的。在黑格爾那裡，辯證法是概念的自我發展……這種意識形態的顛倒是應該消除的……這樣，概念的辯證法本身就變成只是現實世界的辯證運動的不自覺的反映，從而黑格爾的辯證法就被倒轉過來，或者寧可說，不是用頭立地而是重新用腳立地了。」（《馬恩選集》，4：238 239）

作劃一道分界線，不僅以此標示出一個不同以往、嶄新的問題架構的
出現，還對這個之前被意識形態控制的領域開始了科學的認識[32]。認
識論斷裂概念本身的內涵，早期是在強調馬克思主義理論發展與組成
過程的科學性，晚期則是突出與革命工人運動的結合。然而無論這個
概念的目的是在於將馬克思主義納入至科學的領域，或是如巴利罷所
稱是創造一個新的概念，以此表示某種內在充滿矛盾的事件過程[33]，
可是對於構成認識論斷裂概念的條件，亦即「顛倒」問題的本身，卻
並未被阿爾杜塞視為具有任何的意義[34]。

　　阿爾杜塞雖然在他的早期著作中多次提及馬克思作品中「顛倒」
的問題，然而多只是很自然地接受傳統的看法，認為「顛倒」只是
一種來自費爾巴哈的說詞，雖然馬克思有借用過，可是二者並無不
同[35]。然而，在《論從馬克思到黑格爾的關係》這篇較晚期的作品中，
他似乎改變了立場，認為「顛倒黑格爾的辯證法＝將它去神祕化＝從
非理性的外表拆離出合理的核心。這種分開並非是一種挑選（拿出或
丟棄）。這只能是一種轉換（transformation）。馬克思的辯證法只能是
被轉換的黑格爾的辯證法」（Althusser, 1972: 59）。

　　這種改變，在之後出版的《自我批判的要素》書中的一個注釋裡
予以確認：「對『顛倒』問題的自我批判。在早期的論文裡，我將哲

32　他以「認識論斷裂」的概念將馬克思的作品分為四期：一、1840-1844為青年期；二、
　　1845為斷裂期；三、1845-1857為正在成熟期；四、1857-1883為成熟期。請見L.
　　Althusser（1965: 27）。

33　請見E. Balibar（1991: 32）。他強調「『斷裂』不僅是一個事件（événement），也是一個過
　　程（procès）；不僅是一個過程，也是一個動向性的以及──我們將會瞭解──內在矛盾
　　的過程……認識論的斷裂是一個『連續性的斷裂』，而非某一時刻的一種徹底完成的結
　　果。」

34　E. Balibar在另一篇專門討論Althusser認識論斷裂的文章裡，雖然更詳細地區分了
　　Althusser使用這個概念的五種形式與階段，並指出其中理論的困難，可是仍然毫無觸及
　　「顛倒」的問題。請見E. Balibar（1993b）。

35　有關這個問題，請見L. Althusser（1965: 67-70, 87-91）。另外可見（1975. tome I: 35）等。

學矮化為科學，因此，拒絕相信『顛倒』的意象（figure）在哲學的關係歷史內有它的位置。我在1968年2月，《論從黑格爾到馬克思的關係》的報告中，開始修正了我的立場。必須承認哲學並非是（一種）科學。在哲學的『歷史』裡，不同哲學立場（positions）的關係，並不會複製另一種關係，即一組科學命題（propositions）與它（前科學的）史前史關係。『顛倒』是不同哲學立場之間，辯證法內在的一種必要意象之一⋯⋯僅承認唯一一種意象（『顛倒』），導致思辨式的唯心論。唯物論在特定的情況下，則嚴肅地對待各種意象關係的多元性。」（Althusser, 1974: 26）

　　阿爾杜塞在這篇文章中，雖然強調為了政治與理論的原因依舊維持認識論斷裂的主張，可是在修正了早期唯理主義的傾向後，也將「顛倒」由僅僅是「一種理論的隱喻」變成是一種具有「轉換」力量的過程。然而，在最近陸續出版的遺稿裡，其中一篇寫於1978年（上述《自我批判的要素》發表於1972年6月，結集成書為1974年），名為〈在侷限中的馬克思〉（Marx dans ses limites），赫然發現阿爾杜塞又否定了上述觀點，認為「在馬克思中完全可以找到百分之百費爾巴哈式『顛倒』的主題，這是口號而非真正的概念，因為將其視為一個概念的話，這句口號將所有自主獨立思考的讀者丟到理論特技的極度疲勞之中：例如黑格爾辯證法的『顛倒』⋯⋯」（Althusser, 1994b: 390）。在此，又重新回到原點，而阿爾杜塞對這個問題態度的一再轉變，真正「將所有自主獨立思考的讀者丟到理論特技的極度疲勞之中」。然而，我們毋須深究他的不同說法何者為真，如果從他所謂的「徵兆式閱讀」（lecture symptomale）[36]的方式觀之，僅其對「顛倒」概

---

[36] 此為Althusser從精神分析借用的字彙，以指稱一種有別於普通只重字義，被動收受資料的閱讀方式。徵兆式閱讀強調閱讀過程中，去挖掘內在於表面意義，卻又被表面意義所遮蔽的其他可能性條件，再以此建構問題架構（problématique）。有關此一問題，請見 S. Karsz（1974: 25-33）。

念不斷地顛倒過程本身即深具意義，這種弗洛伊德稱之為「非否認」
（Verneinung），似乎更點出這個使認識論斷裂概念得以產生的「顛倒」
議題，在馬克思作品中獨特與令人不安（Unheimlich）[37]的位置。

　　事實上，如本章前面所述，至少從1857年《政治經濟學批判》導
言開始，即阿爾杜塞所說的馬克思逐漸成熟時期的作品，隨著對現實
問題瞭解的深化，馬克思對「顛倒」概念的使用，根本上已與費爾巴
哈不同。由歐西業（J. P. Osier）的研究顯示，「顛倒」在費爾巴哈的作
品中，並非只是一種隱喻或說詞，實際上是他的理論根本支柱，誠如
他在評論費爾巴哈的《基督教的本質》一書中所指出，「這個概念（顛
倒）的角色是決定性的」（Osier, 1982: 71），「事實上，正是顛倒的概念
才足以掌握宗教普遍性與特殊性經驗展現的本質。它一直是由某種現
實與思想不適當的綜合而組成，將現實的思考想像地轉變為實物，
使實物變成是思考。就這意義而言，在費爾巴哈的作品中，顛倒是異
化產生的機制，因為在那裡，並非異化是顛倒的，而是顛倒是異化
的。」（同上，23-24）由於費爾巴哈的「顛倒」是建立在相對立的雙方
直接與立即的認同之上，使得假說與真理的不同，變成只是因為它是
真理的顛倒；而真理的成立，成為只須在同一地方將假說顛倒即可。
然而，宗教的產生是由人的本質問題而來，費爾巴哈卻從未對這個本
質有所質疑，這種邏輯上的一致性決定了費爾巴哈的問題架構。

　　對馬克思而言，則完全是另一個問題架構。從黑格爾辯證法「神
祕的外殼」發現「合理的內核」的過程，並非僅是將唯心論顛倒成為
唯物論而已，辯證法自身——如霍爾（S. Hall）所強調，也因研究過
程中對象物的不同而隨之轉換[38]。不過雖然如此，馬克思建立在具體

37　弗洛伊德以此指稱某種內在於熟悉之中的不熟悉所造成的不適感，這種現在的不安是源
　　於過去的熟悉感。請見 S. Freud（S.E. 1953-1966, vol. XVII: 217-256）。
38　請見 S. Hall（1974），在文章中他仔細地區分了馬克思的辯證法與古典國民經濟學及黑格
　　爾的不同，可是未提及「顛倒」的問題。

商品生產與流通過程的「顛倒」的真正意義，必須與他另一個被絕大多數人所忽視的問題相互參照，才得以真正彰顯，此即「事後思索」的概念。在《資本論》中他曾指出：「對人類生活的形式的思索（Das Nachdenken），從而對它的科學分析，總是採取同實際發展相反的道路，這種思索從事後開始的，就是說是從發展過程的完成的結果開始的。」（《馬恩全集》，23：92）這種與費爾巴哈截然不同的「事後思索」式的「顛倒」，構成馬克思對外在認識的真正核心。

　　馮景源在《馬克思異化理論研究》一書中，即特別強調「從後思索」是馬克思史學研究的方法論原則。然而他的詮釋僅僅是從進化與實證的角度，將「從後思索」簡單地化約為「從成熟的形態出發去追溯那些不成熟的形態……預見或指導以後發生的事」[39]。馬克思雖然在其他的地方也曾提出類似的說詞[40]，可是從他在《資本論》實際的分析裡可以看出，「事後思索」的真正意義，並不是在預測未來，亦非僅僅是回顧過去，而是在於跳出習以為常的現在，重新面對事物的關聯性。換言之，此一概念的重點，絕非只是顛倒事物線性發展的問題，事實上正好相反，而是以此戳破事物原有的延續性及表面的因果關係，使主體在回覆的過程中得以轉換進入另類新的意義網絡、新的問題架構，重組先前的認識。

　　在《資本論》中，馬克思以構成資本主義社會最基本元素的商品出發，考察它不同的關係，區分出使用價值與交換價值，最終進而揭示被交換價值所掩蓋的「價值」，闡明商品經濟的一個最重要、最根本的範疇。然而「價值」的形成與「事後思索」事實上是密不可分

39　請見馮景源（1987：72）。他列舉這種思考方式的特點是：1.對象的典型性和動態性；2.思維的層次性；3.立交性和繼承性；4.實踐性和預見性。（同上，71-76）

40　如「人體解剖對於猴體解剖是一把鑰匙。低等動物身上表露的高等動物的徵兆，反而只有在高等動物本身已被認識之後才能理解」（《馬恩選集》，2：108）。以及「已經發育的身體比身體的細胞容易研究些」（《馬恩全集》，23：8）等。

的。對馬克思而言，使用價值與交換價值的差異，並非是表面上質與
量的問題[41]。更重要的是，使用價值意義的產生，並非是自明的（self-
evident）與超驗的（transcendental）；而是顛倒過來，弔詭地「從事後開
始的」，是由商品之間的關係位置所轉化與決定，所以「商品交換關
係的明顯特點，正是在於抽去商品的使用價值」（《馬恩全集》，23：
50）。馬克思強調，使用價值雖然是「交換價值的物質承擔物」（同
上，48），可是「一個商品的價值是通過它的表現為交換價值而得到
獨立的表現……嚴格說來……商品是使用價值或使用物和價值。……
孤立的考察，它絕沒有這種形式，而只有同第二個不同種的商品發生
價值關係時，它才具有這種形式」（同上，75）。

　　由此清楚可見，正是透過「交換價值」的問題，馬克思揭露了
「價值」的真相。而「價值」的真正涵義，則在它所具有的轉換作用
（transformation）。它將原本不相屬的商品構成一個內在相互關聯的統
一體，在這個區分系統內，各元素的意義由這系統裡相互的關係位置
事後所決定，而非預設性的事先存在。因此，相互關係的問題構成
了「價值」存在的先決條件；具有轉換作用的「從後思索」又為相互關
係問題的真正核心。這也是為何古典經濟學家雖然也曾提出商品的使
用與交換二重性，可是並未真正觸及什麼是「價值」這一問題；或者
是說什麼使價值成為交換價值的價值形式，只著重於探討交換價值的
量，忽視不同商品的量在成為等價物，構成內在關係之後，才能產生
真正比較過程與「價值」，這正是馬克思與古典經濟學家根本不同之
所在[42]。此外，他不僅從具體的商品分析中揭示「價值」形塑過程中「事

---

41 「作為使用價值，商品首先有質的差別；作為交換價值，商品只能有量的差別……。」
　　（《馬恩全集》，23：50）
42 請見陳岱孫（1987：45-103）。一般對馬克思價值理論的討論，無論是擁護或反對，焦
　　點多集中於經濟學的層面，特別是與價格的關係問題。請見Meek（1956），以及Mohun
　　（1994）。此處的重點在強調內在於這一問題架構之中，獨特的思維方式及其所具有的

後思索」式顛倒的轉換功能，此一概念事實上貫穿在他整個的問題架構之中，商品拜物教即是他「價值」理論最深刻的發揮。「價值」不但將勞動本身及一切勞動產品轉換為商品，還導致社會生產關係顛倒為物的關係，造成偶像化的假象。

五、小結

　　綜合以上分析可見，馬克思對意識形態片斷式的論點非但未構成一個完整的系統，其中重要組成部分甚至相互抵觸。意識形態的問題架構一起始即與現實的概念是密不可分的。在受到現實概念雙重性內涵（「人的具體活動」與「自主的物質結構」）的影響下，意識形態本身也呈現出「顛倒」或是「反映」的曖昧性質。此一結構性矛盾不僅內在於這個概念的認識論層次（即虛妄意識的問題），也存在於它的政治實踐層次之中（即主導權意識形態的問題），廣泛地制約了日後對馬克思意識形態理論的詮釋。從經濟決定論到人道主義論，大多各取所

　　轉換功能。值得注意的是，此一問題也存在於弗洛伊德與海德格（M. Heidegger）二位「懷疑大師」的著作之中。首先它與精神分析的「事後發生」（Nachträglich）的概念相當類似。二者雖然分屬不同的問題架構（一為商品經濟，另一為性經濟〔économie libidinale〕），可是邏輯是相同。弗洛伊德認為已經遺忘的感受或心理印痕，會隨著日後新的經驗感受而變化與發展。因此，未來成為導引過去發生的條件。精神分析這種特殊性，顛覆了原有的時間順序與因果關係，迥然不同於一般天真的看法，誤以為精神分析是以早年發生的事件，決定事後的發展，事實上正好相反，而分析者也正是執行「事後發生」的人。請見 J. Cournut（1982）。此外，海德格晚期「再思」（Andenken，原意為回憶，不過此處乃是一種獨特思考方式）的概念與此亦有令人訝異的雷同之處，其特點也在於以一種另類方式重新認識過去。他認為：「『再思』的神祕性之一即是它指向何謂過去（das Gewesen），以致於何謂過去重新回到思考者身上，也可以說回到自身，並且在思考運行的過程之中。……如果思考在詢問何謂過去時，留住其『過去的存在』，並且在急於將其置於簡單的現在時，不改變其功效，那麼我們會發現，何謂過去在『再思』之中所展現的回覆，延伸至超出我們的現在，使得目前有如未來。突然地，『再思』變成使思考何謂過去有如某種尚未開展之物。」（Heidegger, 1973: 127）這個概念的重要性不僅在於海德格以此種「再思」與將「存在」遺忘的形上學思想作一劃分，並促使他晚期放棄用系統性的方式論述，而僅以詩人或哲學家們片斷的語句，作為重新詮釋形上學史中重要問題的方式。

需，從自身本位立場擷取可用的論點，作為支撐的依據，可是皆迴避
了這個問題架構內在的矛盾。

　　事實上，正是此一問題導致意識形態一詞在馬克思晚期作品中消
失，取而代之的商品拜物教理論則揭示了另一種可能性。這種斷裂的
產生，是馬克思對現實的認識不斷的深化所致。他從資本主義社會最
簡單的表現形式商品的生產與交換過程裡，挖掘了被表象所掩蓋的
「價值」問題，不但具體地闡示「顛倒」實際上是位於現實之中，而意
識為商品所貫穿與中介的結果，更揭顯了此一過程中「從後思索」的
特色。這種獨特的「顛倒」形式構成馬克思與費爾巴哈、黑格爾的根
本不同，與阿爾杜塞所宣稱的截然有別，它不僅是一個不斷轉換場
域（如阿爾杜塞所謂的「歷史」）的實踐過程，問題架構也隨之完全改
變[43]。此一結果非但未損及認識論斷裂的概念，反而補充了它的內容。

　　商品拜物教理論所產生的問題架構，顛覆了舊有的有關意識與現
實兩者之間關係的論述，具體而微地展現思想過程的獨特性質，為重
新認識與建構意識形態理論奠下基礎，也可為馬克思在《關於費爾巴
哈的提綱》中最著名、也是最受爭議的一段話：「哲學家們只是用不
同的方式解釋世界，而問題在於改變世界」，提供另一種註腳。

43　P. Goutefangea（1993）認為馬克思「顛倒」的概念為「某種純粹的『顛倒』、某種一直要做
　　或一直正在被做的行動」，與本章論點相近。然而他僅是從馬克思不斷轉換領域的過程
　　得之，而非本章所強調的由具體商品交換過程中介與「事後思索」的結果。也因此，「顛
　　倒」概念在馬克思作品中真正的建立，應是在晚期，而非他所謂的早期。

第三章

意識形態下的馬克思*

* 原文最初發表於1999年3月，《台灣社會研究季刊》，第33期。

只要你們把人們當成他們本身歷史的劇中
人物和劇作者，你們就是迂迴曲折地回到
真正的出發點，因為你們拋棄了最初作為
出發點的永恆的原理。

——馬克思，《哲學的貧困》

一、被顛倒的批判

　　《台灣社會研究季刊》第31期，刊登了孫善豪先生的大作〈馬克思論意識形態〉（下稱〈孫文〉）。全文共有22個注釋，其中多達7個注釋是針對本人於同一刊物第23期所發表的〈論馬克思的「意識形態」〉一文（下稱〈于文〉）。〈孫文〉在其正文裡沒有任何一處論及本人的文章，可是在注釋的部分，卻以近三分之一（即7個注釋）的篇幅批評〈于文〉，並且其中幾乎都夾雜著相當情緒性的語言。如「夫子自道」（孫善豪：120注）、「以不知為論據」（同上）、「只要稍微嚴格一點就可以看出」（同上）、「只要憑常識就可以理解」（同上，126注）、「以某種美學的方式預感」（同上，127注）、「理論的混亂」（同上）、「沒有能力說明」（同上）、「手民誤植」（同上）……等。

　　任何文章公諸於眾，當然樂於獲得回響，並且歡迎任何的討論與批評。可是將全心想要批判的目標，完全放置在文章下面的注釋裡，

不斷地用情緒性詞彙謾罵，一副將自己視為是範本，以正文指導注釋
的方式，將對方踩在腳下，然後高高在上地有如大師般地教訓他人。
這種根本不屑與人立於平等的位置來對話或論辯，自我分裂式般於正
文上半部貌似理性的運作，可是在下半部注釋的地方卻不斷情緒性的
發洩，在學術文章裡還實屬罕見。

　　由於身為當事人，不得不仔細地拜讀了〈孫文〉。然而，令人失
望地，整篇文章呈現的都是老調重彈，更令人遺憾地是論證還荒腔
走板。對〈于文〉激烈的指摘，其實完全可說是〈孫文〉自身問題的投
射，鏡照出其理論的困境。所有情緒性的語言，用來形容〈孫文〉似
乎更為恰當。這或許也是〈孫文〉對〈于文〉如此充滿敵意，必欲除之
而後快的原因。既然〈孫文〉真正對話的對象是自身，而非它不屑一
顧的〈于文〉，當然也沒必要去自抬身價，一廂情願地去高攀與回應。

　　因此，撰寫此文的主要目的，並非是在駁斥〈孫文〉的指控，而
是想藉此進一步釐清環繞在馬克思意識形態理論周圍的一些基本概
念，而〈孫文〉則正好提供了一個現成的分析對象[1]。在此首先將對馬
克思「原典」的問題略加澄清，以便作為討論的基礎，重點將集中探
討馬克思「意識形態」理論中存在的二個主要議題，一是「基礎與上層
建築」的概念，另一是「價值」理論和構成這理論最主要的核心：體
現」的概念。前者為馬克思早期「意識形態」理論的重要一環，而後者
則是他晚期「商品拜物教」理論不可或缺的組成部分。

二、何謂「原典」？

　　〈孫文〉在摘要的第一句話，宣示了自己文章的主旨，認為「馬

1　在〈道德化的批判和批判化的道德〉一文中，馬克思駁斥海因岑時，於注釋裡說：「海因
　　岑先生的文章不值得回答。我之所以回答是因為海因岑宣言為分析提供了有趣的材料。」
　　（《馬恩全集》，4：322。）馬克思的這番話亦可作為本文的註腳。

克思的『意識形態』概念雖然被廣泛地引用、討論與批評，但是其內涵卻鮮少從馬克思原典出發來予以釐清，因此所謂對意識形態的『批判』、以及與之緊密相關聯的『實踐』之意義，向來也只能囫圇地被掌握」（孫善豪：116）。在正文前言的結語部分，〈孫文〉又再一次信誓旦旦地強調：「要作的毋寧是：透過對馬克思原典的解析，來釐清其『意識形態』的概念。」（同上，118）

〈孫文〉所言顯然是指國內。然而這種論調在目前的時空下讀之，實在令人感到有些荒誕。首先，彷彿台灣當下仍然是處在戒嚴時期，以往由於反共的意識形態作祟，馬克思的一切著作或研究皆在禁止之列，故除少數特許人士外，對此有興趣的人，不是望而興嘆，就是被迫接受反共八股。真正有心人士只能私下千方百計地蒐集或者盜印。偶有所得，便欣喜若狂，也造成誰有幸親炙原著，誰就享有發言權力的扭曲現象，而〈孫文〉的作者即是其中幸運的一分子。可是現在此一情況早已一去不返，馬克思的著作甚至於全集，無論是德文、英文、法文、中文的各種版本，以及相關的研究資料，皆可自由流通。當年冒著危險所保存的文獻，現在幾乎垂手可得，不再有被壟斷的可能，當然更不是任何人的禁臠。如今，強調原典的意義何在？難道別人都是道聽塗說，只有〈孫文〉的作者才讀過馬克思？

此外，如果重回原典指的是像胡塞爾（E. Hurssel）的「回到事物本身」（zu den Sachen selbst），或是如拉岡（J. Lacan）的「返回弗洛伊德」（retour à Freud），甚至是如海德格（M. Heidegger）所強調的，要在思想的道路上實行「返回步伐」（der Schritt zurück），那麼除了佩服作者的企圖與勇氣外，我們實在很失望地找不到〈孫文〉對「原典」（original work）詮釋的原創（original）之處。有的只是「下層建築決定（或限定）上層建築」（同上，118），以及「理論必須以實踐為基礎……也必須『返回』現實」（同上，135）等這類早已熟為人知的教條式陳腔

濫調[2]。

　　其次，強調原典如果是意謂著馬克思的著作近來又有新的不為人所知的資料出土，有如當年《1844年經濟學哲學手稿》與《德意志意識形態》兩部遺作的問世，改變了世人對馬克思思想既有的看法，那當然值得大書特書。然而綜觀《孫文》，並沒有提供任何新的材料與發現，所引用的馬克思著作仍然是1958年的舊版本。此版日後雖然有再版與修訂，可是在資料的廣度與準確度上，遠遠無法媲美1975年正式出版的最新全集本（Marx/Engels Gesamtausgabe簡稱MEGA）。新版不僅將以往誤認為是馬克思的文章刪除，並且在某些文章的內容上也有更動。例如1972年事先出版的《德意志意識形態》樣品本（Probeband），在內容的編排上即與舊版略有不同，法文本更是據此全部改譯。目前中國大陸也參照這部新的全集本，重譯馬恩全集。

　　再者，所謂「原典」，如果是特指德文，那麼真正讀過原典的人皆知，馬克思本人熟諳多種外語，著作中有大量的文章、甚至整部書，根本就不是用德文撰寫，如《工資、價格、利潤》及《法蘭西內戰》，就是以英文當作表達工具，而《哲學的貧困》的原文則是法文，難道這些著作不屬於〈孫文〉所定義的「原典」？

　　最後，如果原典不包括翻譯，那麼法譯本《資本論》第一卷是馬克思生前親自修訂的最後版本，與現在通用的德文第四版相較，無論是在文章的結構上與內容的論述上，都有不少的修改與補充。馬克思本人在法文版前面致讀者的說明中，不是諄諄告誡地說，這個版本「它在原本之外具有獨立的科學價值，甚至熟悉德語的讀者也必須要加以參考」[3]。而恩格斯在德文第四版的序言裡，不更是清楚地表明，

2　凡讀過這本書的人皆可輕易看出，〈孫文〉對「意識形態」的討論，基本上談不上是分析，只是將《德意志意識形態》書中前面的一小部分，按照自己的意思敘述一下而已。

3　原文為「elle possède une valeur scientifique indpéndante de l'original et doit être consultée même

這個通用的版本即是「根據再一次對照法文版和根據馬克思親手寫的
筆記，我（他）又把法文版的一些地方補充到德文原文中去」（《馬恩全
集》，23：38）。如此，是不是仍然應該違反馬克思本人的意願，將其
摒棄於〈孫文〉的「原典」之外？

　　事實上，眾所週知，翻譯本的價值有時不僅可與原著並列，甚至
補充與修訂原著缺失的情形並非罕見。黑格爾《精神現象學》的法譯
本（Jean Hyppolite 的譯本）及《弗洛伊德全集》的英譯本，皆是著名的
例子。以馬克思的法譯本而言，他曾寫過許多有關法國的文章與著
作，行文之間大量引用法文原文，有時是限於環境因素，有時是在轉
抄的過程難免產生筆誤或遺漏，法譯本則經常費盡心力去查閱當時出
版的原始文件予以勘定。

　　不僅如此，原著與譯本兩者之間的關係，往往並不是想當然爾地
臣屬或前後的這種線性及實證的關係。任何有翻譯經驗的人皆知，從
一種文字轉換成另一種文字實際上是一種詮釋行為，而非兩種文字的
簡單對照。有時在原著裡隱晦不彰的意義，經由翻譯反而卻得以真正
顯現。這種「交換過程」從事後（après coup）[4]弔詭地顛覆了原著與譯本
之間固有的關係，使其從單向式的獨白變成對話式的溝通。這非但無
損原著的「價值」，反而更豐富了它的內涵，這不正也是馬克思為何
特別指出：「觀念無法離開語言而存在。為了流通，為了成為可以交
換，觀念必須從最初的母語翻譯成外國語，才呈現出較多的類似之
處；但是這類似之處不在語言之中，而在於語言的異國性裡。」[5]（《馬

---

par les lecteurs familiers avec la langue allemande」。請見 K. Marx（1976, 1: 37）。

4　有關這個概念，請見 J. Derrida（1979: 303-318）。至於此一概念在翻譯問題上的呈現，請
　　見 J. Derrida（1987: 203-235）。

5　馬克思這種非本質主義式的觀點，事實上與當代的翻譯理論相互契合。請見 E. T. Bannet
　　（1993: 577-595）。以及 E. Gentzler（1993）。此外，被〈孫文〉用來借題發揮形容「人被異
　　己的力量宰制……其實是所謂『笨蛋』的邏輯」（頁123）的義大利著名符號學者 Umberto
　　Eco，不也是曾經強調，翻譯並非是一個靜態的現象，而是不斷地從一個符號系統轉換成

恩全集》，46：109）

　　如果〈孫文〉仍然固持己見，再次違背它視為是神聖不可侵犯的馬克思的指示，堅決擁護它所謂的「原文」「原典」原則，斷然否定譯本的任何價值，可是〈孫文〉在末尾的參考書目裡，共引用了十九本外文書籍，其中至少有五本卻不幸是譯本，這尚不包括 Karl Mannheim 的英譯本在內[6]。這非但與其「原」則不符，更令人不解的是，五本譯本之中，L. Colletti、U. Eco 以及 Lenin 三人的著作，有違學術規範，並沒有明示出為翻譯及譯者姓名，可能導致不明究底的人會誤認為原著是德文。其實〈孫文〉對譯本的使用也毋需否認或充滿教條，只要能開闊我們的視野，譯本又有何妨。馬克思本人最初鑽研英國古典政治經濟學時，不也沒有按照〈孫文〉的標準，從所謂的「原典」出發，而是透過法文的翻譯[7]，似乎這並未妨礙他對這門學科深入理解，並且最終作出了巨大貢獻。

　　至於大陸出版的中譯本，當然有些值得討論的地方。可是在最新翻譯的全集本完全出版之前，這並不妨礙它目前仍然是中文世界最佳的版本。這也是為何在疑問之處，除了中文全集本、選集本、朱光潛的譯文外，〈于文〉不僅儘量對照了德文本（最新的歷史考證全集本）、法文本（Pleiade 及 Editions Sociales 二種版本）、英文本

其他符號系統。請見 U. Eco（1976: 71）。在《尋求完美語言》這部書的結論部分，Eco 不更是指出：「請嘗試接受這個來自遠方的建議，母語並非是一個單一語種，而是所有語言的總合。」請見 U. Eco（1994: 397）。

6　如眾所知，1936 年英文版的 *Ideology and Utopia* 一書，雖然增加了作者的一篇導論（第一章），可是其餘的部分，仍然是由德文翻譯而成。譯者為 L.Wirth 與 E. Shils 二人。

7　如 Adam Smith, "Recherches sur la nature et les causes de la richesse des nations". traduit par G. Garnier. 1802、David Richardo, "Des principes de l'économie politique et de l'impôt". traduit par Constancio etc. Paris.1835、James Mill, "Eléments d'Economie politique". traduit par J. T. Parisot，以及 John Ramsay MacCulloch, "Discours sur l'origine, les progrès, les objets particuliers et l'importance de l'économie politique". traduit par Prevost. Genève et Paris. 1825。以上這些資料請見 MEGA, Vierte Abteilung. Band 2. pp.332-479。

（International Publishers版）之外，還特別參考這些語言的馬克思主義
專門辭典，加以改譯的原因。

　　由於深知其中困難與前人的辛苦努力，每當需要改譯時，字斟句
酌外，還在注釋略加以說明，並且儘量避免以「對」或「錯」這種本質
主義的方式來評斷。任何讀過〈于文〉的讀者都可以注意到，文中甚
至經常有違修辭學的基本原則，不厭其煩地在前面加上「似乎」這類
字眼緩衝語氣，一則以示對他人學術的尊重，二則戒慎恐懼地有待方
家斧正，絕不敢自以為是與妄自尊大。既然同樣參閱原典，為何〈孫
文〉一口咬定別人只配囫圇吞棗，而它卻如有神助般，可以直接登堂
入室，心靈感應似地「一旦從原典出發來理解『意識形態』，則毋寧可
以顯豁出馬克思的『方法』或『思想的基調』」（孫善豪：116）？

　　從原典出發只是學術研究的初步，這並不具備什麼傲人之處，
也無法使自身成為超驗（Transcendance）的存在，更不意謂著芝麻開門
般奇蹟似地立刻進入「絕對真理」的殿堂。坐擁金山銀礦，可是卻無
力開採的例子，並不乏見。馬克思在1872年3月18日致法文版《資本
論》第一卷出版者拉沙特爾（M. La Châtre）的信裡，不是提醒人們：
「在科學上沒有平坦的大道，只有不畏勞苦沿著陡峭山路攀登的人，
才有希望達到光輝的頂點」（Marx, 1976, 1: 34）。

三、從原典至意識形態

　　反之，拋開以上的爭議，就算我們接受〈孫文〉所宣示的立場，
然而，〈孫文〉真的是如其所言，「透過對馬克思原典的解析，來釐清
其『意識形態』的概念」？這其實是非常令人懷疑！因為〈孫文〉白紙
黑字地寫完這句話後，緊接著下一句，在正文真正的開始處就大言
不慚地宣稱：「在探討馬克思的意識形態理論的時候，『下層建築決
定（或限定）上層建築』的這個『圖式』（Schema）常作為理解的鑰匙。

（孫善豪：118）

　　任何接受〈孫文〉前面所揭櫫的「原典」原則，並自認唸過馬克思著作的讀者，皆會對〈孫文〉這種大膽假設感到吃驚與不解。因為，如〈孫文〉所言，「只要憑常識就可以理解」，馬克思在論及意識形態的問題時，雖然使用過「上層建築」（Überbau 或 Superstruktur）這個詞，可是絕對沒有任意配對似地使用「下層建築」（Unterbau 或是 Infrastruktur）一字。在《德意志意識形態》裡沒有，在《路易・波拿巴的霧月十八日》裡也沒有，在《政治經濟學批判》的〈序言〉裡仍然沒有，最後，在《資本論》裡還是沒有。

　　當馬克思使用「上層建築」時，與其真正相對等的詞一直是「基礎」（Basis 或 Grundlage）。二者相互關聯，構成一對不可分割的詞組，雙方互為存在的前提。譬如在《德意志意識形態》：

　　　真正的市民社會只是隨同資產階級發展起來的；但是這一名稱
　　　始終標誌著直接從生產和交往中發展起來的社會組織，這種社
　　　會組織在一切時代都構成國家的基礎以及任何其他的觀念的上
　　　層建築的基礎（die Basis des Staats und der sonstigen ideologischen
　　　Superstruktur）[8]。（《馬恩全集》，3：41）

在《路易・波拿巴的霧月十八日》：

8　此處仍然採用大陸中譯本將 ideologischen 譯為「觀念的」，而非「意識形態的」。有關此一問題，請參閱 J. Larrain（1983a: 169-173）。可是 bürgerliche Gesellschaft，中譯本正文是「資產階級社會」，然而在注釋中也指出，這個術語也有「市民社會」的意思。如果按照中譯本正文的譯法，「真正的資產階級社會只是隨同資產階級發展起來的……」，非但顯得重複，並且也未能突顯出「市民社會」與資產階級的內在關聯性。英譯本是用 civil society，法譯本也是 société civile。

在不同的所有制形式上，在社會的生存條件上[9]，聳立著由各種不同情感、幻想、思想方式和人生觀[10]所構成的整個上層建築（Überbau）。整個階級在它的物質條件和相應的社會關係的基礎（Grundlagen）上創造和構成這一切。（《馬恩全集》，8：149）

在《政治經濟學批判》序言：

人們在自己生活的社會生產中發生一定的、必然的、不以他們意志為轉移的關係，即同他們的物質生產力的一定發展階段相適合的生產關係。這些生產關係的總和構成社會的經濟結構，這現實基礎（die reale Basis）上聳立著法律的和政治的上層建築（Überbau）並有一定的社會意識形式（Bewußtseinsformen）與之相對應。物質生活的生產方式制約著整個社會生活、政治生活和精神生活的過程。……隨著經濟基礎（Grundlage）的變更，全部龐大的上層建築（Überbau）也或慢或快地發生變革。[11]（《馬恩全集》，13：8-9）

最後，在《資本論》，馬克思雖然沒有使用「上層建築」一詞，可是一直保留著「基礎」這個術語，如在第三卷：

任何時候，我們總是要在生產條件的所有者同直接生產者的直接關係——這種關係的任何形式總是自然地同勞動方式和勞動社會生產力的一定的發展階段相適應——當中，為整個社會結構，從

9　"den socialen Existenzbedingunden"，中譯本為「生存的社會條件」。
10　"Lebensanschauungen"，中譯本為「世界觀」。
11　此段譯文略有更動。

而也為主權和依附關係的政治形式，總之，為任何當時的獨特的
國家形式，找出最深的祕密，找出隱蔽的基礎（Grundlage）。不
過，這並不妨礙相同的經濟基礎（Basis）——按主要條件來說相
同——可以由無數不同的經驗的事實，自然條件，種族關係，各
種從外部發生作用的歷史影響等等，而在現象上顯示出無窮的變
異和程度差別，這些變異和程度差別只有通過對這些經濟所提供
的事實進行分析才可以理解。（《馬恩全集》，25：891-892）

不僅馬克思從未用過「下層建築」作為建構「意識形態」理論的依
據，他的親密戰友與繼承人恩格斯，面對這個問題時，同樣也沒有使
用過這個詞，而是與馬克思的立場保持一致，以「基礎」作為「上層建
築」的相對等部分。例如在《反杜林論》：

以往的全部歷史都是階級鬥爭的歷史；這些互相鬥爭的社會
階級在任何時候都是生產關係和交換關係的產物；因此每一
時代的社會經濟結構所形成的現實基礎（reale Grundlage）最終
（in letzter Instanz）能夠說明每一個歷史時期由法律設施和政治
設施以及宗教的、哲學的和其他的觀點所構成的全部上層建築
（Überbau）。[12]（《馬恩全集》，20：29）

直至晚年駁斥某些馬克思主義者濫用經濟決定的概念時，恩格斯
仍然一貫地使用「基礎」一詞。在1890年9月21、22日，他致布洛赫
（J. Bloch）那封著名的信裡清楚地寫道：

12　此處譯文略有更動。

……根據唯物史觀，歷史過程中的決定性因素歸根到底是現實生活的生產和再生產。無論馬克思或我都從來沒有肯定過比這更多的東西。如果有人在這裡加以歪曲，說經濟是唯一決定性的因素，那麼他就是把這個命題變成毫無內容的、抽象的、荒誕無稽的空話。經濟狀況是基礎（Basis），但是對歷史鬥爭的進程發生影響並且在許多情況下主要是決定著這一鬥爭的形式的，還有上層建築（Überbaus）的各種因素：階級鬥爭的各種政治形式和這個鬥爭的成果──由勝利了的階級在獲勝以後建立的憲法等等，各種法權形式以及所有這些實際鬥爭在參加者頭腦中的反映，政治的、法律的和哲學的理論，宗教的觀點以及它們向教義體系的進一步發展。（《馬恩全集》，37：460-461）

既然馬克思及恩格斯二人從未使用過「下層建築」這個概念，那麼不禁令人要問，是那些人「以某種美學的方式預感」，一廂情願地任意以「下層建築」與「上層建築」拼湊一起，使兩者彷彿天經地義般自然應該成為完美的一對？如此偷樑換柱般將「基礎」挖空，其目的及所產生的效果又是如何呢？〈孫文〉不是也認為「在各個意識領域裡，如果有東西被當作獨立自明、從開天闢地以來就規定好的，那麼，這個領域就會變成意識形態──立刻要補充的是：重點並不在判定某個意識領域或形式有沒有成為意識形態，而在於指出：為什麼有東西會看起來像是開天闢地以來就規定好擺在那裡的、它們的基礎或條件何在？──這種『指出』，是『批判』最基本的意義」（孫善豪：126）。

事實上，只要對「意識形態」理論歷史認真涉獵的人皆知，將「基礎」變成「下層建築」的不是別人，正是那些強調經濟決定論的人的傑作。黑柯（P. Ricœur）曾經特別「指出」：「在馬克思主義裡，流行著

下層建築與上層建築這種不幸的區分，這是將生產的概念化約為僅僅是一個經濟概念的結果。」[13]（Ricœur, 1986: 60）這些過分突出經濟因素的人，不僅將現實的「基礎」偷偷替換成「下層建築」，窄化了原有概念本身豐富的內涵（譬如與生產模式或是經濟及社會的形構〔ökonomische Gesellschaftsformation〕之間的關係），並且一般還特別強調馬克思理論中「決定」（Bestimmung）的概念。其目的並非在於彰顯不同事物之間複雜的與辯證的關係，而是將整個社會與經濟的過程，簡化成一個統一的與單一的經濟結構。這也是為什麼在馬克思主義的歷史裡，甚至從一開始，經濟決定論與機械論（mecanism）就一直如孿生兄弟般互為表裡地相聯。

以「下層建築」取代「基礎」，表面上兩者彷彿是同義字般的相互轉換，實際上在理論層次所造成的重大結果，卻是在根本上抹殺了「上層建築」的相對自主性。使「下層」、「上層」機械式的對應，最終導致二者之間的關係因此被化約成一種簡單的因果現象。這即是為何經濟決定論者需要用障眼法，以假換真地移走「基礎」，偏愛將「這個『圖式』常作為理解的鑰匙」的真正原因。

任何人，只要願意稍微虛心地去查閱相關的馬克思主義專門詞典，無論是英文的《A Dictionary of Marxist Thought》（edited by T. Bottomore, Blackwell. 1983）及《A Marxist Dictionary》（by T. Carver. Polity press. 1987），或是法文的《Vocabulaire du marxisme》（par G. Bekerman. P. U. F. 1981）及《Dictionnaire critique du marxisme》（deuxième édition refondue et augmentée. sous la direction de G. Labica et G. Bensussan. P. U. F. 1985），或是德文的《Marxistisch- Leninistisches Wörterbuch der Philosophie》（herausgegeben von G. Klaus und M. Buhr. Rowohlt. 1972）及

13　另外可參閱同書，頁69。

《*Marx-Engels Begriffslexikon*》（herausgegeben von K. Lotter, R. Meiners und E. Treptow, Beck. 1984），所能找到的皆是基礎／上層建築這組概念。由Labica及Bensussan二人主編的法文版字典甚至明白的指出，「這個字（按：下層建築）……並非是一個理論概念」（Labica & Bensussan, 1985: 596）。並且還告誡地說：「因此，與馬克思主義中迅速地並且持續地佔優勢的經濟決定論傳統一樣，偏愛這個詞是不合適的。下層建築一詞與上層建築一詞明顯的相互性，導致基礎與上層建築之間，內在於結構之中可是無法被化約成簡單因果關係的同質性，無法得見。」（同上，93）

　　「基礎」一詞，在馬克思的著作裡具有兩重涵義。一是指根基（Grundlage），另一是指結構（Struktur）。從以上所引馬克思各段文字顯示，這個詞的使用是從社會物質生產的角度，指涉社會結構的某種特定狀態。威廉士（R.Williams）曾經特別指出，這個概念經常被人從單一的與靜態的（static）方式簡化（Williams, 1977: 81-82）。事實上，馬克思的重點是在強調生產活動的過程，無論「基礎」指的是人們現實的社會存在，或是與物質生產力發展的某個階段相對的現實的生產關係，還是生產模式發展的一個特殊階段，這個概念本身是特定的與動態的歷史過程，這也是為何馬克思本人反對將「基礎」化約成一個「一般範疇」。在《剩餘價值理論》裡，他明確地表示：

> 要研究精神生產和物質生產之間的聯繫，首先必須要把這種物質生產本身不是當作一般範疇（allgemeine Kategorie）來考察，而是從一定的歷史的形式來考察。例如與資本主義生產方式相適應的精神生產，就和與中世紀生產方式相適應的精神生產不同。如果物質生產本身不從它的特殊的歷史的形式來看，那就不可能理解與它相適應的精神生產的特徵以及這兩種生產的交互作用。從而

也就不能超出庸俗的見解。(《馬恩全集》，26上：296)

　　這段文字顯示，不僅作為物質生產的「基礎」並非是一個「一般範疇」，而是一個特定的歷史形式，與其相聯的「上層建築」同樣地也是如此。並且精神生產的特殊性雖然是由物質生產的歷史形式所決定，可是精神生產仍然對物質生產具有「交互影響」的能力；也就是說，它並非僅是被動的反射，而是具有某種作用能力。

　　〈孫文〉「以不知為論據」，以訛傳訛習慣地誤用「下層建築」替代「基礎」，可是有趣的是在文中卻宣稱：「但是習慣其實是枷鎖——限制了對真理的認識。正如柏拉圖〈洞穴〉譬喻裡的人們習慣於枷鎖，所以無法認識真理；而哲學家擺脫了枷鎖後，首先要對抗的，也正是自己的習慣。同樣，要瞭解馬克思(作為哲學家)，也不能用習慣——反而要先擺脫習慣。」(孫善豪：133)事實上，〈孫文〉不僅對「基礎」這個概念「從習慣的方式去『想當然』」(同上)，它對馬克思「上層建築」內容的理解，也經常是「夫子自道」，並不十分忠於它一再強調的「原典」。

　　從〈孫文〉的論述過程中，可以明顯地看到，「上層建築」一詞幾乎完全被其視為是等同於「思想」、「意識形態」(同上，118)，或是「意識」、「意識形式」(同上，121)。然而，任何自詡閱讀過馬克思著作的人，「只要稍微嚴格一點就會看出」，「上層建築」的概念在馬克思的作品裡相當的複雜與曖昧。馬克思在早期雖然曾經使用這個詞指稱「觀念」(如前引《德意志意識形態》的段落)，或是「思想方式」與「人生觀」(如前引的《路易・波拿巴的霧月十八日》)。可是在前面所摘錄的〈《政治經濟學批判》序言〉的部分，「上層建築」所指的內容卻與早期有所不同。馬克思清楚地表示是「法律的和政治的上層建築(juristischer und politischer Überbau)，並有一定的社會意識形式

（Bewuβtseinsformen）與之相對應」。在此，「上層建築」為單數，明確
地指「聳立」（erhebt）於「現實基礎」之上社會的某個層級，與其對應
的才是社會意識形式。整段話可以歸納為下列圖式：

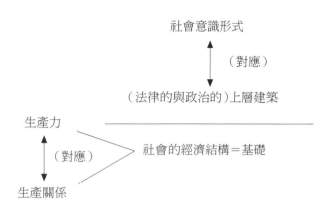

　　如眾所知，《政治經濟學批判》及其〈序言〉與〈導言〉的時期，具
體地標示著馬克思歷史唯物論的全面展開與政治經濟學方法的形成。
上述所引〈序言〉的這段文字，在馬克思主義中討論有關「意識形態」
問題時，更是佔據著關鍵的位置。因為如馬克思自己在文中所言，這
是他回顧自己多年來研究政治經濟學的經驗後「……所得到的、並且
一經得到就用於指導我（他）的研究工作的總的結果」（《馬恩全集》，
13：8）。〈孫文〉在其注釋裡也認為這個「一般敘述常被當作『歷史唯
物論』的經典闡釋」（孫善豪：131注），甚至還提醒說，這是「他（馬
克思）之後研究的『導線』」（同上）。然而〈孫文〉在強調這段文字之
後，對馬克思原文所指有關「上層建築」內容的特殊之處，卻是視若
無睹，毫無察覺。可是在文中卻又宣稱：「在從一個簡單、普遍的概
念出發建構一個理論之前，必須先找到這個簡單普遍的概念：這個概

念不是預先給定的,反而,因為概念永遠是意識對現實的加工、是現
實轉換成意識後的產物,所以要從現實發展的每一次最後的結果裡,
去找到它。」(同上,137)

　　「上層建築」一詞所存在的曖昧性與問題,實際上根本不是什麼
新的發現,早已有多位學者討論過[14]。霍爾(S. Hall)在一篇名為〈重新
思考「基礎」與「上層建築」的隱喻〉的文中,從《資本論》出發,更是
特別指出,大部分人在討論「上層建築」時,多停留在馬克思早期的
作品,較少有人從馬克思後期思想成熟時的論點來作發展,以致「上
層建築」停留在僅是有關意識形態的層次。然而這種看法「含混了這
個事實,即當馬克思指涉上層建築時,他是在討論國家與市民社會的
形式、關係以及各種機置(apparatuses),如同與它們相對應的意識形
態形式與社會意識形式」(Hall, 1977: 64)。

　　從馬克思主義的歷史中可以看到,將「上層建築」的概念化約為
僅僅是侷限在意識或是思想形式層次的,不是別人,仍然是那些經濟
決定論者。這些人由於過度強調經濟的因素,不僅將「基礎」簡化,
同時也必然將「上層建築」隨之簡化。而當代西方馬克思主義者中,
對意識形態理論最其原創性的葛蘭西(A. Gramsci)與阿爾杜塞(L.
Althusser)二人,即是在反對經濟決定論的這種問題架構上,分別提
出了著名的「霸權」(葛蘭西)以及「國家的意識形態機器」(阿爾杜塞)
的理論[15]。

14　請參閱J. Larrain(1983a: 169-203)、R. Williams(1980: 31-49)、L. Althusser(1994b: 409-
　　416)、L. Sève(1980: 237-239)、K. Holzkamp(1983: 20-23)、C. Luporini(1979: 91-102)、
　　D. Sayer(1987: 83-112)、俞吾金(1993:92-93)等。
15　葛蘭西在其著作中雖然經常是使用「結構」(struttura)一詞,而非「基礎」,作為與「上
　　層建築」的相對部分,可是他對「結構」的內容,以及其於「上層建築」的關係皆特別慎
　　重,請見Gramsci(1977: 278-281以及490-494),並且還指出「政治實踐是上層結構最
　　初始與最基本的時刻」(同上,436)。阿爾杜塞在分析葛蘭西「霸權」概念時,曾特別注
　　意到:「葛蘭西並不喜歡引『下層建築』一詞,因為馬克思主義者的下層建築與上層建

事實上，有關「基礎」與「上層建築」的整個問題，〈孫文〉雖然無法如其文中所言，從馬克思思想「現實發展的每一次最後結果裡，去找到它」，並且也懶得去翻閱有關馬克思主義的專門辭典，它亦無需外求，因為這些看法根本已經多少存在於〈孫文〉所批判的〈于文〉之中¹⁶。遺憾的是，〈孫文〉只顧投射自身「理論的混亂」，忙於情緒發洩，甚至誇張到，「沒有能力說明」他人的論點時，居然還認為「必定只能是」「手民誤植」。這種將自身視為是所有意義的來源與一切真理的判準，似乎與馬克思的「幽靈」¹⁷愈行愈遠。倒是頗有幾分黑格爾的「精神」¹⁸。當然，要求〈孫文〉能夠仔細與尊重地對待他人的文章，可能是一種過分的奢望。因為〈孫文〉將它一直捧為神聖的馬克思原

築劃分，對他（葛蘭西）而言，根本上似乎是機械論與經濟決定論者的一個錯誤。」（L. Althusser, 1994b: 502）有關葛蘭西的意識形態理論，請見 C. Mouffe（1979）以及 S. Hall; B. Lumley & G. McLennan（1978）。至於阿爾杜塞本人，雖然在其著作中「基礎」與「下層建築」二字經常混合使用，可是其目的卻是在批判經濟決定論忽視「上層建築」（包括政治—法律的層次和意識形態的層次）對「基礎」的反作用力。無論是早期的「多元決定」（surdétermination）或是後來的「國家的意識形態機器」等概念，皆是他朝向此一目標努力的例證。如我們所知，阿爾杜塞在〈意識形態與國家的意識形態機器〉一文中，提出了「國家的意識形態機器」概念，原文其實僅是研究筆記的部分摘錄，如今全文已經出版。從這部遺稿裡更可以清楚的看出，阿爾杜塞認為下層建築與上層建築的隱喻，非但不足以解釋意識形態的問題，而且這個「圖式」事實上是錯誤的！因為這個圖式無論如何修正，最終仍然意謂著經濟基礎決定了其他部分。而他從「再生產」（reproduction）的觀點，重新檢視意識形態的問題，認為是社會的生產關係，而非生產力，最終決定了生產模式。而整個「再生產」的過程，則是由「國家的鎮壓機器」與「國家的意識形態機器」共同運作而成。請見 L. Althusser（1995）。

16 請見本書第二章注25。
17 有關馬克思作品中的「幽靈性」（spectralité），以及其無法被化約為某種「存有論」（ontologie）的問題，請見 J. Derrida（1993）。
18 在《精神現象學》第四章〈意識自身確定性的真理性〉結語的部分，黑格爾說：「精神是這樣的絕對實體，它在它的對立面之充分的自由和獨立中，亦即在相互差異、各個獨立存在的自我意識中，作為它們的統一而存在：我就是我們，而我們就是我。」（黑格爾，1979上卷：122）

典，都是如此片面與粗暴的詮釋[19]，對於「他者」[20]的著作也就可想而
知了。

　　以上所言，僅是以〈孫文〉正文開始的第一句話，亦即是被它視
為是理論起點的「上、下層建築」，作為其自暴其短的範例，並同時
呼應〈孫文〉在其文章末尾最後總結的一段話：

> ……而一個不是產物、不是終點的「起點」，也就只能被片面誇
> 大成絕對的起點、一個看起來像是開天闢地以來就規定好擺在
> 那裡的東西。這樣以「斷線紙鷂」的方式所建構起來的「理論」，
> 馬克思稱之為「意識形態」：一個脫離了現實的概念體系。（孫善
> 豪：137）

四、「體現」與「價值」

　　在指出〈孫文〉有關「意識形態」的論述「基礎」，是建立在一個
什麼樣的「原典」與「原點」之後，以下將討論形成馬克思「商品拜
物教」問題架構核心的「價值」理論，以及與此密切相關的「體現」
（Darstellung）概念。

　　首先是有關翻譯的問題。從現代語言學的理論而言，一字的意義
並不完全由這字所指涉的對象而定，還必須經常參照同一系統中與
此有關的字詞相互之間的關係來釐清。如法文 langage、langue、parole
三個字平時可互通，皆可翻譯成中文的「語言」一詞。可是在索緒爾

19　可是〈孫文〉在文中卻有些不斷地以「反覆強制」（Wiederholungszwang）的方式說：「理論
　　一定是全面的」（孫善豪，135）、「實踐一定涉及的是整體」（同上，134）。甚至還抬出莊
　　子的話：「物，謂之而然」（同上，126注）。有關「反覆強制」的概念，請見 J. Laplanche 及
　　J. B. Ponlalis（1967: 86-89）。
20　〈孫文〉當然可能無法瞭解，「他者」（The Other）的問題目前已經成為當代哲學的主要研
　　究範圍之一。有關以「意識」作為起點的超驗哲學，和從「他者」作為起點的對話哲學之
　　間的差異，請見 M. Theunissen（1986）。

（F. de Saussure）《普通語言學教程》裡，卻分別指向三種不同卻又相關的事物。著名的語言學家高名凱先生為了表明這三者既同又異的特質，分別將其譯為「語言機能」（langage）、「語言」（langne）及「言語」（parole）。事實上，除了同時性的（synchronic）比較外，任何概念還須經由歷時性的（diachronic）考察，區分概念本身在研究對象思想演變的過程中，所具有的不同含義。

　　只要對現代德國思想略有接觸的人皆知，Vorstellung（再現）以及相關的Darstellung（體現）二個概念，在其歷史中扮演了一個不可忽視的角色。特別是Vorstellung（再現），當沃爾夫（C. Wolff）真正賦予德文現在所謂「概念」（Begriff）這個詞的現代意義時，即是嘗試建立在與Vorstellung（再現）作一區分這個基礎之上。黑格爾繼承了這個問題架構，故當他使用Vorstellung（再現）時，經常亦是與Begriff（概念）相對立，指涉在直觀（Anschauung）與思維兩個時期之間，人心中所想到的對象。整個Vorstellung牽涉到回想（erinnerung）、幻想力（einbildungskraft）及記憶（gedächtnis）三個階段。Vorstellung（再現）不僅是表現了自身與外在外綜合時刻的間距[21]，此外還如英伍德（M. Inwood）在他編的「黑格爾字典」中所言：「這個字強調的是主觀的心理狀態，而非被再現事物的本質。」（Inwood, 1992: 257）在德文裡Vorstellung（再現）有時易與DarstelIung（體現）混同，二者皆具有呈現

---

[21] 在《精神現象學》中，黑格爾說：「……由於進入了表象（Vorstellung），具體存在就成了一種熟知的東西……〔真正的〕知識則是把矛頭指向這樣構成的表象、指向這種熟知的東西；它是**普遍自我**的行動和**思維**的興趣。……對於一個表象的分析，就過去所做的那樣來說，不外是揚棄它的熟悉形式。將一個表象分解為它的原始因素就是把它還原為它的環節，這些環節至少不具有當前這個表象的形式，而構成著自我的直接財產。這種分析誠然只能分析出思想來，即，只能分析出已知的固定的和靜止的規定來。但這樣**分解出來**的、非現實的東西，是一個非本質的環節；因為只有由於具體的東西把自己分解開來成為非現實的東西，它才是自身運動著的東西。分解活動就是知性〔理解〕的力量和工作。」（黑格爾，1979上卷，20-21）有關Vorstellung在黑格爾哲學中的問題請見M. Rosen（1993: 329-344）。

出來之含義，根本的差異在於前者是經由一種想像的或是抽象的過程，而後者則是一種直接的展露[22]。

在著名的〈《精神現象學》序言〉裡，黑格爾一直強調，哲學的使命即是在於它整個過程的 Darstellung[23]（體現）。黑柯（P. Ricœur）認為馬克思在撰寫《德意志意識形態》時，仍然「保留了黑格爾的重要概念，認為在被扭曲的 representation（按即 Vorstellung）之外，仍然存有真正的 presentation（按即 Darstellung）」（Ricœur, 1986: 81）。在討論馬克思意識形態的理論時，黑柯明確地指出英譯本忽略了這層差異[24]。實際上，這種區分似乎一直存在於馬克思的作品之中。當馬克思使用 Vorstellung（再現）時，所指涉的多是與想像的或被扭曲的再現有關。如在《德意志意識形態》的序言一開始，馬克思說：「人們迄今總是為自己造出關於自己本身、關於自己是何物或應當成為何物的種種虛假觀念（falsche Vorstellungen）。他們按照自己關於神、關於模範人等

---

22 請見 J. P. Lefebvre（1990: 174）。

23 譬如，「如果能揭露出哲學如何在時間裡升高為科學體系，這將是懷有使哲學達到科學體系這一目的的那些試圖的唯一真實的辯護，因為時間會指明這個目的的必然性，甚至於同時也就是把它『實現出來』（Darstellung）。」（黑格爾，1979上卷，3-4）以及，「哲學並不考察非本質的規定，而只考察本質的規定；它的要素和內容不是抽象的或非**現象**的東西，在其概念中實際存在的東西。哲學的要素是那種產生其自己的本節並經歷這些環節的運動過程；而全部運動就構成著肯定的東西及其真理……同樣，也不應該把真實的東西或真理視為是在另外一邊靜止不動的、僵死的肯定的東西。現象是生成與毀滅的運動，但生成毀滅的運動自身卻並不生成毀滅，它是自在地存在著的，並構成著現實和真理的生命運動……有關這裡運動的或有關科學的**方法**的許多主要之點……早已包含在我們上面講的東西裡了，而真正對這個方法的『陳述』（Darstellung）則是屬於邏輯的事情，或者甚至於可以說就是邏輯本身。因為方法不是別的，正是全體的結構之展示在它自己純粹的本質性裡。」（同上，30-31）最後，「這部《精神現象學》所『描述』的（darstellt），就是一般的科學或知識的這個形成過程。」（同上，17）中譯本似乎並未將 Darstellung 視為是一個獨立的概念，從而在翻譯的過程中缺乏了一致性。為了凸顯這個問題，本文只在有問題之處，用引號標明並用括弧列出德文原文，未對譯文做更動。

24 Ricœur 另外還批評了英譯本將 Vorstellung 譯為 imagination（想像）的錯誤。請見 Ricœur（1986: 75）。與英譯本一樣，馬克思的中譯本也未能區分這二者的差異。以下的引用，在有問題之處，本文亦只用引號標明並用括弧列出德文原文，未對譯文做更動。

等觀念（Vorstellungen）來建立自己的關係。」（《馬恩全集》，3：15）在《資本論》裡，馬克思經常亦是以這個詞來描述，因資本主義生產模式運作的不透明性，在生產者意識中所產生的被扭曲的狀況[25]。

　　至於Darstellung（體現）則較為複雜，因為它不僅與Vorstellung（再現）有關，皆指某種呈現的結果（雖然呈現的方式各異）。在馬克思的用語裡，Darstellung（體現）還被視為是一種「方法」或「方式」（Weise），與另外一詞「研究」（Forschung）相聯。在《資本論》德文第二版著名的跋裡，馬克思抱怨「人們對《資本論》中應用的方法理解很差」（《馬恩全集》，23：19），所以闡釋他的方法時特別指出：「當然，在形式上敘述（體現）方法（Darstellungsweise）必須與研究方法（Forschungsweise）不同。研究（Die Forschung）必須充分佔有材料，分析它的各種發展形式，探尋這些形式的內在聯繫。只有這項工作完成以後，現實的運動才能適當地『敘述（體現）出來』（dargestellt）。這點一旦做到，材料的生命一旦觀念地反映出來，呈現在我們面前的就好像是一個先驗的結構了。」（同上，23-24）

　　馬克思的強調顯示，「研究」與「敘述」（體現）二者分別為思維如何「分解」現實以及現實如何呈現的二個重要活動。前者為分析的及動態的過程，形成了「敘述」（體現）的條件，其全部結果所構成的有機整體自身「事後」之展現，則為「敘述」（體現）。這種「好像是一個先驗的結構」的「敘述」（體現），如阿爾杜塞在《閱讀資本論》中〈馬克思巨大的理論革命〉一章所指出，顯示的是「結構在它的效果之中的存在」[26]，這種透過效果所顯示的結構正是馬克思在〈《政治經濟學批判》導言〉所說的「作為思維總體、作為思維具體

25　例如請參閱《全集》，25：923-940。

26　"l'existence de la structure dans ses effects." 請見 Althusser（1975, 2: 65）。

（Gedankenkonkretum）的具體總體」[27]。這或許也是為何中文全集本，在翻譯《資本論》時，經常將Darstellung譯為「體現」，而非「描述」或〈孫文〉所謂的「表現」。例如，「體現（dargestellten）在商品中的勞動二重性」（同上，23：54）。

因此，基於上述的這些理解，以及參照英文與法文的譯文[28]，〈于文〉將Darstellung這種直接的呈現譯為「體現」，而經由想像或抽象去呈現的Vorstellung，譯為「再現」。一則是顯示二者並非是簡單的「描述」或「想像」，而皆為某種呈現，可是其方式卻各異。二則是突出Darstellung的具體性與整體性，並暗示出中譯本對這個重要概念的忽略，所造成的前後翻譯不統一的問題[29]。

然而，〈孫文〉認為「這個『改譯』其實比中譯本原來的『描述』更不符合馬克思的原意——甚至也不符合黑格爾的原意。因為對黑格爾而言，之所以要引進『表現』（Darstellung）的概念，正是為了把『現實本體』（〈于文〉，189注）——如果這個字是Substanz的中譯——當作『主體』（Subjekt）來掌握，因為『主體』不會『體現』，反而只有作為『主體』的精神才能『表現』自己。而對馬克思來說，這種主體的自我運動、自我深化，永遠只有在理論的也就是『精神的』領域裡才能成立；逾此範圍（例如以為在現實的領域裡有『主體』）的『體現』即成幻覺」（孫善豪，120注）。

從本章前面有關Vorstellung與Darstellung的說明可以看出，〈孫文〉根本無法區分這兩個概念之間的相聯，可是卻又不同的關係，

27　有關Darstellung的問題，另外請見L. Althusser（1975, 1: 58-61 & 2: 64-71），以及（1965: 189-197）。

28　法文則將Darstellung譯為présentation或exposition。Vorstellung譯為représentation。

29　恩格斯在〈不應該這樣翻譯馬克思的著作〉這篇文章裡，不是曾強調：「……更壞的是，當這樣的詞一再出現時，他（按：即譯者約翰・布羅德豪斯）卻用許多不同的詞來翻譯，忘記了一個術語始終都應該用一個意思相同的詞來表達……」（《馬恩全集》，21：267）。

以致於將Darstellung譯為「表現」，而在文中另一處，將Vorstellung
譯為「想像」（同上，124），並且因此將主體去分解與理解外在現實
的Vorstellung，當作是Darstellung。另外。有關〈孫文〉所謂黑格爾認
為「『主體』不會『體現』，反而只有作為『主體』的精神才能『展現』自
己」，我們只須部分重複本章注釋23所引的這位被歸類為「客觀唯心
主義者」的話，即可推翻〈孫文〉的論點。黑格爾說：

> ……不應該把真實的東西或真理視為是在另外一邊靜止不動
> 的、僵死的肯定東西。現象是生成與毀滅的運動，但生成毀滅
> 的運動自身卻不生成毀滅，它是自在地存在著的，並構成著現
> 實和真理的生命運動。……而真正對這個方法的「陳述」（體現，
> Darstellung）則是屬於邏輯的事情，或者甚至於可以說就是邏輯
> 本身。因為方法不是別的，正是全體的結構之展示在它自己純粹
> 的本質性裡。（黑格爾，1979上卷，30-31）

沙利斯（J. Sallis）在〈黑格爾的體現（presentation）概念〉這篇專文
的結語部分，也曾特別指出「體現是一個運動的回溯」（Sallis, 1977:
153），是「一種聚集性的再規定」（a gathering re-enactment）（同上）。
因此，「體現是使事物回到自身，使自身的聚集性（即事物本身）得
以完成。體現是忠於參與真理誕生的那種助產術（midwifery）。」（同
上，154）

由於馬克思仍然保留了黑格爾「體現」的概念，因此，這多少也
解釋了馬克思在前面所引用《資本論》德文第二版跋的那段話，說明
自己的方法之後，宣稱：「因此，我要公開承認我是這位大思想家
（按：黑格爾）的學生，並且在關於價值理論的一章中，有些地方我
甚至賣弄起黑格爾特有的表達方式。辯證法在黑格爾手中神祕化了，

但這決不妨礙他第一個全面地有意識地『敘述』（體現，darsgetellt）了辯證法的一般運動形式。在他那裡，辯證法是倒立著的。必須把它倒過來，以便發現神祕外殼中的合理內核。」（《馬恩全集》，23：24）

　　值得注意的是，馬克思上述的這段話，不僅清楚地表明他的辯證法與黑格爾的關係[30]，還透露出他是使用「在關於價值理論的一章中」。正是在這個意義之下，阿爾杜塞於《閱讀資本論》裡強調，Darstellung是「整個馬克思主義價值理論認識論的核心概念」（Althusser, 1975, 1: 64）。由於〈孫文〉對這個「核心概念」的無知，所以也導致它對馬克思「價值」理論的無知，這種無知更完全投射與反映在它對〈于文〉討論「價值」，以及與其相關的「顛倒」與「事後思索」等概念的諷罵攻擊之中。

　　〈孫文〉認為：「『"使用價值"意義的產生……弔詭地……，是由商品之間關係位置所轉化與決定』的（〈于文〉，211）。這句論斷確實很『弔詭』因為它荒唐到不能不使人相信：這裡的『使用價值』必定只能是『交換價值』的『手民誤植』。又例如：所謂『相互關係的問題構成了"價值"存在的先決條件』（〈于文〉，211），也並不符合馬克思的說法。馬克思所謂的價值，是『無差別人類勞動的凝結』，而它的大小，則由『社會平均勞動力』的時間決定。換言之，只要有一定量的社會平均勞動力凝結在使用物上，這個使用物就（在資本主義下）『有』價值：價值的『有』或『存在』的『先決條件』，只是社會平均勞動力的付出，而和『相互關係』毫無關係。」（孫善豪，127注）

　　〈孫文〉的批評實在是令人懷疑它究竟是否真的仔細讀過馬克思的著作，「因為它荒唐到不能不使人相信」。在此暫且毋須去爭辯，或去徵引一些前人辛苦的研究成果，只須使用馬克思本人的幾段話，看

30　有關馬克思政治經濟學與黑格爾邏輯的關係與比較，請見 H. Uchida（1988）。

一看是否「符合馬克思的說法」以及是否是「手民誤植」。首先是〈于文〉中「『使用價值』意義的產生……弔詭地……，是由商品之間關係位置所轉化與決定」。這個問題可以對照馬克思在《政治經濟學批判》的一段話：

商品是使用價值如小麥、麻布、鑽石、機器等等，但是，作為商品，它同時又不是使用價值。如果商品對於它的所有者是使用價值，就是說直接是滿足他自己需要的手段，那它就不是商品。商品對於它的所有者倒是**非使用價值**，就是說只是交換價值的物質承擔者，或者說只是**交換手段**……商品對於它的所有者只有作為交換價值才是使用價值。因此，它還得**變成**使用價值，首先變成別人的使用價值。……另一方面，商品必須變成**它的所有者本人**的使用價值，因為他的生活資料是在它之外，在別人的商品的使用價值之中。……因此，商品的使用價值之**變成**使用價值，是在它們全面地變換位置，從把它們當作交換手段的人的手中轉到把它們當作使用對象的人的手中的時候。只有通過商品的這種全面轉移，包括在商品中的勞動才變成有用勞動。商品在它們彼此作為使用價值而發生的這個**過程中**的關係中並沒有取得任何新的經濟上的形式規定。……商品要變成使用價值，就要全面轉移，進入交換過程，但是它為交換的存在就是它作為交換價值的存在。因此，它要實現為使用價值，就必須實現為交換價值。（《馬恩全集》，13：30-31。強調為原有）

經由上述這段話可見，所謂「使用價值」並非是固定的，而是要「變成」。「因此，商品的使用價值之變成使用價值，是在它們全面地變換位置」，「商品的這種全面轉移」，即是「進入交換過程」。所以

「商品的神祕性質不是來源於商品的使用價值」(《馬恩全集》, 23：88)，從而「交換價值不僅不是由使用價值決定。而且正好相反」(《馬恩全集》, 46下卷, 411-412)。換言之，是交換價值決定了使用價值，亦即是〈于文〉所說，商品之間的關係決定了使用價值。如果按照〈孫文〉所言，「這裡的『使用價值』必定只能是『交換價值』的『手民誤植』」，那麼全文應該改成是：「『交換價值』意義的產生⋯⋯弔詭地⋯⋯，是由商品之間關係位置所轉化與決定」，也就是說「交換價值」是由交換過程所決定。這句話有意義嗎？在邏輯上，這不稱之「弔詭」，而是「同語反覆」(tautology)。

　　此外，「又例如：『所謂相互關係的問題構成了"價值"存在的先決條件』，也並不符合馬克思的說法。馬克思所謂的價值，是『無差別人類勞動的凝結』，它的大小，則由『社會平均勞動力』的時間決定」。有關這個問題，上面所引述馬克思的話其實已經多少作了回答。為了節省篇幅，只需再例舉《資本論》中的幾句話，作一對照，看看是否如〈孫文〉所言「毫無關係」。馬克思說：「商品的交換價值表現為同它們的使用價值完全無關的東西」(《馬恩全集》, 23：51)，「⋯⋯所以是商品，只因為它們是二重物，既是使用物品又是價值承擔者。因此它們表現為商品或具有商品的形式，只是由於它們具有二重的形式，即自然形式和價值形式。」(同上, 61)「如果我們說，商品作為價值只是人類勞動的凝結，那麼我們的分析就是把商品化為價值抽象，但是並沒有使它們具有與它們的自然形式不同的價值形式。在一個商品和另一個商品的價值關係中，情形就不是這樣，在這裡，一個商品的價值性質通過該商品與另一個商品的關係而顯露出來。」(同上, 64)

　　馬克思的最後一段話明確地當場駁斥了〈孫文〉忽略了「價值形式」，只從「無差別人類勞動的凝結」的角度，「把商品化為價值抽

象」，以致於搞不清楚「關係」的重要性，並且還最終造成〈孫文〉所謂「換言之，只要有一定量的社會平均勞動力凝結在使用物上，這個使用物就（在資本主義下）『有』價值」的這種偏頗的結論。任何對古典經濟學派略有認識的人，一定會對〈孫文〉這種將「價值」視為只是單純的一個「量」的問題感到十分熟悉。因為馬克思「價值」理論的一個基本原則，一個與他前人的基本理論相區別的原則，即是在於其他人只涉及「量」而沒有真正碰觸「質」的問題。

　　譬如李嘉圖在《政治經濟學及賦稅原理》第一章，即認識到個別勞動必須還原為社會必要勞動，才能作為價值的基礎。此外，他並且還堅持勞動時間決定商品價值的原則。〈孫文〉所批判的〈于文〉事實上早已指出這點：「古典經濟學家……只著重於探討交換價值的量，忽視不同商品的量在成為等價物，構成內在關係之後，才能產生真正比較過程與價值。」（請參考本書第二章，76）我們只須從《剩餘價值理論》中，馬克思反對貝利和李嘉圖的論辯裡，即可看到〈孫文〉這樣解釋馬克思的「價值」概念是多麼片面和不妥：

　　　李嘉圖的錯誤在於，他只考察了**價值量**，因而只注意不同商品所代表的、它們作為價值所包含的物體化的**相對勞動量**。但是不同商品所包含的勞動，必須表現為**社會的**勞動，表現為異化的個人勞動。在價格上，這種表現是觀念的。只有通過出賣才能實現。商品中包含的單個人的勞動轉化為**同一的社會勞動**，從而轉化為可以表現在所有使用價值上，可以同所有使用價值相交換的勞動——這種轉化，交換價值的貨幣表現中包含的這個問題的**質**的方面，李嘉圖沒有闡述。（《馬恩全集》，26下卷，140-141。強調為原有）

　　馬克思恰是從古典政治經濟學家們所忽略的地方開始，從交換價
值進入勞動，從勞動進入「價值」。釐清了勞動是「價值」的實體，他
才進一步考察「價值量」的問題。因為「價值量由勞動時間決定是一個
隱藏在商品相對價值的表面運動後面的祕密。這個祕密的發現，消除
了勞動產品的價值量純粹是偶然決定的這種假象，但是絕沒有消除這
種決定所採取的物的形式」(《馬恩全集》，23：92)。他在《資本論》的
一個注釋裡繼續說道：

　　至於價值本身，古典政治經濟學在任何地方也沒有明確地和十分
　　有意識地把體現(darstellt)為價值的勞動同體現為產品使用價值
　　的勞動區分開。當然，古典政治經濟學事實上是這樣區分的，因
　　為它有時從量的方面，有時從質的方面來考察勞動。但是，它從
　　來沒有意識到，勞動的純粹量的差別是以它們的質的統一或等
　　同為前提的，因而是以它們化為抽象人類勞動為前提的。[31]（同
　　上，97注）

　　由於李嘉圖缺乏勞動二重性的概念，以致於無法區別抽象勞動
和具體勞動，所以馬克思說：「商品中包含的勞動的這種二重性，是
首先由我批判地證明了的。這一點是理解政治經濟學的樞紐。」（同
上，55）除此以外，馬克思在書中另一個注釋裡還補充說：

31　在《剩餘價值理論》裡，馬克思也表示出類似的觀點：「某種商品所包含的勞動量是生產
　　該商品的**社會必要量**，因而勞動時間是**必要**的勞動時間，這是一種只和**價值量**有關的規
　　定。但是構成價值統一體的勞動不只是相同的簡單的平均勞動。勞動是表現在一定產品
　　中的私人勞動。可是產品作為價值應該是**社會**勞動的化身，並且作為社會勞動的化身應
　　該能夠由一種使用價值直接轉化為其他任何使用價值……。因此……這種轉化了的勞
　　動，作為私人勞動的直接對立面，是抽象的一般勞動，這種抽象的一般勞動因此也表現
　　為某種一般等價物。」(《馬恩全集》，26下卷，145-146。強調為原有)

古典政治經濟學的根本缺點之一，就是它始終不能從商品的分
析，而特別是商品價值的分析中，發現那種正是使價值成為交換
價值的交換形式。恰恰是古典政治經濟學的最優秀的代表人物，
像亞・斯密和李嘉圖，把價值形式看成一種完全無關緊要的東西
或在商品本性之外存在的東西。這不僅僅因為價值量的分析把他
們的注意力完全吸引住了。還有更深刻的原因。勞動產品的價值
形式是資產階級生產方式的最抽象的、但也是最一般的形式，這
就使資產階級生產方式成為一種特殊的社會生產方式的最抽象
的、但也是最一般的形式，這就使資產階級生產方式成為一種特
殊的生產類型，因而同時只有歷史的特徵。因此，如果把資產階
級生產方式誤認為是社會生產的永恆的自然形式，那就必然會忽
略價值形式的特殊性，從而忽略商品形式及其進一步發展——貨
幣形式、資本形式等。因此，我們發現，在那些完全同意用勞動
時間來計算價值量的經濟學家中間，對於貨幣即一般等價物的完
成形態的看法是極為混亂和矛盾的。（同上，98注）

綜合上述有關「價值」的討論可見，馬克思的「價值」理論主要來
源之一是李嘉圖，而他對後者批判的重點之一，事實上也正是有關
「使用價值」的問題。〈孫文〉由於對馬克思「使用價值」的誤解[32]，以至
於只是從價值的「自然形式」視價值為「人類勞動的凝結」，忽視了「價
值形式」；也就是說，忽視了「一個商品的價值性質通過該商品與另
一個商品的關係而顯露出來」。這不僅導致〈孫文〉無法正確認識到，
正是「價值形式」使價值成為「交換價值」。從而使它對馬克思「價值」

---

32 有關馬克思「使用價值」的討論，請見R. Rosdolsky（1989: 73-95）、M. Henry（1976, t2:
233-264）、E. Mandel（1970: 39-50）、J. Derrida（1993: 254-258）、J. Baudrillard（1972: 154-
171）、J. L. Dallemagne（1977: 21-46）、P. Macherey（1973: 23-46）。

理論的理解停留在「價值量」的層次，無法瞭解「價值」的實體，就是
勞動[33]，也因此無法真正進入「政治經濟學的樞紐」，也就是「體現」在
商品中的勞動二重性：具體勞動與抽象勞動。〈孫文〉也當然無法深
刻體會，為了「體現」這些問題，馬克思將《資本論》第一章多次修改
的苦心，並且還抱怨「人們對《資本論》中應用的方法理解的很差」的
原因。或許這也是為何〈孫文〉在片面地想以「量」取勝的心理下，無
法察覺它所批判的〈于文〉在注釋裡所說「一般對馬克思價值理論的討
論，無論是擁護或反對，焦點多集中於經濟學的層面，特別是與價格
的關係問題。此處的重點在強調內在於這一問題架構之中，獨特的思
維方式及其所具有的轉換功能」[34]（本書第二章，注42）。

五、小結

　　由「體現」與「價值」兩個概念的例子可見，〈孫文〉對他人的批
判，完全「被異己的力量宰制」，不僅對它所批判的對象充斥著情緒
性的語言，這種偏執甚至還反映在它對馬克思「批判」概念本身的理
解之中。〈孫文〉宣稱：「……指出：為什麼有東西會看起來像是開天
闢地以來就規定好擺在那裡的、它們的基礎或條件何在？──這種
『指出』，是『批判』最基本的意義。」（孫善豪，126）接著它以這種獨
家的詮釋「批判」〈于文〉：「〈于文〉對『批判』的理解異乎是：它一方

33　《資本論》的一個編者注中，提及馬克思寫道：「……價值的實體。就是勞動。……價值
　　的量的尺度，這就是勞動時間，價值的形式（正是它使價值成為交換價值……）。」（《馬
　　恩全集》，23：54注）
34　在事實上，「價值」的問題不僅存在於政治經濟學領域，在語言學中也「有」，並成為現
　　代語言學的基石。有關此一問題，請見本書第四章第五小節。以及P. J. Thibault（1997:
　　187-207）。至於「價值」理論所涉及的「顛倒」問題，一則文章已經有些過長，二則也無
　　意再浪費筆墨與時間與〈孫文〉做毫無真正「價值」的糾纏，請直接參閱它所批評的〈于
　　文〉，以及J. Larrain（1983a: 122-132）、S. Kofman（1973: 13-35）、J. Rancière（1973: 66-
　　75），看看是否如〈孫文〉所言「只要憑常識就可以理解」（孫善豪，126注）。

面宣稱它的目的在於『企圖分析此一問題架構（按：指意識形態）是建立在一個什麼可能性條件之上而產生』，一方面卻又宣稱：這種對可能性條件的分析，並不是批判：『非是在批判馬克思有關意識形態的看法』。」（同上，126注）

有閱讀馬克思作品經驗的人皆可察覺，馬克思對「批判」一詞似乎相當的偏愛。這個詞不僅頻頻出現在他各類的作品裡，有時甚至還使用於篇名或書名之中。並且還一以貫之，從青年持續至晚年，歷久不衰。包括了對黑格爾哲學的批判、對青年黑格爾派批判哲學的批判、對整個哲學的批判、對法律的批判、對社會的批判、對政治經濟學的批判……。然而，面對如此多種對象以及在不同時間裡使用的「批判」，是否皆等於〈孫文〉所說的「指出」？而〈孫文〉以這種「指出」作為「批判的最基本意義」的詮釋，「它們的基礎或條件何在」？事實上，問題遠比〈孫文〉所言複雜得多[35]。

反之，就算馬克思的「批判」概念如〈孫文〉所定義的「指出」，難道日常中文裡「批判」一詞的語義，也完全只等於這種獨特的「指出」？當〈于文〉說「非是在批判馬克思……」時，難道就只能是〈孫文〉所定義的內容，而不可能是平常中文裡所謂帶有強烈的攻擊與價值評斷的「批判」？再反過來說，當〈孫文〉以極其情緒性的語言在「批判」〈于文〉時，難道是在分析〈于文〉是建立在一個什麼可能性的條件之上而產生？

〈孫文〉對〈于文〉的「批判」一詞所作的「批判」，事實上具體而微地體現了〈孫文〉不僅任意地化約〈于文〉，並且也任意地化約馬克思

35　有關馬克思「批判」概念的起源，請見 J. Rancière（1973）。這個概念與當時青年黑格爾派的「批判哲學」之間的關係，特別是與費爾巴哈「批判發生哲學」（Kritichgenetische Philosophie）的關係，請見 P. L. Assoun & G. Raulet（1978: 31-63）。而馬克思的「批判」概念在其整個作品中的呈現，請見 E. Renault（1995）。最後，整個「批判」與啟蒙（Aufklärung）的問題，請見 M. Foucault（1990）。

的「批判」概念，以及中文「批判」一詞本身的內容。而〈孫文〉以這種
狹隘與獨具特色的「批判」，任意地「批判」他人，所能達至的結果，
當然只能是悖離了它所「批判」的對象，悖離了馬克思「批判」的概
念，以及悖離了中文「批判」一詞內涵的本身。

第四章

馬克思與意識形態的物質性[*]

* 原文最初發表於1997年8月,《中外文學》,第26卷3期。標題原為「從意識形態到商品拜物教:一個符號學的研究」。

所謂激進，就是抓住事物的根本。

──馬克思，〈《黑格爾法哲學批判》導言〉

一、語言與意識形態

「意識形態」一詞雖非馬克思所創，可是這個概念卻因他而廣泛地被討論與使用。弔詭的是馬克思並未建立一套完整的、有系統的意識形態理論。在他晚期的著作裡，「意識形態」一詞甚至完全消失不見，只有在討論資本主義社會「商品拜物教」的現象時，方可找到類似的問題架構。

歷來研究馬克思「意識形態」理論的學者，對於這個概念與「商品拜物教」二者的關係為何，多莫衷一是，未有定論。實證主義者大多認為兩者為同一問題架構的不同面向；歷史論者則多強調，馬克思有關「意識形態」的看法並非是靜止的，而是隨著思想發展不斷演化，可是在過程中，基本問題的核心仍然是處在一種自然延續的狀態。徹底打破這種連續性的首推阿爾杜塞（L. Althusser）。他以「認識論斷裂」（coupure épistémologique）的概念，劃分馬克思思想發展過程中科學與非科學的不同階段，指出馬克思《德意志意識形態》中有關意識形態的論點，在根本上是屬於一種實證主義式的問題架構，所以「事實

上《德意識形態》在《44年手稿》之後，確實提供我們一個明顯的意識形態理論，但是……它並非是馬克思主義式的……」（Althusser, 1976: 98）。

在〈論馬克思的「意識形態」〉一文中[1]，我們曾仔細分析馬克思意識形態的問題架構，因受制於他對「現實」概念的雙重認知（即「具體的人的活動」與「自主的物質結構」），所以其內容擺盪於「顛倒」與「反映」兩者之間。此一結構性矛盾解釋了「意識形態」一詞在馬克思後期作品中消失的原因。取而代之的「商品拜物教」，則是建立在以「價值」概念為基礎的新的問題架構之下，不但顯示意識乃是經由具體商品中介的產物，更揭露過程中「從後思索」的特性，批判同時又補充了阿爾杜塞「認識論斷裂」的概念。

本章則企圖延伸此一問題架構，進一步探究馬克思無法跳脫出意識形態概念內在結構矛盾性的糾結，根本原因在於他對構成意識形態的物質基礎與表現形式——即語言——此一「現實」的認知密切相關。事實上，意識與語言本為一體兩面，如馬克思自己所強調：「人也具有『意識』。但是人並非一開始就具有『純粹的』意識。『精神』一開始就很倒霉，注定要受物質的糾纏，物質在這裡表現為震動著的空氣、聲音，簡言之，即語言」（《馬恩全集》，3：34）。因此，對一者的理解必定決定另一者的內容。然而，弔詭的是，馬克思雖然正面提出了這個事實，可是同時卻又迴避此一立場，轉移並隱匿了這個問題。

如果「意識形態」被視為是意識或觀念經由語言過程所建構的一種具有意義的思想體系（不論其效果是正面的、負面的或中性的），重要在於當詮釋這種論述呈現了何種內容之際，必須確實認識此一再現系統具體的物質表現形式及運作邏輯為何，此即馬克思所謂「經驗

---

1 請見本書第二章。

的觀察在任何情況下都應當根據經驗來揭示社會結構和政治結構同
生產的聯繫，而不應當帶有任何神祕和思辨的色彩」（同上29）。事實
上，這種問題意識也正是馬克思撰寫《資本論》的根據。在作為方法
論的第一章清楚地顯示，他對商品的分析，如多位學者指出[2]，並非是
從本質的問題開端，而是它的使用性質。從具體的商品形式切入，馬
克思區分了使用價值與交換價值，抽離出價值作為一個獨立範疇，再
以此導引出簡單的價值形式、總和的價值形式、一般的價值形式、
貨幣形式，最終至商品拜物教。在〈評阿‧瓦格納《政治經濟學教科
書》〉一文中，他明確地指出：

> 我不是從「概念」出發，因而也不是從「價值概念」出發，……我
> 的出發點是勞動產品在現代社會所表現的最簡單的社會形式，這
> 就是「商品」。我分析商品，並且最先是在它所表現的形式上加
> 以分析。（《馬恩全集》，19：412）

　　在《資本論》德文第二版跋裡，他更強調：「研究必須充分地佔有
材料，分析它的各種發展形式，探尋這些形式的內在聯繫，只有這項
工作完成之後，現實的運動才能適當地敘述（體現）出來。」（《馬恩全
集》，23：23）
　　馬克思以商品形式作為起點，不僅是為了排除一切先驗的觀念，
而且是認為形式並非單純地指稱某種外在的表象，事實上是內在結構
本身具體的展現。「具體之所以具體，因為它是許多規定的綜合，因
而是多樣性的統一。」（《馬恩全集》，46：38）在資本主義社會裡，商
品形式是社會生產關係所凝聚而成，獨立於人之外的對象物。此一基

2　請見M. Godelier（1970: 203）、R. Rosdolsky（1977: 73-95）以及T. Keenan（1993: 159）。

本形式經由不斷增衍的過程而複雜化，逐漸遠離它最初的起源。形式
所擁有的這種獨立性，源自於交換過程中的「顛倒」所產生的結果，
它不僅模糊了自身的內容，更使得「價值」有如是內在於商品之中。
最終導致商品直接地呈現在人們平淡無奇的日常生活面前，彷彿自然
般的存在，資本主義社會自我神祕化的真正根源也即在此！揭露此一
事實，即徹底解構資本主義的神話。經由論述過程所構成的觀念或思
想，事實上有若商品，在流通的過程裡脫離了它的起源，成為超驗般
的存在，宰制著人們的生活，對它的考察或許也應如馬克思對資本主
義模式的研究，肇始於這個系統自身的表現形式，亦即語言本身。透
過對其具體物質性的認知，確實理解意義與思想的內在形成過程，作
為釐清意識形態與權力之間關係的前提[3]。

二、語言與現實

　　如眾所知，早在西方哲學之始，語言、思想與現實之間的關係，
即一直是思辨的重點，每一時代皆依其既有的知識回應此一問題。綜
觀馬克思對語言問題的看法，大約皆集中於有關語言的起源、使用以
及與思想之間的關係上，可是多為零星片斷，在討論其他問題時偶爾
觸及，與他討論意識形態的理論一樣，並未構成一個完整的體系，其
中甚至有些相互抵觸。上述曾經提及，馬克思早期對「現實」概念的

3　本文強調語言的物質性，與所謂「物質本體論」無關。並非是從直觀的、起源論的或發生
　學的方式探討這個問題，而是從實踐的與社會存在關係的角度處理語言的物質性。有關
　馬克思將語言視為是一種實踐的意識，請見 F. Havas（1996）。至於馬克思的物質觀，請見
　俞吾金（1995）及（2008）。不過早期作者認為馬克思物質觀的本質是屬於「社會關係本體
　論」，可是後期似乎改變為是「實踐-社會生產關係本體論」。此處的重點在於探討馬克思
　意識形態理論與語言兩者的關係，而非企圖運用語言學或符號學重建意識形態理論。J. L.
　Houdebine（1977）的著作提供了極大的參考價值。然而與本章立場不同，他並未直接將語
　言問題聯接至「現實」與「意識形態」等概念。其次，他亦忽視《德意志意識形態》與《資本
　論》兩者問題架構的根本差異。至於從語言學或符號學的角度建構意識形態理論，則請見
　J. B. Thompson（1987）以及 M. Bakhtin（1977）二人的著作。

認知擺盪於「具體的人的活動」與「自主的物質結構」兩者之間，導致意識形態的問題架構在「顛倒」與「反映」之間徘徊不定，然而「現實」概念的這種曖昧性，事實上也貫穿了馬克思對作為意識形態中介物的「語言」的認知之中。此一情形，從他對青年黑格爾派，甚至整個哲學的批判即可明顯地得知。

馬克思指出，以費爾巴哈、布・鮑威爾及施蒂納為代表的德國哲學，強調「思想統治著世界，把思想和概念看作是決定性的原則，把一定的思想看作是只有哲學家們才能揭示的物質世界的祕密」（《馬恩全集》，3：16）。儘管「他們彼此不同的地方在於：他們想用不同的方法來拯救他們所謂在自己的固定思想的威力下呻吟的人類；他們彼此不同的地方在於他們究竟把什麼東西宣布為固定思想。他們相同的地方在於：他們相信這種思想的統治；他們相同的地方在於：他們相信他們的批判思想的活動應當使現存的東西遭到毀滅，——其中一些人認為只要進行孤立的思想活動，就能做到這一點，另一些人則打算爭取共同的意識」（同上）。

正因為如此，馬克思宣稱「這種改變意識的要求，歸根究柢就是要求用另一種方式來解釋現存的東西，也就是說，通過另外的解釋來承認現存的東西。儘管青年黑格爾派思想家們滿口講的都是『震撼世界』的詞句，而實際上他們是最大的保守分子。他們之中最年輕的人確切地表達了他們的活動，說他們僅僅是為反對『詞句』而鬥爭。不過他們忘記了：他們只是用詞句來反對這些詞句，既然他們僅僅反對現存世界的詞句，那麼他們就絕不是反對現實的、現存的世界。……這些哲學家並沒有一個想到要提出關於德國哲學和德國現實之間的聯繫問題，關於他們所作的批判和他們自身的物質環境之間的聯繫問題」（同上，22-23）。

馬克思的評論顯示，這些自命激進的青年黑格爾派分子，儘管意

見如何分歧，皆與真正的現實隔離，虛幻地將詞句本身作為自主的
存在。然而何謂「現實」？深入分析此段文意，似乎可以指向兩種不
同的可能。一是指現存的世界（即「德國哲學和德國現實之間的聯繫
問題」），另一可指作為哲學家批判工具的語言（即「他們所作的批判
和他們自身的物質環境之間的聯繫問題」）。就第一點而言，青年黑格
爾派脫離了德國的現實，在於他們批判的問題架構「直到它的最後的
掙扎，都沒有離開過哲學的基地。……即黑格爾體系的基地上產生
的。不僅是它的回答，而且連它所提出的問題本身，都包含著神祕主
義。……他們和黑格爾的論戰以及互相之間的論戰，只侷限於他們當
中的每一個人都抓住黑格爾體系中的某一方面來反對他的整個體系，
或反對別人所抓住的那些方面」（同上，21）。

　　如果「一切都是在純粹思想的領域中發生」，這種空想與假象的
出現，事實上並非偶然，這與第二點語言作為哲學論述自我實現的物
質環境相關，正如馬克思所言：

　　　對哲學家說來，從思想世界降到現實世界是最困難的任務之一。
　　語言是思想的直接現實。正像哲學家們把思維變成一種獨立的力
　　量那樣，他們也一定要把語言變成某種獨立的王國。這就是哲學
　　語言的祕密，在哲學語言裡，思想通過詞的形式具有自己本身的
　　內容。從思想世界降到現實世界的問題，變成了從語言降到生活
　　中的問題。（同上，525）

　　經由馬克思對哲學語言的批判可見，思維實際上並非是獨立自主
的，可是在這種哲學論述裡，思維彷彿是超驗般的存在。這種幻覺的
產生，是由於作為思想直接現實的語言被思想所佔有，並通過話語的
形式顛倒或遮蔽這個事實；然而從語言的非獨立性可見，思維的自主

性其實只是一種虛幻。「我們看到，從思維過渡到現實，也就是從語言過渡到生活的整個問題，只存在於哲學幻想中，也就是說，只有在那種不會明白自己在想像中脫離生活的性質和根源的哲學意識看來才是合理的。」（同上，528）

　　青年黑格爾派不僅忽視語言是現實生活中的一部分，同時更無法認識到語言還是構成現實生活的重要來源。這些人僅僅將語言看作是「意識」實現自身的一個過渡性場域的觀點，實際上主要是來自於黑格爾的哲學體系。依據庫克（D. J. Cook）的研究，黑格爾早期只是把語言看作是意識發展過程之中所表現出來的一個層次。大約從《精神現象學》始，語言變成是「經驗」在辯證過程裡的表現中介[4]。換言之，由於辯證過程是內在於語言使用之中的這種特性，使得語言並非是過程中的一個階段，而是貫穿意識到絕對精神的整個過程，並且與意識直接等同。因此，「語言是為他的、為別人而存在著的自我意識，而這種自我意識是作為自我意識而直接存在著的，並且作為這一個自我意識就是普遍的自我意識。語言是一種能把自己從自己本身分離開來的自我……」（黑格爾，1979下卷，161）。由此觀之，對黑格爾而言，語言不僅是所有對立物轉換過程的中介場域，對象經由此一場域，更被賦予了普遍性的特質，因為「語言是屬於意識範圍，亦即屬於本身是共相或具有普遍性的範圍」（同上，上卷，72）。所以當說出個別，並非是個別被說出，而是普遍。正是由於在過程中事物經由抽象化從個別上昇至普遍的因素，使得語言具有顛倒現實的功能[5]。

　　簡言之，直接性、中介性與普遍性形成了黑格爾對語言的基本認

4　參見D. J. Cook（1973: 43）。然而J. Taminaux（1977: 53）持另一種看法，認為黑格爾在《精神現象學》裡討論語言與感性確定性的問題，更可上溯至Jena時期的著作，指出不連續性不僅存在語言與感性之間，更存在於感性之內。

5　黑格爾說：「由於語言具有這樣的神聖性，即它能夠直接地把意謂顛倒過來，使它能轉變成某種別的東西（即共相）……。」（1979上卷，73）

知。然而，此一問題架構也構成了費爾巴哈對黑格爾批判的主要面向
之一。費爾巴哈在〈黑格爾哲學批判〉一文中認為，既然自我意識是
經由語言此一場域中介，兩者之間立即的與直接的等同，以及由此而
來的普遍性皆是玄想的產物。他從《精神現象學》的起點，即「感性確
定性」的形成切入，指出「黑格爾並未真正進入及置身於感性意識之
中，因為感性意識只有在自我意識的情況下纔是對象，因為它僅是內
在於自我確定性之中的思維異化，正因如此，《現象學》本身，如同
《邏輯學》（因為是同一回事），也是從自我直接的前提，因此是從一
種非中介的矛盾，從一種與感性意識絕對斷裂開始」（Feuerbach, 1960:
54-55）。由於感性意識自我的絕對認同，「這就是為何開始即是它的
結束，而結束即是開始；這就是為何存在已經就是思想的確定性，這
就是為何存在不是他者，而只是位於思想的直接性之中。」（同上，
49）

　　在這種認識之下，「對感性意識而言，所有的詞皆是專有名詞
Nomina propria；對於同一個存在，它們本身是無差別的，對於感性
意識而言，語言正好是非現實的，即什麼都不是。」（同上，52）費爾
巴哈固然將黑格爾哲學語言中顛倒現實的過程顛倒過來，可是他對語
言唯名論式的觀點，自然地導致他將語言簡化為主要僅是聯絡既有思
想的載具：「語言無非僅是物種的實現，作為建立我與你的關係，借
此怯除其各自的孤立感，註定再現物種的結合。這是為何語言的元素
是空氣，這種極具精神性與普遍性的維生中介物。」（同上34）

　　費爾巴哈以樸素的唯物主義直觀地批判了黑格爾的抽象思維，然
而他只是從自然地聯繫起來的共同性（即物種），孤立地考察事物的
本質，從「精神性與普遍性」等形容詞的使用顯示，他並未完全拋開
黑格爾的影響，雖然突出了語言在現實中的重要性，可是卻又充滿了

工具論的色彩[6]。馬克思繼承了此一議題，同時又想超越它。在《關於費爾巴哈的提綱》裡，他大力地抨擊費爾巴哈直觀式的唯物主義，指其未把感性理解為實踐的活動。在開始的第一條即提綱挈領指出：

> 從前的一切唯物主義者（包括費爾巴哈的唯物主義）的主要缺點是：對事物、現實、感性，只是從客體的或者直觀的形式去理解，而不是把它們當作感性的人的活動，當作實踐去理解，不是從主觀方面去理解。所以結果總是這樣，和唯物主義相反，能動的方面卻被唯心主義發展了，但是只是抽象地發展了，因為唯心主義當然是不知道真正現實的、感性的活動的。費爾巴哈想要研究跟思維客體確實不同的感性客體：但是他沒有把人的活動本身理解為客觀的活動。（《馬恩全集》，3：6）

馬克思雖然區分了直觀的現實與實踐的現實，可是對作為現實之一部分的語言，他的認知似乎存有相當的曖昧性，擺盪於這兩種現實之間。制約這種矛盾的即是「具體的人的活動」與「自主的物質結構」兩種不同的思考架構。首先，在《德意志意識形態》一書最前面的理論部分，馬克思似乎接續著《關於費爾巴哈的提綱》對現實中具體的人的實踐活動的觀點，強調從「具體的人的活動」角度，視語言是具有自身特殊性的實踐活動，他認為：

> 語言和意識具有同樣長久的歷史；語言是一種實踐的，既為別人存在並僅僅因此也為我自己存在的、現實的意識。語言也和意識一樣，只是由於需要，由於和他人交往的迫切需要才產生的。

---

6 請見 D. J. Cook（1973: 185-189）以及 J. L. Houdebine（1977: 30-37）。

（《馬恩全集》，3：34）

　　這段話顯示，語言是現實中的人的一種實踐活動，「為思想的直接現實」，在實際生活裡，具有本身的物質結構與規則。思想在呈現自身時，必須經由此一過程的中介，並受其規則制約。所以：「語言本身是一定共同體的產物，正像從另一方面說，語言本身就是這個共同體的存在，而且是它的不言而喻的存在一樣。」（《馬恩全集》，46：489）在這個問題架構下，語言不僅是一種社會的產物（product），也因此是一種組構社會的力量，一種產生社會之物（producer），直接參與改變社會的過程[7]，與其他物質活動的關係是平行的、互動的，而非臣屬的。此即馬克思所謂「人們對自然界的狹隘關係制約著他們之間的狹隘關係，而他們之間的狹隘關係又制約著他們對自然界的狹隘的關係」（《馬恩全集》，3：35）。在另一處，馬克思表達了類似的觀點：

　　　　思想、觀念、意識的生產最初是直接與人們的物質活動，與人們
　　　　的物質交往，與現實生活的語言交織在一起的。觀念、思維、人
　　　　們的精神交往在這裡還是人們物質關係的直接產物。表現在某一
　　　　民族的政治、法律、道德、宗教、形而上學等的語言中的精神生
　　　　產也是這樣。（同上，29）

　　因此，作為社會交往形式之一的語言，如同在《關於費爾巴哈的提綱》中所強調，不僅是人的感性活動的實踐，活動本身更必須被理解是一種能動的與客觀的過程。

―――――――――
7　請見 L-J. Calvet（1977: 19）。

　　然而，在《德意志意識形態》的後半部，馬克思實際批評時卻並未從語言是「具體的人的活動」的觀點發揮，反而皆從語言是「自主的物質結構」角度立論。他雖然超越了費爾巴哈從「物種」的概念來定義現實，以語言的物質性與現實性為由，批判青年黑格爾派脫離了現實，然而卻忽視語言為客觀的人的實踐活動，和對待「意識形態」的問題架構一樣，直接從「勞動分工」的角度[8]，認為語言只是「自主的物質結構」在現實生活中的表現，並受其他物質關係所制約：

> 我們已經指出，思想和觀念成為獨立力量是個人之間的私人關係
> 和聯繫獨立化的結果。我們已經指出，思想家和哲學家對這些思
> 想進行專門的系統研究，也就是使這些思想系統化，乃是分工的
> 結果。哲學家們只要把自己的語言還原為它從中抽象出來的普通
> 語言，就可以懂得，無論思想或語言都不能獨自組成特殊的王
> 國，它們只是現實生活的表現。（同上，525）

　　馬克思以語言自身現實被思想佔有的非自主性，戳穿哲學語言自主的虛幻，並且揭露被語言顛倒與扭曲的外在現實。然而在此一過程中，如同麥修尼克（H. Meschonnic）所指出，馬克思混淆了語言的自主性與特殊性兩種問題[9]，以致在否定自主性的同時，也排除了語言客觀實踐活動的特殊性。此舉不僅導致語言與其所指涉的事物直接等同，更使語言淪為成一個既是物質的、可是卻同時又是透明的矛盾

8　馬克思說：「分工只是從物質勞動和精神勞動分離的時候起才開始成為真實的分工。從這
　　時候起意識才能真實地這樣想像：它是同對現存實踐的意識不同的某種其他的東西；它
　　不想像某種真實的東西而能夠真實地想像某種東西。從這時候起，意識才能擺脫世界而
　　去構造『純粹的』理論、神學、哲學、道德等等。」（《馬恩全集》，3：35-36）
9　請見H. Meschonnic（1975: 265）。Meschonnic雖然指出馬克思混淆了語言的自主性與特殊
　　性，可是與本章不同，他認為馬克思對語言的看法並無曖昧性存在，純粹為一種工具論。

體。換言之，馬克思對青年黑格爾派批判的基準，雖然是建立在現實
性上，可是並未「抓住事物的根本」，徹底深化此一課題，現實性最
終成為只是語言直接再現的內容，而非其自身。以致於「從思想世界
降到現實世界，變成了從語言降到生活中的問題」。因此，他雖然批
判了青年黑格爾派對語言的認識，可是同時卻又掉入與他批判對象同
樣的問題架構之中，兩者的差異變成僅在於語言與外在現實的關聯，
而非語言現實的本身。

　　語言與外在現實直接等同的結果，造成外在現實的真偽決定了語
言自身的真偽，這不僅存在於馬克思對哲學抽象語言的認識之中，在
所謂「普通語言」或「現實世界的語言」中亦不例外[10]。在論及日常的語
言時，馬克思認為「資產者可以毫不費力地根據自己的語言證明重商
主義的和個人的或者全人類的關係是等同的，因為這種語言是資產階
級的產物，因此像在現實中一樣，在語言中買賣關係也成了所有其他
關係的基礎」（《馬恩全集》，3：255）。因此，在《路易‧波拿巴的霧
月十八日》，馬克思具體地分析法國革命情勢時強調：

> 正如在日常生活中把一個人對自己的想法和品評同他的實際人品
> 和實際行動區別開來一樣，在歷史的戰鬥中更應該把各個黨派的
> 言辭和幻想同它們的本來面目和實際利益區別開來，它們對自己
> 的看法同它們的真實本質區別開來。（《馬恩全集》，8：150）

　　總體而言，由於馬克思「現實」的概念包含了「具體的人的活動」
與「自主的物質結構」二種可能性，以致他對語言的認知具有相當的
曖昧性。由「具體的人的活動」觀之，語言為一種客觀的個人實踐，

10　伍至學即是強調馬克思「哲學」語言與「現實」語言二者是對立的關係。本章則認為問題
　　並非是在語言外在的不同，而是存在於語言之內。請見伍至學（1996）。

具有自身的特殊性，為整個現實社會具體的一部分，直接參與及形塑社會的進程，並與其他物質關係平行互動，相互影響。然而從「自主的物質結構」而言，語言則為現實生活表現的結果，源於溝通的需要，並不擁有自主性，受其他物質關係制約，僅是消極地再現外在的現實。然而，馬克思對語言認識的複雜性，因各種內在與外在客觀因素（譬如《德意志意識形態》一書的撰寫與出版相隔近一百年之久！如在國際工人運動中，實際鬥爭的迫切性需要；如無產階級奪取政權後，為了強化對社會的控制等結果，皆極易於導向僅僅以工具理性的觀點思考語言的存在），並未真正受到日後馬克思主義者的重視，大多數皆單純地將他對語言的看法化約為簡單的內容表現問題，不僅在語言學界曾釀成巨大的災難[11]，亦促使文學與藝術領域裡機械式反映論的一枝獨秀，終至文化想像與創造能力的斲傷與停滯[12]。

三、語言與歷史

事實上，語言曖昧性的產生，與其說是來自馬克思思想本身，毋寧說是源自於其時代的限制。如我們所知，馬克思身處19世紀中葉，時值正當歷史主義高漲的時代[13]，不僅他本人的思想深受這個思潮的衝擊（如「歷史」唯物論），整個時代對語言的看法亦無可倖免地受到影響，歷史比較語言學（Die Vergleichende Grammatik）在當時的興起即是明證。

依照傅柯（M. Foucault）對西方人文與社會科學體系轉變的研

11 有關此一段歷史，請見 V. V. Vinogradov（1969）以及 V. I. Abaev（1969）。
12 有關馬克思之後的文學演變，請見 H. Arvon（1970）。至於在社會主義國家的情形，請見 R. Robin（1986）。
13 Foucault 認為，「在此處，歷史並非是被理解為事實連續性的累積，及如何被組成；而是各種經驗事物最根本的存在態式，由此出發，各種經驗事物在知識的空間裡被肯定、被提出、被放置以及被分配至日後或許將會成形的知識與可能存在的學科裡。」（Foucault, 1966: 231）

究，17、18世紀的階段，即他所稱的「古典時期」，西方脫離了文藝復興時代建立在以「類似性」(similitude)為主的問題架構，在「再現」(représentation)認識素[14]的主導下，「我們可以說，是名稱(Nom)組織了整個古典的論述；說或寫，並不在於說出東西或自我表現，不在於與語言遊戲，而是朝向至高無上的命名行動的完成，經由語言，直到物與詞結成共同本質的場域，並能賦予它們一個名稱。」(Foucault, 1966: 133)「再現」雖然成為所有知識的必要形式，然而，弔詭的是，知識卻無法再現「再現」的本身。傅柯也用維拉斯蓋斯(Velázquez)著名的畫作「侍女圖」(Las Menias)為例證，闡明這種再現的性質。

至19世紀，「再現」在知識體系內仍然佔有重要的地位，但是已不再被視為僅是思想本身的功能，不再是無可置疑與自我證明的起點。語言、思想與存在的同質性，在知識場域裡亦逐漸消解與分離，取而代之的則是在各個不同的領域裡，對正在成形的具體對象物的實證研究。由於世界語言標本的蒐集與梵語材料的使用，導致歷史比較方法的萌芽，逐漸地將有規律性的和偶然性的語言現象作一區分，對語言的認識也因此脫離了前科學的時期[15]。

歷史比較語言學雖然視語言為一有機體，本身擁有內在的結構，但是這個結構僅被動地被視為是語言現象的結果，而非是形成語言的支柱，因此研究的重心皆集中於探討語言的轉變，特別是語音的問題，結果反而導致對語言歷史層面的強調，忽視其內在的組織結構。直至索緒爾(F. de Saussure)開始，「結構」的概念才獲得其應有的地位。誠如傅柯所指出，雖然「從19世紀起，語言回覆退至自身，獲得其原有的厚度，展現只屬於它自己的歷史、規則以及客觀性」

14 有關「再現」概念的解釋，請見本書第一章「意識形態的幽靈」。至於認識素的說明，請見同一章，注釋8。

15 請見岑麒祥(1988)第四章，以及R. H. Robins(1979. chap.7)。

（Foucault, 1966: 309），可是「只有在19世紀末，語言才直接地並且是為它自身進入思想的領域」（同上，316），這也意謂著是在馬克思去逝之後。

此外，歷史比較語言學雖然在某些程度上呼應了馬克思所建立的歷史唯物論的問題架構，並提供了一個可能的實踐場域，可是馬克思關切的焦點卻多集中於語言的起源，或語言與思維的關係等比較形上學或哲學的問題，至於語言與歷史的關係，在馬克思的著作裡則頗為貧乏與邊緣[16]。這或許也顯示，在馬克思當時的思考裡，無論就理論或實際的層面而言，並未存在迫切性的需要，促使語言成為一個介入的場域，而語言的現實性亦因此停留在「具體的個人活動」與「自主的物質結構」兩者之間的曖昧狀態。

如本書第一章所述，「意識形態」這個概念最初源自於德拉西（D. de Tracy）的「觀念學」。誕生於古典時期末期，以探討「觀念」自身的起源、形成以及如何相互聯結的學科為核心的理論，整個問題的架構雖然完全建立在對語言的思考之上，然而它的整個知識皆是置於「再現」的認識素之中，縱使提供了某些相當具有啟發性的論點，可是並未掙脫古典時期對符號的形上學設想，所開啟的內容也與現代的學科並無直接的連續性。馬克思將「觀念學」轉換成「意識形態」時，雖然早已因拿破崙的批判而具有貶義的內涵，然而卻是透過對德拉西著作的認識，導致馬克思將這個詞與資產階級的利益相結合，並將其內容直接轉換成一種與生產關係以及社會關係相聯的思想體系。德拉西與馬克思兩人的出發點皆為對宗教的批判，可是「意識形態」的實質卻

16　請參見G. Moulin（1967: 225-252）。Moulin並且指出，馬克思似乎並未如某些學者所認為的「非常」瞭解他同時代的語言學。事實上，他對歷史語言學的知識，大多係來自他早年的求學階段，如Grimm、Herder及Schlegel等人的著作，而非他同時代的語言學者，像Schleicher、Müller或Whitney。

從「科學的科學」的地位被轉換成為「虛妄意識」，其中的轉折不僅是
內容的差異，事實上更是認識論上的斷裂。

　　然而，馬克思所作的改變，並非是基於他對語言重新認識，而
是建立在「勞動分工」的概念之上。在轉換了德拉西問題架構的同
時，他也否定了語言在「意識形態」中的存在。可是對語言的「排斥」
（forclusion）[17]，像精神分析中所描述的情形一樣，並無法真正斬斷語
言與意識二者緊密相關的事實，卻造成語言的問題像幽靈般[18]如影隨
形，一直不斷地反覆糾纏著意識的存在，如馬克思自己之前所預言
的一樣：「『精神』從一開始就很倒霉，注定要受物質的『糾纏』，物質

17　法文La Forclusion一詞（暫譯為「排斥」），不僅為J. Lacan用來轉譯S. Freud討論「精神病」
　　（psychosis）時所用的一個字：Die Verwefung。事實上他更將這個詞發展成為一個真正的
　　概念，所以在英文版及德文版Freud全集裡的索引部分，並不存在這個詞項。Freud使
　　用這個字，主要用來與「精神官能症」（neurosis）的機置作一區分，他認為如果「精神官
　　能症」的問題在於「壓抑」（Verdrängung），那「精神病」則可歸因於某種「拒絕」或「否認」
　　（即Verwefung）。Freud雖然很早即察覺此一現象的存在，可是遲至1914-15年討論「狼
　　人」的案例時，他纔首次使用此詞，並將問題主要置於主體與閹割情結之間的關係上
　　（請見S. Freud, 1953-1966, 17: 72-88）。法文早期譯為「rejet」（否決）或「retranchement」（扣
　　除、防衛）。Lacan一方面以Freud討論「狼人」的案例，加上另一位妄想性精神病患「史
　　萊伯」（Schreber）的案例，另一方面補以他對Freud關於「非否認」（Die Verneinung）概念
　　新的理解為基礎，從主體精神結構的不同區域位置（localization subjective）（請見J. Lacan,
　　1966: 161）作為Verdrängung與Verwerfung二者的區分，並將Verwerfung定義為精神生命
　　最初始時「象徵系統的廢除」（abolition symbolique）（同上，386），然而此一結果卻造成
　　「無法從象徵之中浮現的，卻出現於實在界（le réel）」（同上，388）。換言之，在主體形
　　成的過程裡，一件內在應該發生，然而卻因故並未發生的事件，並未在否認之後消失，
　　而是從外在，以另外一種獨特的面貌重新回覆至主體自身，導致主體成為一種分裂的狀
　　態。後來Lacan又從語言學的角度，將象徵界（le symbolique）視為是符表（signifiant）運作
　　下的效果，Verwerfung的內容也從Freud時，主體與父親二者之間的關係，進一步轉換成
　　主體與符表之間的問題架構，並以forclusion作為Verwerfung的譯名，指稱象徵界中存在
　　一個空缺（trou），「排斥」的概念也因此成為是對「符表的排斥」（同上，558）。此外，值
　　得一提的是，forclusion在法文中原是法律上的用語，指應有權利的喪失，在Lacan的用
　　法裡亦隱含這層意義。至於本文將signifiant譯作「符表」，而非一般所謂的「能指」，請見
　　下面注釋28的討論。
18　雖然與本章分屬不同的問題意識，J. Derrida在一本專門討論馬克思作品中的幽靈的專
　　書裡，也認為「我們將強調，意識形態理論在很多點上皆依賴這種幽靈理論」（Derrida,
　　1993: 203）。

在這裡表現為震動著的空氣層、聲音，簡言之，即語言」。這個結果
也因此最終導致「意識形態」的問題架構，在馬克思作品中呈現為「顛
倒」與「反映」的一種類似「人格分裂」的狀態，並且也制約著日後的
學者對這個議題的探討。

　　傳記上顯示，馬克思年輕時醉心於文藝，並深受浪漫主義的薰
陶[19]。早期於波昂（Bonn）求學時，甚至曾受教於德國浪漫主義文學的
主要創始者——史萊格[20]（A. W. Schlegel）。可是德國「早期浪漫主義」
在美學上強調語言自主性的概念[21]，似乎並未影響馬克思對語言的認

19　浪漫主義一直是一個極其混亂與模糊的名詞，在欠缺整體性的觀照下，各家對其內
　　容與定義往往相當分歧。M. Löwy與R. Sayre的研究則彌補了這項缺憾，他們借用L.
　　Goldmann的理論，將浪漫主義視為是某種時代心靈凝聚而成的世界觀，不僅表現在文
　　學領域，更涵蓋整個政治與社會層面，本質上是對資本主義生活方式的一種反動。然而
　　浪漫主義雖然代表著一種對西方現代性的批判，可是在根本上卻是懷鄉式的，基於某種
　　對美好過去的嚮往。請見Löwy & Sayre（1992: 2-87）。這種既革命又反動的曖昧性質，以
　　不同的形式與比例，呈現在各人身上。馬克思早年反對資本主義思想的形成，即多少與
　　浪漫主義的思潮有關。在轉向至黑格爾的辯證法，以及唯物主義與實踐的問題架構後，
　　馬克思雖然遠離了青年時代的浪漫思想，可是在他的政治與社會思想中，這個思潮殘存
　　的影響仍隱約可見，然而這個問題卻經常有意被忽略或遺忘。有關討論，請見M. Lœwy
　　（1979: 7-47）。
20　請見D. McLellan（1973: 17）。
21　德國浪漫主義文學運動衍生的派別甚多，此處特指18世紀末、19世紀初，A. W.
　　Schlegel與F. Schlegel兄弟在Jena創辦Athenaeum期刊後所形成的「早期浪漫主義」
　　（Frühromantik）。傅柯曾指出，古典時期的「再現」認識素瓦解後，語言問題被不同的領
　　域分割。當歷史比較語言學從實證的角度視語言為具體的經驗對象物的同時，相反地，
　　另一股以「早期浪漫主義」為代表的思潮，則視語言為純粹的書寫行為，此一問題架構
　　導致了我們現代所謂的「文學」概念在歷史上真正出現。值得注意的是，浪漫主義的倡
　　始人Schlegel兄弟，同時也是歷史語言學的重要前驅者，特別是F. Schlegel對東方語言的
　　研究，曾經影響了F. Bopp「比較語法」的概念（請見G. Moulin, 1967: 163）。傅柯在考察
　　當代西方人文科學如何形成的過程中，雖然點出語文學（philologie）與文學在當時的知
　　識領域裡同生共存、一體兩面的事實（請見M. Foucault, 1966: 312-313），可是對「早期
　　浪漫主義」的主張，卻鮮少提及。然而在考察這段歷史時，傅柯曾特別強調獨立於人文
　　科學之外的當代文學書寫經驗的重要性，如M. de Sade、S. Mallarmé或是G. Bataille等人
　　的作品，這個有意或是無意的「遺忘」，值得令人玩味。有關這個被譽為西方第一個「前
　　衛」文學團體的歷史，請見A. Schlagdenhauffen（1934），其理論部分，請見W. Benjamin
　　（1986）及P. Lacoue-Labarthe & J. L. Nancy（1978）。至於對語言的論點，請參考J-M.
　　Schaeffer（1980）與T. Todorov（1977: 179-260）。

知。在實際書寫的過程裡，馬克思對語言的運用極其敏銳，並且熟稔
多種語言，然而無論是在書寫理論或是政論的過程，他的注意力多集
中於語言使用的有效性的問題[22]。值得注意的是，馬克思雖然很早即
放棄了他對文學的雄心壯志，可是在他的著作之中，經常卻引用大量
的文學作品[23]，作為他陳述與論辯時不可或缺的工具。此一現象又顯
示，馬克思事實上並無法完全斷絕與文學這種視語言為一種實踐活動
的關係。

　　在《馬克思的三種話語》一文中，布朗修（M. Blanchot）曾指出，
就內容觀之，馬克思的著作裡存在著哲學的、政治的與科學的三種不
同的語言形式。這些語言表面上似乎各自獨立，並皆導向同一個目
的；可是事實上在實踐的過程裡又不斷地被書寫自身所蘊含的異質
性、差距或距離所擾亂與解消，這種無法被化約的效果，不僅使得這
些語言相互分離但並不對立的並存著，而且促使所有的閱讀行為也必
須在不斷的調整之中進行。「馬克思的例子，有助於我們理解書寫，
這種不休止爭論的語言，必須在多種形式之下持續地發展與中斷。」
（Blanchot, 1971: 117）

四、從「勞動分工」至「抽象勞動」

　　上述分析可見，馬克思雖然觸及了作為人類象徵系統重要基石的
語言，可是同時又轉移以及掩蓋這個議題。語言現實的曖昧性導致整
個意識形態問題中結構性矛盾的產生。此一過程的關鍵在於，馬克思
在討論《德意志意識形態》時，將整個問題構築在「勞動分工」的概念

22　請見 J-P. Lefebvre（1991）。
23　請見 S. S. Prawer（1976）。另外，M. A. Rose（1984），跳脫出一般的觀點，另闢蹊徑，從
　　馬克思同時代的視覺藝術的實際狀況，作為理解他的藝術理論，以及與日後俄國「建構
　　主義」（Constructivism）的關聯，亦呈現了馬克思有關藝術看法的複雜性。

之上，他不僅以此作為處理語言的現實以及意識形態問題架構的依據，甚至更是分析全體社會最主要的律則。事實上，「勞動分工」概念的使用，與馬克思當時對制約此一概念的「勞動」以及「生產」等現實的認識並未全面的展開休戚相關，以致在《德意志意識形態》裡，整個論點大多圍繞在普遍的歷史性陳述，缺乏具體的結構性分析。他雖然在書中使用「交往形式」（Verkehrsformen）一詞，指稱特定歷史階段的內容，可是這個觀念仍然只是停留在對具體現實的一種泛論，它只是「生產關係」概念的萌芽，而非如某些人所認為的已經真正的具體成形。

　　然而，隨著馬克思對現實認識的不斷深化，特別是對資本主義社會的瞭解增加，「生產」與「勞動」的概念也逐漸擺脫本質論的傾向與實證主義的色彩，「勞動分工」的重要性也因此相對降低。從《經濟學手稿》開始，他即明確地闡釋生產的問題並非是孤立與超時空般的存在，「因此，說到生產，總是指在一定社會發展階段上的生產——社會個人的生產。」（《馬恩全集》，46上卷：22）並且「生產也不只是特殊的生產，而始終是一定的社會體即社會的主體在或廣或窄的由各生產部門組成的總體中活動著」（同上，23）。在這種情形之下，馬克思強調「一切生產階段所共同的，被思維當作一般規定而確定下來的規定，是存在的，但是所謂一切生產的**一般條件**，不過是這些抽象要素，用這些要素不可能理解任何一個現實的歷史的生產階段」（同上，25。強調之處為原文所有）。他「從實在和具體開始，從現實的前提開始」（同上，37），詳細地考察消費，分配及交換等與生產密切攸關的各項要素，最終認為「我們得到的結論並不是說，生產、分配、交換、消費是同一的東西，而是說，它們構成一個總體的各個環節，一個統一體內部的差別……因此，一定的生產決定一定的消費、分配、交換和**這些不同要素相互間的一定關係**」（同上，36 37。強調

為原有）。而「每種生產形式都產生出它所特有的法權關係、統治形式等等。粗率和無知之處正在於把有機地聯繫著的東西看成是彼此偶然發生關係的，純粹反射聯繫中的東西」（同上，25）。

生產概念的深化亦牽動與其相關的勞動概念的轉變。馬克思指出：「勞動似乎是一個十分簡單的範疇。它在這種一般性上──作為勞動一般──的表象也是古老的。但是，在經濟學上從這種簡單性上來把握的『勞動』，和產生這個簡單抽象的那些關係一樣，是現代的範疇」（同上，41），所以「勞動這個例子確切地表明，哪怕是最抽象的範疇，雖然正是由於它們的抽象而適用於一切時代，但是就這個抽象的規定性本身來說，同樣是歷史的產物，而且只有對於這些關係並在這些關係之內才具有充分意義」（同上，43）。

早期受黑格爾與費爾巴哈的影響，馬克思將勞動看作是作為「物種」的人的本質的外在化或客體化。在這個過程中，人不僅展現自身的力量，也完成了自身。可是在實際的生活裡卻正好相反，勞動使人不斷地喪失自主的行為能力，受制於他所創造的對象物，最終成為一種與其自身疏離的「異化勞動」。馬克思早年所承繼的這種「人本主義」式的勞動概念，與古典政治經濟學的勞動理論相結合，遂衍生出「勞動分工」以及與此相關的「語言」和「意識形態」問題架構。

然而，如馬克思所言，古典政治經濟學的勞動概念，事實上係建立在工場手工業的概念之上[24]，迥異於資本主義社會中以機器為主的生產與勞動方式[25]。從《哲學的貧困》開始，馬克思即有意識地逐漸區

[24] 「政治經濟學作為一門獨立的科學，是在工場手工業時期才產生的，它只是從工場手工業分工的觀點來考察社會分工……」（《馬恩全集》，23：404）另外，「以分工為基礎的協作，在工場手工業上取得了自己的典型形態。這種協作，作為資本主義生產過程的特殊形式，在真正的工場手工業時期佔居統治地位。這個時期大約從16世紀中葉到18世紀末葉。」（同上，373）

[25] 「生產方式的變革，在工場手工業中以勞動力為起點，在大工業中以勞動資料為起點。因此，首先應該研究，勞動資料如何從工具轉變為機器，或者說，機器和手工業工具有

分二者的差異。在批判普魯東從當代工業裡尋找傳統手工藝勞動的理想時，他指出「真正的機器只是在18世紀末才出現」（《馬恩全集》，4：167）。「機器正像拖犁的牛一樣，並不是一個經濟範疇。機器只是一種生產力。以應用機器為基礎的現代工廠才是生產上的社會關係，才是經濟範疇。」（同上，163-164）因此，資本主義社會中的勞動，不再如往昔般是一種個人本質的展現，它超越了生產者與其勞動工具、資料及產物的個人立即性聯繫，直接地就是社會化的勞動，由社會整體各環節運作的全部過程決定其內容。這種建立在複雜的物質交換及與其不可或分的社會關係互動之下的「勞動」，在根本上有別於「異化勞動」從外在化的觀點視勞動為主體的簡單對立之物[26]。

　　在這情形之下，派生於傳統「勞動」概念的「勞動分工」也不再是解釋社會與歷史的最主要通則，必須將其放置在特定時空中的生產、消費、分配與交換的過程裡，經由各環節相互之間的關係重新定位。而「僱傭勞動」的概念也因此逐漸萌芽，作為這種新的問題架構的產物。在李嘉圖的影響下，馬克思在《哲學的貧困》裡，更明確地提出建立在社會平均必要勞動時間的「價值」範疇，然後又進一步探討商品的「價值形式」，以此作為他批判古典政治經濟學的基礎，最終導致《資本論》的誕生，徹底揭露了隱藏在「使用價值」與「交換價值」背後的「具體勞動」與「抽象勞動」，戳破資本主義社會商品經濟的神祕面紗。

五、商品／語言

　　從「勞動分工」的概念轉至「抽象勞動」，「意識形態」一詞也在馬

什麼區別。」（《馬恩全集》，23：408）
26　相關問題，請見J-M. Vincent（1987: 93-122）。此外有關勞動概念的歷史性，請見M. Freyssenet（1995: 227-244）。

克思作品內消失，取而代之的則是「商品拜物教」。在《資本論》裡，
馬克思雖然並未直接處理語言的議題，可是在分析商品拜物教的形成
時，他從資本主義社會最基本的元素——即商品——出發，卻觸及了
一個與現代語言學的產生密切相關的問題，此即「價值」的概念。他
首先認為「物的有用性使物成為使用價值」(《馬恩全集》，23：48)，
可是「一個物可以是使用價值而不是價值。在這個物並不是由於勞動
而對人有用的情況下就是這樣。例如空氣、處女地、天然草地、野生
林等等。一個物可以有用，而且是人類勞動產品，但不是商品。誰
用自己的產品來滿足自己的需要，他生產的就只是使用價值，而不是
商品。要生產商品，他不僅要生產使用價值，而且要為別人生產使用
價值，即生產社會的使用價值(而且不只是單純為別人。……要成為
商品，產品必須通過交換，轉到把它當作使用價值使用的人的手裡)」
(同上，54)。

　　然而，「另一方面，商品交換關係的明顯特點，正在於抽去商品
的使用價值。在商品交換關係中，只要比例適當，一種使用價值就
和其他任何一種使用價值完全相等。」(同上，50)「如果我們把勞動
產品的使用價值抽去，那末也就是把那些使勞動產品成為使用價值
的物質組成部分和形式抽去……各種勞動不再有什麼差別，全都化
為相同的人類勞動，抽象人類勞動。」(同上，50-51)勞動產品所剩
下來的這種「同一的幽靈般的對象性，只是無差別的人類勞動的單純
凝結，……這些物，作為它們共有的這個社會實體的結晶，就是價
值——商品價值。……因此，在商品的交換關係或交換價值中表現出
來的共同東西，也就是商品的價值。」(同上，51)

　　換言之，「商品的交換價值表現為同它們的使用價值完全無關的
東西」(同上)。而商品之「……所以是商品，只因為它們是二重物，
既是使用物品又是價值承擔者。因此，它們表現為商品或具有商品的

形式，只是由於它們具有二重的形式，即自然形式和價值形式」（同上，61）。「如果我們說，商品作為價值只是人類勞動的凝結，那麼我們的分析就是把商品化為價值抽象，但是並沒有使它們具有與它們的自然形式不同的價值形式。在一個商品和另一個商品的價值關係中，情形就不是這樣。在這裡，一個商品的價值性質通過該商品與另一個商品的關係而顯露出來」（同上，64），「可見，商品在能夠作為使用價值實現以前，必須先作為價值來實現。」（同上，103）因此，「價值」不是種形式，而只有同第二個不同種的商品發生價值關係時，它才具有這種形式。」（同上，75）

　　馬克思在政治經濟學領域裡，透過對具體商品的分析所獲致的結論，與索緒爾在語言學的範圍內，經由對語言符號的詮釋所開啟的問題架構，二者存在著令人驚訝的類似之處。面對語料（langage）的混沌現象，在《普通語言學教程》裡，索緒爾從根本上將語料中的偶然性排除，區分出社會的與個人的兩部分，前者為語言（langue），後者為言語（parole）。語言學的研究對象則集中於前者，因為「它是語料的社會部分，外在於人。個人獨自既不能創造亦無法改變它；它只依照某個社區成員所遵守的契約而存在」（F. de Saussure, 1980: 31）。因此，「當語料是異質的時候，語言卻是同質的：這是一個符號系統，意義與聽覺意象的聯結為其根本……。」（同上，32）

　　為了闡明兩者聯結的重要性，索緒爾認為「語言也可比作一張紙：思想是正面，聲音為反面，截斷正面的同時，我們無法不截斷反面。同理，在語言中，我們既不能從思想中孤立出聲音，也無法從聲音裡分離出思想」（同上，157）。可是他又指出，「具體的語言單位並不會自身呈現在我們的觀察中」（同上，153），「因為它組成的單位並非純然是物質的，而是建立在它偶然的物質性之外的某些條件之上，例如與其它相關單位的位置……。」（同上，151）「問題的矛盾面向在

於：一方面，概念對我們而言，有若符號內部聽覺意象的對等物，然而，另一方面，符號本身，就是說這兩個元素相聯的關係項，也是以及完全是語言中其他符號的對等物。」（同上，159）所以「在語言學裡，自然的素材沒有任何地位。」（同上，116）「換言之，語言是一種形式，而非一種本質。」（同上，169）符號的「內容只有經過由外在於它的聚合協作（concours）纔能真正的制定。在一個系統裡，它不僅具有一種意義，並且以及尤其是還有一種價值，這完全是種另類事物」（同上，160）。索緒爾最終認為「……語言是一個系統，它所有的詞項是互相聯結，並且某一詞項的價值必得自於其他詞項的同時出現……」（同上，159）。

　　馬克思與索緒爾有關「價值」概念的類似性，並非純粹是偶然的結果。事實上，二人在方法上皆強調從整體（馬克思）或系統（索緒爾）的方式，對研究對象（商品或符號）作形式的分析，不僅如此，索緒爾在書中曾明確地將語言學與政治經濟學並比：

> 我們所談論的二元性（即同時性與歷時性）早已專橫地加諸在經濟學之上……政治經濟學與經濟史在同一種科學之中組成了兩種明確劃分的學科；最近出現有關這些題材的書籍也強調了這種區別。用這種方式進行研究，人們在不知不覺的情況下，遵從了某種內在的需要；然而，這種需要與我們將語言學分成二個部分，並且各自有它本身的原則，完全相同。在此處，與在政治經濟學一樣，我們面對著價值的概念；在這兩種科學裡，皆是有關某種不同種類東西之間的等價系統。在一邊是勞動與薪資[27]，在另一邊是符義與符表[28]。（同上，114-115）

---

27 原文為salaire。馬克思所謂的「僱傭勞動」，法文為travail salarié，即是「薪資」勞動。

28 對於構成符號（signe）正反兩個部分的signifiant及signifié，高名凱從語言學的角度譯

　　無獨有偶，馬克思在《資本論》裡，以「價值」的概念分析資本主義社會商品經濟時，也經常將商品視為是某種形式的語言。他說：

　　價值沒有在額頭上寫明它是什麼。不僅如此，價值還把每個勞動
　　產品變成社會的象形文字。後來，人們竭力要猜出這種象形文字
　　的涵義，要瞭解他們自己的社會產品的祕密，因為使用物品當作
　　價值，正像語言一樣，是人們的社會產物。(《馬恩全集》，23：
　　91)

　　值得注意的是，馬克思此處強調商品與語言二者類似，似乎並非僅是當作一種形式上的隱喻(即「價值把每個勞動產品變成了社會的象形文字」)，從「因為使用物品當作價值，正像語言一樣，是人們社會的產物」這句話觀之，二者在結構上彷彿亦有相似之處。這也是為何他在書中另外一處，提出「物的名稱對於物的本性來說完全是外在的」(同上，119)這種具有現代語言學觀的論點。在闡述麻布與上衣之間價值關係這個著名例子時，馬克思更公開使用「商品語言」一詞：

　　我們看到，一當麻布與別的商品即上衣交往時，商品價值的分析
　　向我們說明的一切，現在就由麻布自己說出來了。不過它只能用

為「能指」與「所指」，似乎並不很貼切。索緒爾將signifiant解釋為「聽覺意象」(image acoustique)，signifié為「概念」(concept)。將signifiant譯為能指，非但未明顯地表示出是符號(signe)去指涉，而且沒有表示出它是signifié的物質基礎。雖然索緒爾在書中又將「聽覺意象」解釋為由聲音引起的「心理痕跡」(empreinte psychique)(Saussure, 1980: 98)。可是如羅蘭‧巴特(R. Barthes)從符號學的觀點認為，signifiant居於指涉物(référent)與概念(即signifié)之間。Signifiant與signifié兩者之間的另一差別即在於signifiant是一個「媒介物」(médiateur)，因此它必須具有某種質料(matière)(請見R. Barthes, 1964: 120)。故將signifiant譯為「符表」，意謂符號以其外表去表達意義，而signifié是被表示的意義，譯為「符義」。另外，必須釐清的是，Saussure此處雖然將語言學與政治經濟學相比，可是並非是指馬克思。依照P. Veyne (1969: 818)的說法，應為Léon Walras。

它自己通曉的語言即商品語言來表達它的思想。為了說明勞動在
人類勞動的抽象屬性上形成它自己的價值，它就說，上衣只要與
它相等，從而是價值，就和麻布一樣是由同一勞動構成的。……
順便指出，除希伯來語以外，商品語言中也還有其他許多確切程
度不同的方言。（同上，66）

商品與語言符號結構上存在的共通性，導致布希亞（J.
Baudrillard）、古爾（J. J. Goux）及羅西－南迪（F. Rossi-Landi）等人將使
用價值／交換價值類比於符義／符表[29]。

可是馬克思在《經濟學手稿》裡，討論商品轉化為貨幣形式時，
提及：

把貨幣比作語言同樣不正確。觀念在語言中不會被改變，從而它
們的特性不會消失。如同伴隨商品的價格，在語言中伴隨這些觀
念的社會屬性依然會存在。觀念無法離開語言而存在。為了流
通，為了變成可以交流，觀念首先必須從其母語翻譯成一個異國
語言，觀念就此顯示出了更多的類似性；但是這個類似性不在於
語言，而在於語言的異國性。[30]（《馬恩全集》，46上卷：109）

---

29 請見 J. Baudrillard（1972: 174, 188）、J-J. Goux（1973: 127）及 F. Rossi-Landi（1975: 159）。
不過有關這種「類比」的性質本身，各家的看法有些分歧，如 Goux 認為是「同構」
（isomorphisme）（Goux, 1973: 101）；而 Rossi-Landi 則強調是「類同」（homology）（Rossi-
Landi, 1975: 72）。

30 原中譯本的文意有些含糊不清，此處依照德文原文改譯。原文為：Das Geld mit der
Sprache zu Vergleichen ist nicht minder falsch. Die Ideen werden nicht in der Sprache verwandelt,
so dass ihre Eigentümlichkeit aufgelöst und ihr gesellschaftlicher charakter neben ihnen in der
Sprache existierte wie die Preise neben den Waren. Die Ideen existieren nicht getrennt von der
Sprache. Ideen, die aus ihrer Muttersprache erst in eine fremde Sprache übersetzt werden müssen,
um zu kursieren, um austauschbar zu werden, bieten schon mehr Analogie; die Analogie liegt dann
aber nicht in Sprache, sondern in ihrer Fremdheit。

　　馬克思在此處似乎斷然否定了作為商品結晶物的貨幣與語言的類比。某些學者也因此利用這句話，反對將政治經濟學與語言學相互結合[31]。然而深入分析可以發現，這種詮釋混淆了一個事實，亦即馬克思所談的是貨幣，而非商品。這兩者關係密切，但並不等同。貨幣固然具有商品的屬性，可是它是馬克思所謂的一種「特殊商品」，他說：「同商品界本身相脫離而自身作為一個商品又同商品界並存的交換價值，就是貨幣。」（同上，89-90）「由此可見，貨幣內在的特點是，通過否定自己的目的同時來實現自己的目的；脫離商品而獨立；由手段變成目的；通過使商品同交換價值分離來實現商品的交換價值；通過使交換分裂，來使交換易於進行……。」（同上，96）事實上，貨幣只是資本最初的表現形式，而資本真正的起點是商品的流通。因此，「在純經濟存在中，商品是生產關係的單純符號，字母，是它自身價值的單純符號。」（同上，85）由此可見，馬克思排斥把貨幣比作語言，但並未否認將商品視為符號。

　　繼《經濟學手稿》之後，正式出版的《資本論》第一卷第二章的部分，馬克思討論商品與貨幣二者的關係時，再度觸及此一問題，更清楚地說明他先前排斥將貨幣與語言類比，主要是因為貨幣的使用價值二重化經常被誤認所致，他說：

　　　　我們已經知道，貨幣形式只是其他一切商品的關係固定在一種商
　　　　品上面的反映。……對於交換過程使之轉化為貨幣的那個商品，
　　　　交換過程給予它的，不是它的價值，而是它的特殊的價值形式。
　　　　有人由於把這兩種規定混淆起來，曾誤認為金銀的價值是想像
　　　　的。由於貨幣在某些職能上可以用它本身的單純的符號來代替，

31　請見 M. Shell（1978: 1-10）。

又產生了另一種誤解，以為貨幣是一種單純符號。但另一方面，在這種誤解裡面包含了一種預感：物的貨幣形式是物本身以外的東西，它只是隱藏在物後面的人的關係的表現形式。從這個意義上說，每個商品都是一個符號，因為它作為價值只是耗費在它上面的人類勞動的物質外殼。(《馬恩全集》，23：108-109)

由此可見，貨幣是商品與資本的中介，其價值形式既非是想像的，亦不是一種單純符號。如果將貨幣視為是獨立的語言系統，這根本是任意地割裂生產過程與流通過程二者密不可分的關聯。商品作為符號，事實上也是指勞動本身物質化與結晶化的具體形式，而非僅是勞動的簡單象徵[32]。

此外，另一項值得注意的是，馬克思在上述《經濟學手稿》裡否定了貨幣與語言類似性的同時，還討論了觀念與語言兩者的關係。仔細分析這段文字可發現，馬克思的說法在前半段雖然停留在對語言「前價值」(pre-value)概念認識的框架裡，認為字與外在現實是不可或分的。可是在後半段討論母語與外國語相互交換的關係時，似乎隱約地碰觸到某種類似價值關係的存在，只是受制於他同時代語言知識的限制，無法進一步從不同國族的語言交換深入至一國自身的語言系統之內，所以他只能宣示「這類似性不在於語言，而在於語言的異國性」。如同史必娃克(G. C. Spivak)所注意到：「馬克思利用一種必然是前批判性的語言概念……提出高度精巧的暗示，認為價值形式的發展區分了「字」與「現實」(符表與符義)，而此一現象只有在學習某種外語時才可以領會得到。」(Spivak, 1988: 165)

32　請見 J-L. Baudry(1968: 406-411)，以及 J-J. Goux(1970: 218)的討論部分。

六、小結

　　綜合整個分析可見，馬克思因其時代限制，早期在《德意志意識形態》的階段，對語言的認識擺盪在直觀式與實踐式的現實之間，造成語言既是一種社會的產物，亦是產生社會之物的曖昧性質。但是晚期於《資本論》裡，從具體的商品形式分析所發展出來的「價值」概念，不僅顛覆了意識形態問題架構中所隱含的意識與現實兩者之間的關係，具體而微地體現出意識乃是一個由生產與交換過程貫穿與運作下的某種效果，並且有助於重新闡釋語言與意識二者之間的聯繫。

　　巴利罷（E. Balibar）在一本討論馬克思哲學的專著裡，也認為《德意志意識形態》與《資本論》分屬兩種不同的問題架構。前者為一種討論權力是如何構成的理論，並與國家理論相聯；而後者則是處理在商品或價值的主導之下，主體如何被不同的從屬機制（mécanisme de sujétion）所形塑，這又與市場理論有關[33]。可是他的整個討論仍然忽略了貫穿以及支撐「意識形態」權力論述過程的物質基礎，無法真正整合這兩種不同的問題架構。

　　在《資本論》裡，馬克思特別讚揚亞里士多德最早分析了價值形式，然而同時也指出，亞氏由於「他所處的社會的歷史限制」（《馬恩全集》，23：75），以致「缺乏價值概念」（同上，74），只注意到事物的等同性，無法對價值形式進一步的分析。事實上，此一結論亦可挪用至馬克思本人的身上。他掙脫不出他所建立的「意識形態」問題架構結構性的矛盾，亦是因「他所處的社會的歷史限制」，並未將他經由古典政治經濟學所發展出來的「價值」概念，更進一步理解組成意識形態自身最基本的物質——即語言——有關。

　　作為構成現實一部分的語言，如果本身所擁有的具體實踐特質被

33　請見 E. Balibar（1993a: 74-76）。

忽略或抑制，不僅弱化了人們抗拒意識形態所構成的意義系統的宰制，更由於語言在整個社會符號系統所佔據的核心位置[34]，整個社會文化象徵體系的運作，特別是文學、藝術的實踐，也受其制約而停滯僵化。因此，強調語言的物質性，並不是企圖將全部「意識形態」理論化約或等同為僅僅是純粹的語言表現問題，而是「……從現實的前提出發，而且一刻也不離開這種前提」（《馬恩全集》，3：30），將整個問題架構落實至一個一直被大多數人所遺忘的基礎上，重新接合歷史唯物論中脫落的環節。

34　這即是為何 R. Barthes 的符號學將 Saussure 的符號學構想顛倒的原因，認為語言學並非是符號學的一支，相反地，符號學為語言學的一部分。請見 Barthes（1964: 81）。

第五章

巴赫金與意識形態的物質性*

* 原文最初發表於 2001 年 6 月，《中外文學》，第 30 卷 1 期。

　　　　　　　　真理不存在於金色的中間地帶，不是正題
　　　　　　　　與反題的折衷，而是在它們之外，超出
　　　　　　　　它們，既是對正題，也是對反題的同樣否
　　　　　　　　定，也就是一種辯證的綜合。

　　　　　　　　　　　——巴赫金，《馬克思主義與語言哲學》

一、意識形態與物質性

　　「意識形態」一詞及其理論，雖然源自於法國大革命時期的理性
主義者，可是馬克思在《德意志意識形態》一書中繼續使用這個概念
時，其真正的內涵卻完全不同，已經從一種有關研究「觀念」(idées)
的科學，轉變成某種含有負面價值的抽象體系，從一種原本是思維與
語言的架構轉變成某種與生產及社會關係相連的思想體系。從此，
「意識形態」本身的非物質特性，非但是馬克思的主要結論，似乎也
是日後馬克思主義者及研究者的共識。

　　一般論及馬克思的意識形態理論時，約略地將其分為二個面向，
一是在認識論層次的「虛妄意識」，另一是在政治實踐層次的「主導權
意識形態」。然而阿爾杜塞(L. Althusser)與巴赫金(M. M. Bakhtin)兩
人不約而同打破這種看法，在不同的時間與領域裡，相繼地挑戰了意
識形態自身的物質性問題。本章嘗試闡明巴赫金(M. M. Bakhtin)從

符號的物質性出發,在認識論的層次,重新釐定了意識與現實二者之
間的關係,回應了馬克思意識形態理論中有關「虛妄意識」的非物質
性問題,並指出此一問題對他整個理論的影響。

　　與馬克思類似,巴赫金並未真正建立一套完整的意識形態理論。
在他的著作裡,意識形態的問題雖然佔有相當重要的位置,可是卻缺
乏系統性的建構,經常只是伴隨著其他不同的議題而被觸及。其中主
要表現在馬克思主義的社會學詩學及語言哲學兩個範圍。然而,雖然
缺乏完整性及分散在不同的領域之中,巴赫金意識形態的理論卻一直
被某類核心問題所貫穿,「勾勒了提出和解決這些問題的基本路線」
(《巴赫金全集》,2:125。下稱《全集》)。按照巴赫金本人的說法,
這個核心是「馬克思主義關於意識形態的科學應當作為根據的第一
原則,是整個意識形態創作的物質具現性和徹底的客觀性原則」(同
上,115)。換言之,即是意識形態本身「具體的物質現實和社會意義
應當永遠是確定特點的主要標準」(同上,121)。

　　物質性的問題之所以成為巴赫金建構意識形態理論的主要關切所
在,是因為他認為,「在馬克思和恩格斯這些奠基人還完全沒有或較
少涉足的所有的那些領域裡,機械論的範疇根深蒂固。所有這些領域
基本上還處在前辯證機械唯物主義階段。這一表現在於,在論意識形
態的科學的所有領域裡,至今還是機械論的因果範疇佔統治地位。與
此同時,還未根除經驗論實證主義概念,還未根除對非辯證理解的
『事實』的崇拜。」(同上,345)

　　巴赫金指出,馬克思主義的奠基者基本上確定了作為上層建築的
意識形態在社會統一體中的功能與位置,以及它們與經濟基礎的關
係。可是在鑽研每一個具體的意識形態領域時,卻發現「在上層建築
及其對基礎的關係的一般理論對每一特殊意識形態現象的具體研究之
間,好像存在著某種脫節現象、某種模糊的和不穩定的領域……。結

果，或是所研究的現象（例如，文藝作品）的特殊性得不到闡明，或者是藉口按特殊性的要求進行『內在的』分析……人為地使經濟基礎適應於它」（同上，109）。

如果想要真正地填補意識形態理論的這個缺口，巴赫金強調，則必須確實地去面對意識形態本身的物質特性及其規律。以往正是由於對意識形態本身具體物質性的忽視，造成經驗論的實證主義思想輕易地一直主宰著意識形態領域的研究。而「實證主義其實是把一些基本範疇和實體性思維習慣從『本質』、『思想』、『一般』的領域轉換成一些個別事實」（同上，345）。因此，概括言之，巴赫金意識形態理論的基本前提，是針對實證主義以及與其並存的機械論唯物主義的弊病。此一問題架構也決定了他為何將整個理論的核心建立在意識形態具體的物質現實及其社會意義之上。

在闡述意識形態物質性的問題時，巴赫金並未從抽象的哲學思辨出發，而是從詩學及語言學的對話中產生。二者之所以成為巴赫金建構意識形態理論的主要來源，應與當時俄國的文化氛圍與學術的發展有關。如眾所知，俄國的近代史中，不僅在政治上發生了一場前無古人的改革，在文化思想上也掀起了巨大的變動。無論是在繪畫、電影、文學、文藝學、語言學……等各領域，舊有的規範被這股求新求變的浪潮不斷地衝擊。作為新思潮推動者之一的馬克思主義，當時不僅仍然要與舊的價值體系鬥爭，同時還必須面對新生事物的挑戰[1]。

在新的形勢之下，巴赫金強調「語言哲學問題對於馬克思主義來說，目前具有特殊的迫切性和重要性」（《全集》，2：348）。其主要原

---

1 有關俄國當時整個文化蓬勃發展的狀況，請參閱 Paris-Moscou: 1900-1930.（1979）。這個轟動一時的展覽曾遭人批評過於美化共產制度下的文化現實。請參考 N. Dioujeva & T. Wolton（1979）。然而初期俄國文化的活躍，雖然不能如宣傳般地歸功於布爾什維克的革命，可是在十月革命之後也並未立即受到壓制，各種思潮與學說仍可各自發展與爭辯。整個政策的緊縮與鎮壓應肇始於30年代史達林掌權之後。

因不僅是由於「馬克思主義關於意識形態創作科學的最根本基礎是：科學研究、文藝學、宗教學、倫理學等基礎，它們都最密切地與語言哲學問題交織在一起」（同上），更是因為「迄今還沒有一部馬克思主義的論著涉及語言哲學。而且在馬克思主義論及別的相關問題的論著中也未專門來談語言」[2]（同上，344）。為了克服上述理論上與現實上所存在的問題，巴赫金不僅將重點放在以研究文學語言為主的文藝學，亦未忽視以研究日常語言為主的語言學。因為文學語言與日常語言皆是語言不可或缺的部分，二者共同構成了完整的語言現象，從而文藝學與語言學也成為他發展馬克思主義語言理論，以及與此密切相關的意識形態理論的基石。

在《文藝學中的形式主義方法》一書裡，巴赫金開門見山地指出，「意識形態創作的全部產品──藝術作品、科學著作、宗教象徵和儀式──都是物質的事，是人周圍的實際現實的各個部分。誠然，這是特殊種類的事物，它們有固定的意義、涵義和內在價值。不過所有這些意義和價值都只有在物質的事物和行為中才能表現出來。」（《全集》，2：113-114）此一說法突破了馬克思以降，意識形態僅僅被視作是某種抽象的思想體系的問題架構。以往無論是在人文或社會科學，所注重的只是這個體系的內涵及其與外在社會現實的關聯。組成意識形態內涵的具體物質本身，以及這物質性所具有的規則，在研究或使用的過程中卻被漠視或遺忘，意識形態的問題也因此經常被化約為僅僅是某類意識內容或心理現象。

事實上，巴赫金強調「世界觀、信仰，乃至模糊的思想情緒都不是內在地，不是在人們頭腦裡，也不是在他們的『心靈』裡產生的。它們之成為意識形態的現實，只有在言論、行為、衣著、風度中，

---

2 馬克思與語言的問題，請參本書第四章「馬克思與意識形態的物質性」。

在人和物的組織中才能得到實現，總而言之，在某種一定的符號材料中才能實現。通過這種材料，它們成為人的周圍現實的一個實際的部分」（同上，114）。這些材料可以是語言、聲音、手勢、線條、色調……等，一切可以展現意義的組合。無論意識形態內涵所表現的意義內容為何，「它首先在物質上是存在的，即作為說出來的、寫出來的、刊登出來的、交頭接耳地小聲說的和通過內心言語考慮過的東西，也就是說，它永遠是人的社會環境的客觀存在的一部分。」（同上，115-116）

　　然而，意識形態物質性的客觀存在與物理的或純自然的存在不同。主要的差別在於前者的存在是建立在社會環境中的個體之間，而非如後者，孤立地存在於封閉的心理或生理有機體中。所以「不瞭解社會的關係，亦即不瞭解人們對特定符號的反應的聯合和相互協調，就不存在意義。交流，這是意識形態現象首次在其中獲得自己的特殊存在，自己的意識形態意義，自己的符號性的環境。所有意識形態的事物都是社會交流的客體，而不是個人利用直觀、感受、享樂主義的享受的對象。」（同上，116）簡言之，「它不是在我們的內心，而是在我們之間。」（同上，115）對於意識形態的物質性與自然界物體區分的不足，正是實證主義的經驗論與機械唯物論的主要癥結所在。

　　自馬克思逝世之後，或是受到自然科學快速發展的影響，或是出於實際鬥爭的需要，馬克思的思想一直被某種「科學性」的迷思所籠罩。這股潮流以恩格斯的《自然辯證法》為主要依據，將物質的重要性放在至高無上的位置。然而與此同時，物質本身弔詭地又被簡單地理解成僅具有物理的性質，忽視物質本身的複雜性。事實上，物質的概念在馬克思的作品裡，絕非只是自然界中物理性的存在而已。施密特（A. Schmidt）在《馬克思的自然概念》中指出，從《關於費爾巴哈的提綱》提出「實踐」的概念後，對馬克思而言，所謂「自然」，並非意謂

是原始純粹的自然，它更是經由人的勞動加工過的、社會勞動的產
物，具有社會實踐的特徵。

因此，馬克思不是從思辨的或物理的角度去規定物質概念或現
實[3]。這是由於「人在生產的時候，並不是處理物質『本身』，而總是僅
僅處理物質的具體的、並從量和質上規定了的存在形態。物質的普遍
性，它對於意識的獨立性只存在於特殊的東西之中。至於所謂本源物
質、存在物的本源根據之類，並不存在」（施密特，1989：21）。簡言
之，「物質的實在已被社會所中介……物質本身只是一個抽象，只存
在物質的特定的存在形式。」（同上，23）所以，「不是所謂物質這抽
象體，而是社會實踐的具體性才是唯物主義理論的真正對象和出發
點。」（同上，29）

19世紀末、20世紀初，自然科學特別是物理學的重大發現，打
破古典物理學關於物質結構和特性的舊觀念。在俄國，以波格丹諾
夫為首的馬赫主義者，據此否定客觀世界的真實性，宣揚「物質在消
失」的觀點，企圖「補充」及「修正」馬克思主義哲學。在整個「第二國
際」期間，由於未能從哲學本身內部的角度去對抗唯心主義，去掌握
馬克思唯物主義非本質論的性質，導致實證主義及與其並存的機械唯
物論大行其道，從而造成列寧在《唯物主義與經驗批判主義》中的撻
伐。

列寧從哲學史上揭露了這種新的「經驗批判主義」哲學不過是實
證主義的變種。強調哲學並非是一種科學，哲學的範疇與科學的概念
二者完全不同。而「物質是標誌客觀實在的哲學範疇」（列寧，1988：

---

3 「實踐」概念的提出，只能說是馬克思歷史唯物主義問題架構的萌芽。必須要隨著日後理
  論發展不斷的深化，「自然」才能真正地被視為是社會範疇。這也是為何與《關於費爾巴哈
  的提綱》同一時期寫作的《德意志意識形態》中，「現實」的概念存在著相當的曖昧性，並
  制約著意識形態理論本身。請參閱本書第二章「論馬克思的『意識形態』」。

130）。「物質的唯一『特性』就是：它是客觀實在，它存在於我們的意識之外。哲學唯物主義是同承認這個特性分不開的。」（同上，273）而馬赫主義者「把關於物質的某種構造的理論和認識論的範疇混淆起來，把關於物質的新類型（例如電子）的新特性問題和認識論的老問題，即關於我們知識的泉源、客觀真理的存在等等問題混淆起來」（同上，129）。事實上，物質並未「消失」。科學的物質概念會隨著科學的發展與深化而改變。在哲學範疇中存在的物質則不會改變意義。在書中，列寧也著重論述了實踐在認識過程中的作用和地位，指出「生活、實踐的觀點，應該是認識論的首先和基本的觀點」（同上，144）。在實踐過程中，「物的『實質』也是相對的；它們表現的只是人對客體的認識的深化。」[4]（同上，275）列寧對「經驗批判主義」的批判，雖然並未直接觸及意識形態理論的問題，可是對於仍然盤據在這個領域中的實證主義及機械唯物論思想的突破，則具有相當的助益[5]。

　　在1928年出版的《文藝學中的形式主義方法》裡，巴赫金提出以物質性與社會性作為意識形態理論的基礎，可以說相當程度上繼承了馬克思與列寧唯物主義的問題架構。早在此書出版的前四年，即1924年，巴赫金於《文學作品的內容、材料與形式問題》中，已經對材料美學的特質有詳盡的分析，並嘗試區別了材料與形式兩者之間的差異，多少可以視為是他對物質性重視的開始。於1926年發表的《生活話語與藝術話語》，則突出了社會的重要性，此時整個意識形態問題架構的基本觀點已略具雛形。在這篇文章裡，巴赫金批評了藝術在

4　列寧在哲學唯物主義的立場，請見L. Althusser（1972: 5-47）。從這個立場出發，擴大至談論當時整個事件，請見D. Lecourt（1973）。在書中，Lecourt不僅詳細地駁斥了K. Korsch等人對《唯物主義與經驗批判主義》的錯誤詮釋，以及某些人將「反映論」簡單地視作僅是馬克思主義的認識論，而且還維護了列寧早期《唯物主義與經驗批判主義》與後期《辯證法筆記》二者之間思想的連續性與完整性。

5　由於語言與意識形態二者關係密切，列寧雖然在書中鮮少論及語言，可是其哲學立場對語言問題所可能產生的影響，請見J-L. Houdebine（1977. 133-143）。

本質上是非社會學的說法，強調「對於意識形態任何領域，只有用社會學方法才能找到科學的公式」（《全集》，2：79），並提出了「藝術是創作者和觀賞者相互關係固定在作品中的一種特殊形式」（同上，82）的論點，以及認為「理解實施和固定在藝術作品材料中的社會交往的這個特殊形式正是社會學詩學的任務」（同上）。最終，在1929年出版的《馬克思主義與語言哲學》這部著作裡，巴赫金從意識形態的物質性與社會性的問題，進一步更具體地觸及了意識形態的表現物質——即符號。

符號之所以成為意識形態最基本的形態，巴赫金認為是因為「一切意識形態的東西都有意義：它代表、表現、替代著在它之外存在著的某個東西，也就是說，它是一個符號。那裡沒有符號，那裡就沒有意識形態」（《全集》，2：349）。所以「意識形態的領域與符號的領域相一致」（同上，350）。巴赫金從符號的角度重新思考意識形態的問題架構，在整個意識形態理論的歷史上，具有相當重大的意義。他不僅指出意識形態的存在是具有物質基礎，同時這個客觀存在的本身還是一個符號，反映並且同時折射著在它之外存在的另一個現實。

以往在討論意識形態的理論時，整個問題經常被簡單地化約為是意識本身的現象。作為意識表現工具的符號，也因此被視為是「外部軀體，只是一個外殼，只是一種技術手段，用以實現內部效果——理解（understanding）」（同上，351）。與此相反，巴赫金則認為符號並非是透明性的存在，它是外在現實自身的物質一部分。「任何一個符號思想現象都有某種物質形式：聲音、物理材料、顏色、身體運動等等。」（同上，350）所謂的意識，只是符號作用之下所產生的某種效果，為一種功能性的存在，所以無法作為某種特殊與獨立的事物，存在於符號之外。因此巴赫金強調，「意識本身只有在符號體現的材料

中，才能出現與成為現實。」[6]（同上，351）「尚未以意識形態材料形式外在化的意識元素（ideologeme），在內部的發展階段上，僅是一個模糊的意識元素。」[7]（同上，377）

　　意識是一個整體與連續不斷的過程，可是在這個過程裡，「任何地方這根鏈條都沒有陷入非物質的和非符號體現的內部存在中去。」（同上，351）「符號的存在不是別的，就是這一交際的物質化。」（同上，354）正是因為這種特性，「符號中反映的存在，不只是簡單的反映，也是符號的折射。」[8]（同上，365）換言之，符號一方面反映著一個外在於它的現實，同時也折射出它自身作為現實的存在，並且它的存在不僅是外在現實的組成一部分，它同時也具有組成外在現實的能力。符號不僅突顯了自身「現實」的二重性，同時也闡釋了意識形態構造的質料，它的客觀性更有助於對意識形態的規律性與邏輯性的理解。

　　個人的意識雖然依靠符號、產生於符號，可是符號並非是孤立的存在。巴赫金認為「符號只能夠產生在個體之間的境域內」（同上，353）。這是因為「意識是在有組織的集體的社會交際過程而創造出來的符號材料中構成並實現的」（同上）。「必須使兩個個體社會地組織起來，即組成集體：只有那時它們之間才會形成符號環境。」（同上）所以符號的形式是由人們建立的各種社會組織的相互作用所決定，並因此具有社會價值。

　　巴赫金更進一步又區分了符號與「標記」（signal）二者的差異，指出前者依社會具體情境不斷改變，而後者自身固定，只具有指示的功能。他認為符號與標記分屬不同的層次，符號由於位處具體多變的語

6　中譯本此處有些含糊，故參考英譯本與法譯本重譯。
7　譯文有更動。
8　譯文有更動。

境裡，所以是屬於「理解」（understanding）的過程，而標記則屬於「認
識」（recognition）的過程，因為「……它不能替代任何東西，不能反映
任何東西，並且不能折射……無論如何不屬於意識形態領域……與反
射學有關……」（同上，414-415）。

　　此一區分對巴赫金意識形態理論的建立具有相當重大的意義。因
為正是在這個問題架構中，不僅符號的特性得以進一步獲得澄清，並
且重新被導入至意識形態的概念裡，同時還促使巴赫金拒絕將意識形
態視為僅僅是一種客觀現實在主體意識之中的直接反映。符號本身靈
活的多變性所表現的內容，不再是單純的反射，而是在具體的社會
中，經由「理解」的過程，在不同傾向的意見爭論之下所產生的折射。

　　巴赫金以物質性與社會性這兩個原則貫穿了意識形態符號的問題
架構，最終提出了三點結論：

1. 不能把意識形態與符號的材料現實性相分離（把它歸入「意識」或
   其他不穩定的和捕捉不到的領域）。
2. 不能把符號與從該時代的社會視角來觀照的具體形式相分離（而
   且在此之外它根本就不存在，只是一種簡單的物理東西）。
3. 不能把交際及其形式與它們的物質基礎相分離。（同上，362）

　　由於符號的形式是由社會內部各種力量相互作用所決定，巴赫金
認為，隨著不同歷史時刻的變化，符號所側重的「話題」（theme）也各
異。「因此在每一種意識形態符號中都交織著不同傾向的重音符號。
符號是階級鬥爭的舞台。」（同上，365）符號內存在的多重音性是符
號運動與發展的重要因素，所以「統治階級總是力圖賦予意識形態符
號超階級的永恆特徵，撲滅它內部正在進行著的社會評價的鬥爭，使
它成為單一的重音符號」（同上）。巴赫金從符號的角度，揭露意識形

態中虛假的客觀性與普遍性，在相當程度上繼承並且發展了馬克思在《德意志意識形態》中所談論的「主導權意識形態」問題[9]。此外，將意識形態符號視為是各種不同階級立場鬥爭的場域，而非僅僅是統治力量的簡單反映，與同時代著名的義大利馬克思主義者葛蘭西（A. Gramsci）所發展的「霸權」概念，似乎也有異曲同工之處[10]。

　　此外，由於「話語」（word）不僅是個人意識的最初表達工具，它還可以承擔任何的意識形態功能，聯繫不同的意識形態範圍，直接參與生產過程，具有符號最典型的、最純粹的與最普遍適應性的特徵。任何領域都無法像語言一樣，將符號的特徵如此完整與清楚地表達出來，故巴赫金認為，「話語」可以被視為是最佳的（par excellence）意識形態符號。意識形態的一般規律，在話語的材料中能被適當地揭示出來。

　　巴赫金將意識形態與語言結合，使得整個問題架構似乎重新又回到前馬克思時期的法國德拉西（D. de Tracy）等人最初的構想。然而與「觀念學」將前現代的「觀念」概念作為人類思維的基本單位不同，巴赫金的意識形態理論則是建立在現代語言學的基礎之上。在《馬克思主義與語言哲學》裡，他以相當大的篇幅分別論述並批判了當代語言學的二個主要潮流。一是以索緒爾為代表的「抽象客觀主義」，將語言視為某種系統，可是卻忽略了說話的主體。另一是以福斯勒為主的「個人主觀主義」，將語言看作是個人的表現，漠視了語言的系統性。巴赫金從語言的物質性與社會性的角度，將「話語」作為語言構成的最基本單位。「話語」並非是符號之間抽象的關係所構成的一個

9　如我們所知，《德意志意識形態》雖然在1932年才真正出版，可是書中的第一章，有關費爾巴哈的部分，卻在1924年於俄國及1926年於德國先行發表過，與巴赫金的寫作時間相當接近。

10　二者的比較，請見M. Gardiner（1992: 178-90）以及C. Brandist（1996）。此外，亦有人將此問題與維根斯坦「語言遊戲」的概念相互對照。請見D. Bernans（1999）。

集體，它無法簡單地被化約成支配整個句子的語法規則，也不能被當作僅僅是個人內在性的表現。

像語言系統（langue）一樣，「話語」具有客觀的及超越個人的存在特質，但與此同時，「話語」也像個人的言語（parole）一樣，是人的產物。不過這個產物並非是來自孤立的個人，而是社會中相互交流關係下的結果[11]。「話語」的概念視語言是一種行為，重點放置在整個「言說過程」[12]，是言談的雙方相互交流之間所構成的場域。這個概念在根本上有別於傳統的修辭分析或當代語言學中所謂的「論述分析」（discourse analysis）。伊凡諾夫（V. Ivanov）正確地指出，這個差別不是因為「話語」的研究對象與前二者不同（在語言學或修辭學中的對象是句子，在論述分析中的對象是將句子擴張成由多數句子所構成的文章），而是由於「話語」的研究取徑在本質上與前二者相異所致[13]。巴赫金日後將「話語」這個概念進一步擴展成一種「對話論」（dialogism），不僅以此作為描述語言行為交流的本質，並且嘗試建立不同交流形式的類型學[14]。

二、物質性與「差別性」

巴赫金從社會具體的實踐過程角度對符號與「話語」所作的思考，與傳統符號學對符號的假設在本質上存有相當的差距。問題首先最明顯地表現在有關符號物質性的詮釋上面。在《普通語言學教程》裡，符號被索緒爾（F. de Saussure）視為是「符表」（signifiant）與「符義」

---

11 S. Weber特別強調，巴赫金所謂的「交流」（interaction）不能簡單地等同於「溝通」（communication）。因為後者將整個互動過程在本質上視為是互為主體性（intersubjective）的結果。請見S. Weber（1985: 97, 106-110）。
12 這個概念近似於法國語言學所謂的énonciation，強調的是語言的表達過程，而非表達的結果，即énoncé。故英語語言哲學的Speech act理論亦可算是énonciation理論的一部分。
13 請見V. Ivanov（1976: 317-318）。
14 請參考J.Kristeva（1969: 143-173）。

（signifié）的結合。二者彼此呼應，同時又相互對立，如同一紙的兩面。他將「符表」定義為是「音響形象」（image acoustique），並認為是「物質的」（matérielle），但是這個「物質性」，事實上只是相對於另一個更抽象的要素「符義」，即「概念」（concept）而言。索緒爾一方面似乎認為「音響形象這個術語看來也許過於狹隘，因為一個詞除了它的聲音表象以外，還有它的發音表象，發音行為的肌動形象」（Saussure, 1980：98注）。可是最終又將其視為「不是物質的聲音，純粹物理的東西，而是這聲音的心理印跡，我們的感覺給我們證明的聲音表象」（同上，98）。「因此，語言符號是一種兩面的心理實體。」（同上，99）這即是為何索緒爾認為確定符號學地位的工作是心理學家的事，以及視符號學是屬於普通心理學的一部分的原因。

　　這種建立在唯理主義基礎上的抽象客觀主義的觀點，被巴赫金批評為：「他們感興趣的只是符號系統本身的內部邏輯，就像代數系統那樣，系統被視為是完全獨立於與其相關聯的意識形態意義之外。」[15]（《全集》，2：402-403）他拒絕「像任何一個唯心主義者那樣，借助於心理來說明符號：……符號之所以成為符號，只是因為它是內部生活的表現。」（同上，369）巴赫金認為這種解釋既忽視了「意義」的社會特性，也「不知道意義與符號之間的必然關聯，不知道符號獨特的自然屬性」（同上）。

　　與這種排斥任何來自物質世界意義的唯心主義相反，巴赫金則是由外至內，借助於意識形態符號來解釋心理。他強調意義不是物體，「只能屬於符號，符號之外的意義是虛假的。……所以如果感受有意義，如果它可以被理解和解釋，那麼它應該依據真正的、現實的符號材料。」（同上，370）巴赫金雖然認為任何心理的現實就是符號的現

15　譯文有更動。

實，可是心理符號的材料「是取決於該思想在認識的意識形態體系中
自身所處的位置。我的思想，在這個意義上，從開始就屬於意識形態
體系並且受制於它的規律性。但是同時它還屬於另一個體系，同樣獨
特並且擁有它自身的規律，即我的心理體系。這一體系的統一體不僅
是由整個我的生物體所決定的，而且是由該機體所處的生活和社會環
境的整個綜合體決定的」[16]（同上，379）。所以符號本身可以是多重音
的，並且可被視為是不同階級搶奪與鬥爭的舞台。這與索緒爾從抽象
的語言系統產生的符號概念，認為意義是唯一的，二者之間存有極大
的分野[17]。同樣地，巴赫金也無法認同索緒爾從其符號概念開展出來
有關語言（langue）／言語（parole）、同時性／歷時性等原則[18]。

巴赫金堅持從物質性與社會性的觀點，對索緒爾的批評大多不失
中肯，對符號與意識形態兩個概念的釐清，以及二者相互關係的建
立，具有不可磨滅的貢獻。然而，他整個的理論架構有時又受自身原
則的限制，或者更準確地說，在巴赫金強調的物質性與社會性這些原
則之中，仍然殘存著實證主義的影響，以致於問題雖然被提出，遺憾
地卻無法完全真正地被貫徹，使其更進一步落實至符號的內部，最終
只能留滯於某種外在「社會論」（socialogism）的層次。這個問題最關鍵
地表現在他對索緒爾符號理論的認識上，特別是對「音素」（phonème）
的解釋。胡德斌（J. L. Houdebine）曾準確地指出，巴赫金對「音素」的
看法相當地片面，只停在語音學（phonétique）的層次，從所謂「標準
的一致性」（《全集》，2：396）這種純外在的觀點來界定「音素」，完
全忽略了在音位學（phonologie）的層次上，「音素」所具有的「差別性」
（différenciation）特徵[19]。「差別性」本身是由對立的、相關的及否定的

16　中譯本有遺漏，此處有補譯與更動。
17　有關討論請見 S. Stewart（1986: 41-57）。
18　請見 L. Matejka（1973: 161-174）。
19　請見 J. L. Houdebine（1977: 171-172）。此外，音位學與語音學兩者在初期經常被混淆。

（négatives）要素組成。在《普通語言學教程》裡，索緒爾強調「這一原則是根本的，我們可以把它應用於語言的一切要素，包括音位在內」（Saussure, 1980: 164）。它不僅存在於語音「符表」的層次，同時也存在於「符義」之中，以及一個語言系統的符號總體之間。

索緒爾對符號物質性的理解雖然仍無法完全跳脫傳統形上學的束縛，過於強調符號的內在性，從而「符表」變成是名存實亡，真正存在的只是「符義」，這無可避免地導致對語言「書寫」面向的抑制[20]，可是其「差別性」原則卻另外也提供了重新理解「符表」與「符義」兩者之間關係，以及「意義」是如何產生的契機。從結構主義日後的發展，以及由此而來的所謂後結構主義，即可看出巴赫金完全低估了索緒爾符號概念的問題架構中所蘊藏的分析潛能。巴赫金所瞭解的雖然只是《普通語言學教程》的索緒爾，對其後期影響後結構主義的「變位構詞」（anagrammes）理論一無所知。然而，如我們所知，正是「差別性」的原則導致了「布拉格語言學派」釐定了「音素」的功用，促使現代語言學產生重大的革命[21]。也正是這種建立在語言「符表」層次所獲致的結果，具有普遍性的「價值」（就索緒爾的定義而言）與深層的社會含義，這個原則也擴及其他不同種類的符號系統，特別是在精神分析的領域，拉岡（J. Lacan）更以此作為他建立一套主體理論的重要依據[22]，而一種具體可操作的主體理論卻正好又是任何意識形態理論本身不可

名稱的混亂，事實上表現的是其中概念的混淆。直至20世紀30年代的「布拉格語言學派」，從語音的功能性區分出「音素」，以此作為意義最小的單位後，音位學與語音學的劃分方始出現。巴赫金在撰寫《馬克思主義者語言哲學》時，早於這個問題，故在詞語中並未明顯區分二者。

20　從這種「先驗符義」（signifié transcendantal）所導致的「語音中心主義」（phonocentrisme）問題，請見 J. Derrida（1967）。

21　對「布拉格語言學派」歷史地位的評價，請見 J. Fontaine（1974: 147-177）。

22　Lacan 如何繼承 Saussure 的符號理論，成為他本身「符表」理論的過程，請見 M. Arrivé（1994: 81-130）。至於 Saussure 與 Lacan 二人「符表」理論的比較，請見 M. Arrivé（1986: 123-143）。最後，有關 Lacan「主體」概念的形成過程，請見 B. Ogilvie（1987）。

或缺的基石。

　　巴赫金意識形態理論的架構，雖然是立基於符號的物質性與社會
性的基礎之上，然而所關切的真正重點卻非符號自身，而是「話語」
在具體語境中的活動。從而他對意識形態物質性肯定的同時，又將語
言化約為僅是「符義」的問題，「拒認」[23]（Verleugnung 或 disavowal）構成
語言物質性基礎的「符表」，符號的物質性最終也變成只是某種抽象
的社會結晶物。因此就內容而言，他的符號概念似乎更接近現代符
號學的另一位奠基者皮爾士（C. S. Peirce），而非索緒爾[24]。這二人探討
的內容雖然相近，可是傳記上顯示，巴赫金並未受到皮爾士的直接影
響。除了馬克思主義之外，真正影響巴赫金思想架構另一個重要的來
源，則是馬堡（Marburg）的新康德主義[25]。由於皮爾士實用主義的符號
學同樣也是建立在康德哲學的命題之上，這多少亦解釋了為何巴赫金
與皮爾士兩人符號理論類似的原因。

三、物質性與新康德主義

　　以黑格爾哲學作為主要對話對象的馬克思主義，和以康德思想為
主要依據的新康德主義，表面上似乎格格不入，可是實際上二者的關
係卻相當地複雜，相互衝突，卻又相互滲透[26]，二者共同成為巴赫金

23　意指在現實層次接受，可是在內心欲望上卻反對。有關這個概念，請見 J. Laplanche & J.-
　　B. Pontalis（1967）déni 的詞條。
24　有關巴赫金與 Peirce 兩人符號概念的比較，請見 A. Ponzio（1990: 251-273）。
25　請見 M. Holquist（1990: 17-18），以及劉康（1995：80-82），巴赫金本人在晚年自己也承
　　認此點，請見《全集》，5：411-412。
26　發生於19世紀中葉的德國，新康德主義產生的背景，主要是由於當時黑格爾哲學的影
　　響力消退之後，思想界針對流行的實證主義的一種反動。基本上可以粗分為二個派別。
　　一是以柯亨（H. Cohen）、納透普（P. Natorp）及卡西爾（E.Cassirer）為主的馬堡學派。另
　　一則是以溫德爾斑（W. Winderband）、李凱爾（H. Rickert）與拉斯克（E. Lask）等人組織的
　　西南德國學派（südwestdeutschen Schule）或巴登（Baden）學派。兩個學派皆站在康德知識
　　論的立場，強調自然科學中邏輯基礎的重要性。前者企圖以自然科學，特別是數學，作
　　為哲學的基礎。而後者嘗試區分自然與人文科學的差異，尋求人文科學自身內在的邏輯

意識形態符號理論的主要來源，無論是在歷史的層面或是理論的層面，皆是有跡可尋，並非偶然。而這兩股思想在巴赫金理論體系的真正接合點，則應推馬堡學派最後的繼承人卡西爾（E. Cassirer）的哲學。

首先，這位以研究康德而著名於世的學者，事實上與黑格爾哲學之間存有相當的內在聯繫。譬如在《符號形式的哲學》這部奠立他自己思想體系的鉅著第一冊裡，卡西爾以形式整體的先天（a prioi）結構作為形式系統性的問題架構，並且用符號功能的概念來說明感覺的材料與理性的統一原則相互結合的特點。這與康德所謂的「先驗哲學」（即知識論）一脈相承，同時還包含著對黑格爾模式的批判。但是在第二、三冊裡，他卻又強調形式系統的起源，這種康德並未提及或至少未真正處理的問題，並且採用了黑格爾《精神現象學》的表現方式作為解決問題之道[27]。

特徵。雖然分為二派，在歷史上真正對馬克思主義產生重要影響的則是馬堡的新康德主義。以柯亨為首的馬堡學派，雖然強調康德的知識論，可是並未忽略實踐哲學的重要。科學與倫理二個面向，在馬堡學派的發展史上，事實上是完全無法分割，緊密地相連，構成了它的主要特色，並且各自對馬克思主義造成不同的影響。譬如，柯亨批評康德「物自體」（Ding an sich）的概念，否認物質世界的客觀存在，強調真正的認識對象僅僅是意識現象本身，而非自然界與外在社會。與這種認識論相一致，柯亨宣稱，社會主義僅是人類社會竭力追求卻無法達到的一種「倫理理想」（ethischen Ideal）。這種說法被伯恩斯坦（E. Bernstein）、史密特（C. Schmidt）等人用來修正馬克思主義，形成所謂的「倫理社會主義」。馬堡學派不僅為「第二國際」提供了哲學的基礎，它另外還成為俄國新康德主義的主要思想來源之一。和先前在德國發生的如出一轍，俄國某些所謂「合法的馬克思主義者」，同樣企圖結合各種新康德主義的學說來修正馬克思主義。甚至包括普列漢諾夫（G. V. Plekhanov）這樣的理論家，雖然不斷批判這股思潮，可是本身有時也無法完全擺脫新康德主義的影響，遭到列寧在《唯物主義和經驗批判主義》中的批評（列寧，1988：143），並且在書中進一步全面揭露標榜以經驗批判主義超越唯物主義和唯心主義的俄國馬赫主義者，與新康德主義的內在聯繫。有關新康德主義的歷史，請見 T. E. Willey（1978）。另外，跳出簡單的歷史因果關係與新康德主義者自己的敘述，從當時整個學科發展的角度重新詮釋新康德主義，請見 K. C. Köhnke（1991）。此書使人們重新認識到分析哲學與德國哲學傳統的關係，可惜只寫到1881年，沒有論及整個運動與現象學以及海德格之間的關係。

27　有關卡西爾與康德及黑格爾之間的關係，請見 D. Verene（1969）及 A. Stanguennec（1990）。

其次，對馬克思主義而言，在新康德主義「重回康德」的浪潮下，卡西爾對康德哲學的闡釋，也有其積極的意義。他不僅取消了理性自身創造的虛構世界，將人類的認識範圍從科學的領域擴大到整個文化領域，更重要的是他對康德「物自體」概念的詮釋。卡西爾認為，康德宣稱「物自體」是不可知的，主要的意義在於陳述「物自體」是一種虛構，並非是一個真正存在的認識對象。它之所以被視作實存的本體，只是因為誤將邏輯功能本質化的結果。換言之，「物自體」是不可知的，因為「物自體」概念的本身是舊的形上學認識錯誤下所存在的產物。所以一切本質都是現象，而一切現象也都是本質。並且一切都是可知的，都是知識或經驗可及之處。

當黑格爾批評康德，認為「物自體」是可知的時候，事實上是重新回復到前康德（前批判）時代的舊的形上學體系。這也是為何當代義大利著名的馬克思主義者柯雷弟（L. Colletti）認為，康德雖然不是唯物主義者，可是在認識論上的貢獻卻可以媲美，並且宣稱馬克思以唯物主義顛倒黑格爾思想體系的真正意義，應被視作是重回康德哲學中唯物主義的部分。這與「第二國際」修正主義者強調康德的倫理哲學完全不同[28]。更值得注意的是柯雷弟對康德的詮釋，如他自己承認，也是受到卡西爾的啟發[29]。

事實上，巴赫金受卡西爾思想的影響，雖早已廣為人知，可是這一事實卻一直停留在表面的敘述，對兩者思想真正全面的比較研究至今闕如[30]。由於這非本文的重點，在此僅約略地指出與本文論旨相關之處。首先從思想架構來看，巴赫金與卡西爾二人皆從廣義的觀點來

28　請見 L. Colletti（1976）。
29　請見 L. Colletti（1975: 25）。另外，有關 Colletti 討論卡西爾對康德的詮釋，請見 1976 第7章。
30　C. Brandist 的文章也曾指出此點，可是他的研究只處理了卡西爾對巴赫金小說理論的影響。請見 C. Brandist（1997）。

定義文化，並將其擴大至「人類學」（就康德的定義而言）的領域，而不像在康德那裡，被侷限在美學的範圍。這也導致二人各自對神話（卡西爾）或文學（巴赫金）等文化形態的重視，並視之為人類認識的主要來源之一。在處理這些文化體系時，二人的重點也皆放在語言的問題，並且問題架構也一致地建立在對當時的語言學的批判之上。

其次，如同巴赫金在《馬克思主義與語言哲學》中，批判「抽象客觀主義」與「個人主觀主義」兩種語言學的傾向，卡西爾在《符號形式的哲學》第一冊裡，亦分別揭示「感官主義」與「唯理主義」對語言設想的不足，指出符號是由精神的與物質的層面共同組成的特質。與巴赫金一樣，他強調符號本身特殊的、具體的及可感的（sinnlichen）層面，「因為符號並非純偶然地是思想的外殼，它事實是思想必要的及根本的器具（wesentliches Organ）」（Cassirer, 1972, 1: 27），而且「精神本身的純粹功能必須在可感的層面找尋它具體的實現」（同上，1: 28）。如我們所知，巴赫金在《馬克思主義與語言哲學》中，多次於註解裡正面地提及卡西爾有關語言的論點，其重點之一即是在指出卡西爾雖然仍從意識的層面強調語言的表達功能（Darstellungsfunktion），可是對卡西爾而言，思想像物質一般，是可感的，而表達出來的可感性即是象徵符號[31]。

卡西爾不僅認為「對意識而言，符號是最初的階段與客觀性範例」（同上，31），他並且指出，符號並非僅是外在指涉對象單純的模擬或複製，它還在未知的領域裡開闢出新的道路。換言之，「符號不僅是用來表現，尤其重要的是用來發現某些既定的邏輯關係」（同上，53）。在論及符號意義的產生過程中，雖然卡西爾未如巴赫金

31　請見《全集》，2：351及370的注釋。這兩個注釋的翻譯在中譯本裡不僅有遺漏，可能由於對新康德主義的語言缺乏認識，語辭的翻譯似乎不甚準確。另外，在此處Darstellung一字的用法似乎只是一個普通的用語，而非是一個概念，故譯為「表達」。

一樣突出符號的社會性，可是卻強調了「整體性」（Das Ganze）的重要，認為「符號真正的力量在於直接的與既定的內容蛻去後，普遍性的形式及關係可以達致更嚴謹及更純粹的結果……意識的特殊性只有當它在可能性上暗含整體，並且朝向整體邁進的過程中才真正存在」（同上，52）。所謂整體性，卡西爾認為應包括並列關係與連續關係。前者為空間體，後者為時間體，二者共同組成客觀的聯結（gegenständlichen Verknüpfung）。不僅「意義」是由符號整體相互之間的關係產生，包括神話、語言及科學知識等不同形態的符號形式的理解與評價，也必須在這種方式之下達成[32]。然而，巴赫金強調的雖然是社會性，可是他對作品的分析，經常亦將重點放置在時間與空間的軸線上，他著名的「時空體」概念即是明證[33]。

從符號所具有的中介性與整體性的特質，卡西爾更進一步特別區分了符號中存在的兩種不同問題，一是「表示」（Repräsentation），另一是「意義」（Beudeutung）。其用意主要是在突顯，符號（Das Symbole）並非僅僅如「標記」（Das Signal）一般，只是一種物理性存在，它的客觀性並不是由其本質所構成，而是源自於功能性。所以「標記」只是一種「表示」，而符號卻具有「意義」，二者分屬不同的範疇。此舉與巴赫金將符號和「標記」區分，認為前者屬於「理解」的過程，而後者是「認識」的過程，幾乎基本雷同。在《符號形式的哲學》第三冊裡，卡西爾更將「標記」所具有的「表示」功能放在「指示」（Bezeichung）的問題中，與「意義」的問題相對立[34]。

---

32 關於卡西爾語言哲學的問題，請見 W. M. Urban（1973）。

33 巴赫金「時空體」的概念，請見 G. S. Morson & C. Emerson（1990: 366-432）。

34 請見 E. Cassirer（1972, 3: 263-274 及 363-393）。如我們所知，巴赫金的《馬克思主義與語言哲學》出版於1929年，與《符號形式的哲學》第三卷同年。但是卡西爾整個有關符號理論的問題架構已存在於1923年出版的第一卷內。有關「指示」與「意義」在卡西爾作品中的問題，請見 A. Kremer-Karietti（1990）。

　　由卡西爾與巴赫金二人符號理論的類似性可見，巴赫金意識形態符號的概念，雖然是從馬克思主義的問題架構出發，企圖以超語言學式的具體「話語」作為接合物質「基礎」與「上層建築」的中介場域，可是由於在本質上並未完全掙脫新康德主義的束縛[35]，以致其符號物質性的概念似乎仍然停滯在某種抽象的社會凝結物的層次，無法進一步深化，並且最終與具體可供操作的主體性理論接合。

四、物質性與「對話論」

　　事實上，如我們所知，任何符號概念的背後，必定折射出或暗含著某種相應的「主體」概念[36]。因此，從巴赫金對「主體」問題的認識，似乎亦可反證其對意識形態符號概念的侷限性。此一問題不僅向內清楚地表現在巴赫金的「對話論」裡，同樣也向外明顯地呈現在他對精神分析的評價之中。

　　建立在以超語言學的「話語」為基礎的「對話論」，無論是在倫理學的層次、文學與美學的層次，甚至文化的層次，皆強調所謂的「外位性」（extralocality）。這個問題意謂人無法脫離與他者的關係而存在。對巴赫金而言，他者並非簡單地指涉外在的他人，或另外一人。它更暗含著與自我無法分離，同時又無法完全吸納在自我之中的異於我的人。這種異質性的他者不僅存在於外界的自我與他人之間，也存在於自我本身的內部，並成為自我構成的必要條件。所以「對話」的本質不僅具有外在性，同時也包含內在性。

　　巴赫金認為，「對話論」中所強調的「外位性」特質，最明顯與最

35　另外值得一提的是，作為巴赫金思想另一個重要參考架構的俄國形式主義，它的哲學基礎主要也是來自於德國的新康德主義，特別是「西南德國學派」，如W. Windelband、H. Rickert等人，再加上H. Wolfflin、O. Walzel及H. Pibelius。請見K. Pomorska（1968: 15-42）。

36　這個問題請見J. Kristeva（1977: 287-322）。

具有代表性的展現領域則是文學。其原因在於文學本身集中地表現了內在世界外在化與外在世界內在化的功能。也因此，無論是在方法論及認識論的層次上，文學作品自然地成為巴赫金建構他所謂的「哲學人類學」一個絕佳的主題與工具[37]。他以杜思妥耶夫斯基的小說為例，說明在開放的文學世界裡，作品中人物的價值並非在於這是一種典型或是個性，代表外界的某種客觀形象。事實上，人物僅是一種純粹的「語調」，它的客觀性只存在於「話語」的過程之中。這亦即是說，書中人物代表的僅是說話者的一個「話語」位置，並且這個位置是在與其他說話者的互動之下而產生。由於人物被視為是某種「話語」，或者更確切地說，是他者的「話語」，因此也不存在任何足以統一整個過程的第三者。不同的「話語」相聯，可是卻不相合，最後也不命定地導向一個終極的結局或意義。所謂的作者，也不再像傳統般所設想的一樣，是最終的仲裁者與絕對真理的擁有者。

由此可見，巴赫金「對話論」所尋求的既非是一個心理學式的自我，亦不是一個建立在「先驗的自我」（transcendental ego）之上的現象學的主體，而只是「話語」互動過程中暫時凝結的一個發言位置。這與海德格（M. Heidegger）所謂「在世界中的存在」（In-der-Welt-sein）裡討論的「共在」（Mitsein）或「共同此在」（Mitdasein）也並不類同[38]。在這個由多種語調構成的場域裡，沒有固定的主體足以作為「再現」（representation）的軸線，去支撐固定的意義。「話語」在多樣性的語境中相互指涉，編織成為一個互為文本的網路。

然而，弔詭的是，這種排斥任何主體優先性的「對話論」，卻經

37　關於文學在巴赫金整個思想體系的位置與意義，請見 J. Game（1998）。
38　所謂「共在」，是指我與他者的存在；「共同此在」則意謂是我作為他者，與人共存。兩者雖然皆是在所謂「無遮的範圍」（ein Umkreis von Offenbarkeit），可是這種開放性是建立在更基本的「存在」之上。有關這個問題，請見 W. Biemel（1987: 80-96）。

常仍然是在訴諸於唯心主義式的詞彙中被建立。例如像是含有濃厚內在性意味的「意識」、明顯個人性色彩的「風格」與深具先驗性內涵的「語調」等等。在理論建構的過程中，由於巴赫金頻繁地使用這類詞彙作為分析的概念，使得論述過程中的主體經常滯留在沉思式的主體層次，而非是「話語」行動中的主體。「話語」的內容也從而淪為是認知性的，與他所戮力追求的對話性背道而馳。事實上，無論是外在的多重性意識，或是內在的意識多重性，增加與改變的只是量的多少，並無法徹底轉換「意識」本身的定義。賀須寇（K. Hirschkop）曾一針見血地指出，「巴赫金的錯誤在於相信，以多重意識這類詞彙來分析論述情境，就能保證論述的情境性將會被設想成為是社會客觀的（socially objective），而非是主觀的或心理學的。」（Hirschkop, 1985: 773）然而，拒斥心理主義，以及將主體意識視為是某種客觀存在的功能結構，就這個層次上而言，巴赫金其實與馬堡新康德主義對主體的認知似乎頗為契合[39]。

　　不僅如此，如我們所知，巴赫金既非是歷史上第一位，亦不是唯一提出「對話論」的人。托多霍夫（T. Todorov）認為這個問題至少可以上溯至18世紀末的古典哲學家，如賈克比（Jacobi）、費希特（Fichte）、洪堡德（Humbolt）、費爾巴哈（Feuerbach）等人，一直到布伯（M. Buber）為其大成。在布伯的著作裡，甚至可以找到「哲學人類學」、「複聲語調」等，與巴赫金相同的字彙[40]。可是托多霍夫卻

39　這當然不意謂兩者完全一致。主要區別在於馬堡學派仍然強調主體的先天綜合能力。有
　　關馬堡學派的哲學理論，請見A. Philonenko（1989: 19-51）。M. Gardiner在一部討論巴赫
　　金的專書中，前面雖然不斷強調巴赫金的主體概念既與笛卡爾式理性主義的主體無關，
　　也與後結構主義的主體不同（Gardiner, 1992: 71）；可是過幾頁後又不得不承認巴赫金作
　　品中仍然存有相當的人文主義傾向（同上，74-75），最後似乎又默認巴赫金的主體與德
　　國唯心主義哲學有關（同上，96）。
40　請見 T. Todorov（1981: 151-152註）。

不僅未指出這種影響是透過馬堡新康德主義的中介而產生[41]，更忽略馬堡學派的創始人柯亨（H. Cohen）晚期著作中強調的「並存關係」（correlation），正是布伯對話哲學思想的主要源頭之一[42]。這個問題還說明另外一個為人忽略的事實，即為何有關「他者」的理論，不獨存在於巴赫金的作品裡，更突出地表現在當時俄國的新康德主義者，如佛維登斯基（A. Vvédenski）及拉普辛（I. Lapchine）等人的著作之中[43]。

由於無法完全揚棄舊有思想的束縛，巴赫金雖然反對本質主義，在分析杜思妥耶夫斯基的小說時，去除中心以及努力維持不同語調的共存，並且將這種結構類比於夢的邏輯，可是如克莉絲特娃（J. Kristeva）指出，巴赫金的「這種『夢的邏輯』是建立在『符義』的層次，從未如弗洛伊德所教導我們的，是在『符表』的層次」（Kristeva, 1970: 15）。巴赫金之所以最終無法突破「符義」的層次而達到「符表」的領域，與前述討論過的他對符號物質性概念的認識無法進一步深化密切相關。正是由於他的「對話論」是建立在「符義」的問題架構之上，巴赫金有關「主體」與「意識」的論述一直無法徹底地與德國唯心主義傳統劃清界限。而這一點或許也是巴赫金與後結構主義最根本的分歧所在。對後者而言，「符表」與「符義」之間存有一個無法跨越的鴻

41　請參考K. Clark & M. Holquist（1984: 80）。

42　請見M. Theunissen（1986: 261-262）。在這部以「他者」作為討論主題的著作裡，作者詳細地分析了以「我」作為問題架構基礎的先驗哲學，和以「你」作為問題起點的對話哲學兩者之間的差異。然而如書中內容顯示，以布伯為首的對話哲學，在相當重要的方面仍然停留在先驗哲學的模式內；對話哲學在根本上可被視為是先驗哲學的顛倒，只是它的反命題，而非是它的超越。兩者的主要區別只在於各自強調的重點不同。所以「對話哲學與當代的先驗哲學完全屬於相同的思潮」（同上，259）。

43　譬如Vvédenski將「他者」生命性的存在視為是一個不容置疑的真理，與形上學的及經驗性的意義三者共同組成真理的整體。而Lapchine則與他的老師Vvédenski不同，跳開形上學與倫理學的層次，著重從美學的角度探討如何從「他者的我」達到意識的多重性。請參閱B. Zenkovsky（1955: 228-258）。事實上，新康德主義在俄國是一種相當全面性的思潮，不僅在人文科學領域對文學或哲學有重大影響，對俄國社會學的建立與發展，亦佔有重要的位置。有關問題請參考A. Vucinich（1976, chap.4）。

構，所謂的「意義」或「主體」，並非來自於某種「先驗的符義」(signifié
transcendantal)，而是「符表」在「延異」(différance)過程下的效果，問
題的癥結主要是來自於認識論與本體論，可是對巴赫金而言，「意義」
與「主體」的存在是處於各種「話語」的競爭之中，其內容則是屬於意
識形態與倫理學的範圍[44]。

五、物質性與精神分析

　　巴赫金對弗洛伊德精神分析的理解與定位，亦可被視為是上述既
實證又先驗式問題架構的一種折射。物質性與社會性不僅是他探究意
識形態符號與建立「對話論」的基礎，同樣也是他批判精神分析理論
的準則。此一問題集中地表現在他對精神分析最核心的概念，即無意
識的理解上。

　　在他整個有關精神分析的論述裡，無論是《在社會性的彼岸》，
或是《弗洛伊德主義》[45]，巴赫金強調，所有的主觀心理現象都必須完
全以外在的物質經驗為基礎。站在物質性的觀點，巴赫金宣稱「無意
識絲毫也沒有使心理接近物質的自然；引進無意識絲毫也沒有幫助我
們把心理規律同整個自然的客觀律聯繫起來」(《全集》，1：466)。心

---

44 由於巴赫金「對話論」是站在「意識」的基礎之上強調多重性，此一特徵與當今英美世界
　認同多元文化主義的自由主義者，在思想上似乎具有某種「選擇的親近性」。然而經由
　這些人的詮釋與引介後，巴赫金思想中批判的與革命的一面似乎經常有意或無意地被淡
　化，甚至遺忘。在「眾聲喧嘩」的口號簇擁下，他的理論有時淪為了對當下現實合理化
　的工具。有關此一問題，請見K. Hirschkop (1986)。此外有關巴赫金的作品在美國的接
　受情況，請見L. Adert (1991)。
45 這兩篇皆是Volochinov署名的文章，分別發表於1925年(《在社會性的彼岸》)及1927年
　(《弗洛伊德主義》)。後者雖然吸納了前者的絕大部分論點，可是在整個理論上卻有一個
　重大的差異，即前者幾乎完全是在科學主義為導向的客觀心理學的觀點來批判精神分
　析。而後者的基點卻是建立在「話語」的理論之上。作為巴赫金日後思想體系重要基礎
　之一的「話語」概念，第一次出現並非是在《弗洛伊德主義》一書，而是在前一年(1926)
　出版的《生活話語與藝術話語》裡。有關整個問題，請見I. R. Titunik (1987)。然而，這
　種「認識論轉變」並未根本改變巴赫金物質性與社會性的觀點。

理與物質的脫離，其原因在於他認為「弗洛伊德的無意識同意識在原則上沒有任何區別；這僅僅是意識的另一種形式，僅僅是意識在思想觀念上的另一種表現」（同上，462）。所以，「站在主觀的立場上，精神分析便失去了直接對待物質的方法。他對物質毫無辦法；只得要麼不理它，要麼把它溶解在心理中」（同上，446）。

弗洛伊德的無意識之所以被巴赫金視為僅僅是意識的延伸，其主要的癥結之一，在於他對構成無意識基礎的「驅力」[46]概念的理解有關。這個被巴赫金稱之為「整個精神分析的基本概念」（同上，477），雖然被「弗洛伊德將之確定為身體刺激的心理代表」（同上），可是巴赫金卻採取了與他分析意識形態符號物質性相同的方式，從實證主義本質論的觀點，認為「根本談不上什麼主觀心理和客觀物質之間的邊界概念。因為在經驗裡沒有一種觀點能夠向我們揭示這樣的獨特混合物」（同上，483）。由於無法在經驗層次具體的驗證，弗洛伊德從「經濟」觀點所談的「能量原則」，在巴赫金看來，「只是成了比喻、詞藻，如此而已。」（同上，476）他最終總結認為「在這一理論中，既沒有談到人身體結構中性格的任何物質基礎，也沒有談到周圍環境物理的和客觀社會的影響」（同上，447）。

在書中，巴赫金一直強調，精神分析在主觀心理範圍內，通過自我觀察的方式，沒有直接面對身體的物質成分，「是方法論上出現的矛盾」（同上，446）。然而，他在討論過程中旁徵博引，可是卻完全將弗洛伊德有關方法論方面的著作，如《後設心理學》等，置之不理或棄而不論，特別是早期弗洛伊德在《科學心理學大綱》中有關「精神機置」（psychicher Apparat）的概念[47]。其實，精神分析是否是

46　德文Trieb，中譯本對這個字的翻譯前後並不一致。有時譯為「本能」（《全集》，1：409，482-483，485……等），有時又譯為「欲望」（同上，477）。本文則譯為「驅力」。
47　巴赫金對這個問題的忽視，絕非是因為外在政治因素或資料的缺乏。事實上，精神分析

一種「客觀的」科學，直至今日仍然沒有一個肯定的答案[48]，問題的重點在於，巴赫金自己並非全然是站在純粹自然科學的立場來評價精神分析，而是從辯證唯物主義的觀點，認為完全以外在物質經驗為基礎的客觀心理學，必須被社會學化，否則「只是刺激物的物理成分，只是反應的、抽象的生理學成分」（同上，391）。而作為巴赫金心理－社會解釋模式的基礎則是「語言」。

巴赫金承認「精神分析向我們解釋的一切精神現象和衝突，都是人的語言和非語言反應間的複雜的相互關係和衝突」（同上，393）。並且認為「問題在於，對弗洛伊德心理學理論的批判分析，把我們緊緊地引向了語言反應的問題以及它在整個人的行為活動中的意義。這是人的心理學的一個最重要的和最難解的問題」（同上）。然而由於巴赫金對語言物質性理解的限制，雖然觸及了問題的核心，可是卻無法徹底掙脫實證主義的問題架構，認識到在精神分析裡，心理的物質性並非真正是源自於腦部神經網絡的物理性，而是建立在與這個網絡並

從創立開始，在俄國的發展就一直非常地活躍。資料顯示，莫斯科曾經是繼維也納與蘇黎士之後，精神分析的第三大都市。弗洛伊德作品的翻譯速度遠超越歐洲各國。精神分析史中著名的「狼人」案例，即是俄國精神分析醫師L. Dosnès於1919年轉給弗洛伊德的病患，在布爾什維克革命之後，精神分析在俄國的發展並未因此停滯。甚至當時著名的巴甫洛夫理論還被視為是「反射學方面的弗洛伊德主義」。於1924年1月在莫斯科召開的第二屆精神神經學大會，更是將整個運動推向高潮。當時批判此一思潮最力者之一，並且造成重大影響者，即是在「對話論」萌芽階段的巴赫金所著的《弗洛伊德主義》。有關這段歷史，請見A. Etkind（1993）。精神分析在俄國真正受到鎮壓並禁止公開活動是從1930年在莫斯科召開的人類行為學大會之後；也就是說在史達林及其盟友戰勝了他的政治對手哈林集團之後。從此整個蘇聯文化政策也從先前允許創新與競爭，變成要服從黨的領導。請參閱M. A. Miller（1998）。巴赫金於1928年12月24日夜被捕，並被判流放，主要是因為參與了一個名為「復活」的宗教團體，完全與其本人思想無關。此一問題請參考《巴赫金傳》，作者為孔金及孔金娜（2000）。

48 隨著生物學與藥物學在當代的快速進步，以及認知心理學的發展，這個問題又重新成為熱門的話題。有關此一問題，請見J. Hochmann & Jeannerod（1991）。事實上，這並非只是一個認識論的問題，它還是一個政治問題，因為被科學承認還意味著權力的分享。請見A. Green（1991: 145）。

存，並且實際上同時發生的語言表意過程。

物理的感官性與語言兩者之間的關係，事實上並非如巴赫金所說的只是一種單純的類比或虛構，而應當是同時存在，並且還如生物學者承認的那般，在整個活動中，是神經網絡被語言所產生的認知活動所滲透，而不是認知的架構被動地去承受神經系統的限制[49]。弗洛伊德所謂的「精神機置」即是由語言的象徵功能與其同時發生的感官性，二者相互運作下產生的具體結果。拉岡也是在這一問題架構之下，進一步發展了「驅力」與語言象徵性之間的關係[50]。

受限於對此一問題的理解，巴赫金無法認清弗洛伊德在《釋夢》中所強調的一個重要的事實，亦即：無意識的語言邏輯根本不同於日常溝通的語言。無論是從表現的內容或是其使用的規則來看，無意識語言的運作過程漠視語言中存在矛盾的現象，它完全屬於另一個場域。精神分析所謂的「自由聯想」，並非僅是「符義」的相互聯結，它更包含「符表」的自由流動。然而，巴赫金卻從外在社會性的角度，僅視無意識為「非正式的意識」，與意識只是在內容上不同，在本質上則無根本的差異。從而巴赫金認為它只是構成我們行為的多種因素之一，而不是主要的動力[51]。巴赫金對語言物質性的認識，不僅影響到他對無意識的評價，同時也必然窄化了他對弗洛伊德所謂「自我」

---

49 此問題請參考J. Hochmann & M.Jeannerod（1991: 81）。

50 請見J-G. Bursztein（2000）。

51 G. Pirog認為，巴赫金對無意識的看法可分二個階段，前後期並不一致，分屬不同的哲學傳統。如早期在《弗洛伊德主義》裡，受實證的科學唯物主義影響，完全否定無意識客觀性的存在。可是在後期如《長篇小說的話語》、《杜思妥耶夫斯基的詩學問題》及《1970-1971年筆記》，在「對話論」的架構下，對無意識的排除並非意謂著完全否定，「而是一種認識論的策略（epistemological strategy），目的不僅在於界定我們所能夠知道及理解的事物，並且在於對抗異化、宰制與壓迫的威權性論述。」（Pirog, 1987: 604）然而從物質性的角度觀之，巴赫金前後期對無意識概念的差異僅是程度上的不同，並不存在他所謂的「激進的認識論跨步」（radical epistemological step）（同上，595）。

的理解，簡單地將其化約為類似單子論式的存在[52]。巴赫金對精神分析的瞭解，隨著時間的推移，或許有所增減，但其基本立場並無改變。在晚年最後一次公開訪談裡，他推崇弗洛伊德「是一個天才的發現者」，可與愛因斯坦並列。可是他承認自己是康德主義者，所以與弗洛伊德當然「是格格不入的！」（《全集》，5：540-541）。

六、小結

　　巴赫金的意識形態理論架構，一反以往實證主義與機械唯物主義本質論的弊病，以符號物質性與社會性為基礎，並且以具體的「話語」作為聯繫物質「基礎」與「上層建築」的中介場域。不僅在認識論的層次，承續了馬克思唯物主義的架構，重新釐定了意識與現實的關係，澄清「虛妄意識」的實質。並且還進一步貫穿此一問題，將其擴展至政治實踐的層次，呼應了馬克思「主導權意識形態」的論點，展示了權力關係的問題，不僅表現於外在的政治與經濟領域，更深入地存在於具體的意識形態符號之中。此舉在根本上彌補了從馬克思以降，有關意識形態理論中存在的空白。

　　然而，巴赫金意識形態的理論架構，似乎並未能完全掙脫實證主義的束縛，將其原則更進一步地推展深入至符號概念的內部，以致整個思想最終停滯在某種外在「社會論」的層次。符號的物質性也變成只是某種抽象的社會結晶物，並且無法與具體可供操作的主體理論接合。整個問題的關鍵與巴赫金深受新康德主義的影響密切相關。它非但表現在巴赫金與卡西爾符號理論的驚人類似性上，也存在於巴赫金所謂的「對話論」中。不僅制約著他自身理論的發展，同樣地也投射

52　請見 G. Pirog（1989）。不過 Pirog 認為弗洛伊德忽視社會因素，將人類的行為化約為某些身體自然力量的驅使，這種看法似乎有些過於簡單。有關此問題，另外請見 P. L. Assoun（1993a）。

在他對精神分析的評價裡。

　　因此，從符號物質性的角度觀之，並不存在所謂不同的巴赫金，
差別的只是問題的重點與方向，而思想架構在根本上卻是始終如一。
也正是由於巴赫金的理論在反本質論的過程中又無法完全揚棄本質主
義的前提，在反實證主義的原則下，又落入實證性的窠臼，導致其作
品既充斥著人文主義的吶喊，又懷有反人文主義的傾向。現代主義者
與後現代主義者也各取所需，相互視巴赫金為既存價值的守護者或顛
覆者。

第六章

阿爾杜塞與意識形態的物質性*

* 原文最初發表於 1998 年 9 月，《台灣社會研究季刊》，第 31 期。

　　事實上，意識形態理論面對整個社會中最
難理解與解釋之事：它的自我意識，它形
成自身及世界的觀念。

　　　　　　　　　　——路易‧阿爾杜塞，《論哲學》

一、意識形態與物質性

　　「論馬克思的『意識形態』」一章中表明，馬克思認為意識形態的
產生是源自於與其對立的現實，而他對現實內容認識的不確定性，導
致了其意識形態裡論內出現一種結構性的矛盾，無論是在認識論層
次的「虛妄意識」概念，或是在政治實踐領域的「主導權意識形態」理
論，這個結果皆清楚可見。縱然現實的概念中存在著二重性，可是與
現實中其他具體的物質生產相較，馬克思認為所有思想活動所構成的
體系，包括哲學、宗教、道德……等具有一個共同的特徵，即這些
活動不僅皆不具有任何的獨立性，甚至沒有實體，所以「它們沒有歷
史、沒有發展」(《馬恩選集》，1：31)。「意識形態」本身非物質的特
性非但是馬克思的主要結論，似乎也一直是日後馬克思主義者以及
絕大部分研究者討論的一個不言而喻的共識。如果說巴赫金（M. M.
Bakhtin）從符號的物質性出發，在認識論的層次，回應了馬克思意識

形態理論中有關「虛妄意識」的非物質性問題；本章即試圖說明阿爾
杜塞（L. Althusser）以「國家的意識形態機器」理論，挑戰了馬克思意
識形態理論中「主導權意識形態」的非物質性的問題。

　　阿爾杜塞首次明確地提出意識形態物質性的概念，即是在他於
1970年發表的〈意識形態與國家的意識形態機器〉[1]這篇著名的文章之
中。在這個階段，他自我批判了前期過於理論化的傾向，不再從意
識形態與科學二者截然對立的觀點「將哲學矮化為科學」（Althusser,
1974: 26），而是轉以「再生產」（reproduction）這種新的角度，重新檢

---

1 法文原文是 Idéologie et appareils idéologiques d'État 由於英文翻譯成 ideology and ideological
state apparatuses，故亦有人譯為「意識形態與意識形態的國家機器」。不過按照法文原
文，appareils idéologiques d'État 應譯為「國家的意識形態機器」較妥，而非「意識形態的
國家機器」。首先就字面而言，原文「機器」（appareils）與相連的形容詞「意識形態的」
（idéologiques）皆為小寫及複數，意謂著其非專有性及多樣性。而「國家」（d'État）則為大
寫單數，顯示其唯一與獨特的位置，整個詞組指向國家體制之內存在不同的意識形態機
器。如果按照英文直譯成「意識形態的國家機器」，「國家機器」則被理解為一個複數的集
合名詞，「意識形態的」成為形容詞，如此容易被誤認為還有其他種意識形態的「國家機
器」，甚至「非意識形態的國家機器」存在的可能。這非但違背原文本義，更與阿爾杜塞在
這篇文章之中討論的內容不符。在文章中，阿爾杜塞不但直接就使用「意識形態機器」這
個詞（Althusser, 1976: 106, 109），他之所以提出「國家的意識形態機器」的概念，主要即是
為了要補充傳統馬克思主義「國家」理論的不足。從馬克思的《共產黨宣言》及列寧《國家
與革命》開始，國家即被視為是一種「鎮壓機器」（appareil répressif），其中包括了警察、法
院、監獄……等多種屬於國家介入、執行與鎮壓的力量，故被稱為「國家機器」（appareil
d'État）。然而，在馬克思主義的傳統中，國家被視為是一種鎮壓機器，雖然點出了鎮壓
性的「國家機器」（appareil d'État répressif）概念之中存在「國家的鎮壓機器」（appareil répressif
d'État）的事實，對阿爾杜塞而言，這種觀點僅僅是將國家權力與國家機器作一劃分，仍
停留在一種描述性的理論（théorie descriptive）層次，不足以表示「國家」的複雜現實。故阿
爾杜塞在與「國家的鎮壓機器」概念同等的層次，提出了「國家的意識形態機器」概念，包
括有宗教、學校、家庭、媒體……等，補充馬克思主義「國家機器」的內涵。「國家的鎮壓
機器」與「國家的意識形態機器」兩者交互作用，最大的分野在於前者是以暴力的方式運
作，而後者則是以意識形態（同上，83）。整個結構可以歸納於下圖：

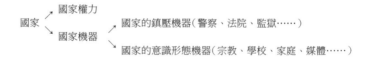

視意識形態在「國家」之中具體的功能與作用方式。阿爾杜塞認為，任何社會構造（formation sociale）的延續，必須在它產生自身的同時，能夠製造或是複製出它產生的條件，亦即生產力及既存的生產關係。生產力的再生產包括生產資料的累積以及勞動力的提昇二方面。而生產關係的複製則主要與意識形態攸關。阿爾杜塞並未忽視生產關係首先是由生產與流通過程的物質基礎所產生，然而此一過程並非純然是自主的，簡單地僅是生產關係形式的複製而已，事實上它是一個階級剝削的過程。為了再生產與鞏固這種生產關係，統治階級則必須藉助整個上層結構的力量，使工人階級臣屬於這些剝削關係與情況之中。使用「再生產」的觀點，主要即是在暴露隱藏在生產關係問題之中的階級鬥爭，以及在這個過程中，不同種的「國家的意識形態機器」所扮演的角色。

　　「國家的意識形態機器」概念的提出，目的不僅是在補充傳統馬克思主義的「國家」理論（請見注1），更是以此重新檢討意識形態的本質。阿爾杜塞認為，對馬克思而言，意識形態純粹僅是「幻想、夢境，也就是說虛無。它所有的現實皆外在於它……。正是由於這樣，在《德意志意識形態》裡，意識形態沒有歷史……」（Althusser, 1976: 99）。馬克思認為意識形態完全認為是負面的，主要原因是由於在撰寫《德意志意識形態》時，仍無法完全跳出實證主義與歷史主義的框架。阿爾杜塞則宣稱，意識形態並非沒有歷史，而只是沒有屬於它的歷史。原因在於意識形態本身彷彿擁有一種超越歷史現實的結構與運作情形，造成它似乎是無所不在，以及具有永恆性和沒有歷史的假象。阿爾杜塞進一步指出，意識形態的本質並非如傳統馬克思主義者所認為，是對它所對應現實的某種「再現」。因為這種論述並無法圓滿地解釋為何人們需要這種機制去呈現他們實際的存在情況。事實上，人們在意識形態裡所再現的，並非直接是真實的世界或真

實存在的情況，而是他們與這些真實存在的情況所構成的關係。這些關係才是整個意識形態再現的核心，其本質在根本上是「想像的」（imaginaire）。也只有在這種想像的關係裡，纔能找到理解意識形態扭曲式地再現真實世界的原因。

這種觀點不僅迥異於長期以降的看法，認為意識形態與現實兩者存在著立即性的聯繫，阿爾杜塞更強調，這種想像的與非直接性的意識形態具有某種物質性的存在。原因是，各種觀念（idées）存在於或必須存在於作為主體的人的行動之中，所有的主體也必須經由觀念來行動。因此，主體所篤信的觀念是物質的，這是由於它的觀念是被放置於各種物質性實踐之中的物質性行動，而各種物質性的實踐本身亦是由物質性的意識形態機器所限定。也就是說，觀念自身既有的想像性的與精神性的存在雖然消失，最終卻進入了由意識形態機器主導的各種實踐之中，產生物質性的存在與具體的力量，以至於任何的實踐皆無法脫離意識形態，任何意識形態亦必須經由主體纔能發揮其效力。

以上說法顯示，阿爾杜塞所謂的意識形態的物質性，無論是展現在意識形態機器的過程裡，抑或是存在於將抽象的個人（individu）「召喚」（interpellation）成具體的主體（Sujet）的行為中，根本上指的是一種力量，而物質性也是特指這種力量所產生的功效。換言之，意識形態物質性的存在，並非是指觀念或意識形態的本身，而是指它實踐過程裡所產生的效果。然而，弔詭的是，這種物質性的效果即是源自於一個無法排除的事實：即想像的、精神的非物質性觀念本身[2]。針對這個難題，阿爾杜塞似乎欠缺理論工具的支撐，不得不有意迴避地言道：「當然，這種論點（按即意識形態具有物質性的存在）以一種肯定

---

2 阿爾杜塞文中曾說：「觀念作為這樣（即作為具有一種想像的、精神的存在）消失了……」（Althusser, 1976: 109）。

的形式提出，是無法被證實。我們僅要求大家，以唯物主義之名，賦予它稍許有利的偏愛。」（Althusser, 1976: 105）

　　從意識形態所產生的效果視意識形態具有某種物質力量，事實上並非阿爾杜塞的創見或「偏愛」。馬克思本人早在〈《黑格爾法哲學批判》導言〉即已提出過類似的主張，他說：「批判的武器當然不能替代武器的批判，物質力量只能用物質力量來摧毀；但是理論一經掌握群眾，也會變成物質力量。」（《馬恩選集》，1：9）阿爾杜塞有關意識形態物質性所做的「推論」（thèse presumptive）（Althusser, 1976: 105）顯示，他似乎也並未掙脫「實證主義與歷史主義」的窠臼，與其所批判的馬克思早期立場並無二致。阿爾杜塞之所以又重新落入與他所批判對象同一的問題架構之中，主要癥結在於他與馬克思一樣，沒有真正面對構成意識形態最基本的物質，即語言。意識與語言本為一體兩面，馬克思本人亦曾清楚地認識此點，說道：「人也具有『意識』，但是人並非一開始就具有『純粹的』意識。『精神』一開始就很倒霉，注定要受物質的糾纏，物質在這裡表現為震動著的空氣、聲音，簡言之，即語言」（《馬恩選集》，1：34-35），但是受其時代對語言認識的限制，他無法突破這個問題。

　　然而，身處於現代語言學思想已經形成的阿爾杜塞，在文中雖然曾經強調「物質可在多種意義中被使用，或者是於不同的模態之下存在……」（Althusser, 1976: 106），可是思考意識形態的性質時，仍然是外在於意識形態自身的領域，站在產生意識形態獨特的物質性的外部，並未觸及構成意識形態本身的物質以及其客觀的規律，也就是說，語言以及意義的產生過程。從而他自然地認為意識形態的物質性「無法被證實」，唯有超驗地「以一種肯定的形式提出」。在這種情況下，所謂的物質性，最終只能體現在現實之中或者變成某種現實。也因此，整個意識形態物質性的問題，並非如黑斯特（P. Hirst）在一篇

討論阿爾杜塞的專文中所言，是在「使用唯物主義的命題翻轉物質／
觀念的對立」（Hirst, 1979: 28），而應該像寇華德（R. Coward）與艾利
斯（J. Ellis）所指出「是一種扭曲的唯物論觀點」（Coward & Ellis, 1977:
73）。

　　阿爾杜塞之所以提出意識形態物質性的問題，並且認為「這種
推論……事實上對我們是必要的，使我們分析意識形態特性時得以
往前推進」（Althusser, 1976: 105），主要的原因在於想要藉此點導引
出他所謂整篇文章的「中心論點」（thèse centrale）：即意識形態召喚
（interpelle）個人成為主體。然而藉由這個觀點，主體雖然不再是一種
本質性的存在，而是社會結構多元決定之下所產生的一種效果，可是
由於這種意識形態的物質性是建立在對意識形態自身物質性的一種
「非否認」[3]（Verneinung或dé-négation）之上，以至於所「召喚」的主體，
最終只能是意識形態的「產物」（product），無法進一步成為一個可以
作為意義「生產過程」（production）的分析對象。事實上，主體從開
始即是在語言以及經由語言的意義系統所組成，主體被意識形態「召
喚」，只有在早已經被語言的實踐所貫穿的條件之下方始存在。

二、意識形態與無意識

　　如我們所知，60年代末期，法國當時正值結構主義思潮興盛之
際，語言學早已成為人文與社會科學的主導學科，滲透至不同的領
域。被視為是「結構主義的馬克思主義者」的阿爾杜塞，對語言學當
然絕非是完全陌生。此一問題明顯地展現在他對精神分析，特別是對
拉岡（J. Lacan）理論的評價問題之上。在〈意識形態與國家的意識形態

3　簡單的說，這種「否認」的表現特徵是否定的否定，亦即說「不」時，其實是說「是」，所以
　法文有時譯為dé-négation。有關這個概念的詳細解釋，請參閱J. Laplanche & J.-B. Pontalis
　（1967）dé-négation的詞條。

機器〉這篇文章裡，論及意識形態沒有歷史的問題時，阿爾杜塞更曾特別將意識形態類比於精神分析的無意識（insconcient），宣稱「……這種對照，對我而言，在理論上是可以解釋的，這可從無意識的永恆性與一般的意識形態[4]（idéologie en général）的永恆性並非沒有關係這個事實得知」（Althusser, 1976: 101）。

　　文章中雖然彷彿僅是信筆提及，並未進一步發揮，這種比喻事實上並非只是一種偶然。阿爾杜塞對精神分析一直保有高度的關注，從「多元決定」、「想像的」等概念，即多少可發現精神分析在其理論建構過程中所發生的影響。阿爾杜塞逝世後，出版的遺稿裡有關精神分析的部分，更明確地顯示出他與精神分析完全是「一種理論的關係」（Althusser, 1993: 7）。在〈論馬克思與弗洛伊德〉一文中，他即明確地將弗洛伊德與馬克思並列，強調兩人雖然各有不同的研究對象，可是「……在一個同時被機械論（mécanisme）與唯心論主宰的時代，弗洛伊德完全如馬克思一樣，提供給我們一種唯物的與辯證的思想範例」（同上，224）。尤其是弗洛伊德所發現的無意識，「不僅碰觸到當時既存的哲學、道德及心理學意識形態的一個『敏感處』，……在最初幾年他或許還不知道，可是之後很快地即確定，他在理論層次觸及了整個資產階級意識形態體系最敏感之處。」（同上，236）值得注意的是，阿爾杜塞對弗洛伊德無意識的詮釋，幾乎完全遵照拉岡著名的「無意識是像語言般被結構而成」[5]的論點。在書中，阿爾杜塞不但批評他的分析醫師笛亞丁（D. Diatkine）對拉岡這個觀點的忽略與誤解[6]，並且還嘗試將這種論點與他對意識形態的看法結合。

---

4 阿爾杜塞在文中曾將意識形態區分為兩個層次，一是通稱，即「一般的意識形態」。另一則是具體的或個別的意識形態。

5 "I'inconscient est structuré comme langage".

6 請見Althusser（1993: 70-74, 95-97）。

此一議題集中地表現在〈有關論述理論的三則筆記〉（Trois notes sur la théorie des discours）一文之中。這三則筆記原是他一個龐大計畫內部的流通文件，是阿爾杜塞在出版了《保衛馬克思》與《閱讀資本論》之後，想要和他的學生組成一個「理論工作組」（Groupe de Travail Théorique），從認識論的層次，全面地對既有的學科展開反省工作的初步結果。這個計畫之所以產生，主要是阿爾杜塞認為「至少在哲學以及人文科學之中。大部分關鍵性的理論問題，如今被各學科的區隔以及被這種區隔的效果所隱蔽」（同上，111）。

在這份未完成的文稿裡，阿爾杜塞嘗試結合二種他所謂的通用理論（théories générales），一是歷史唯物論，另一則尚未形成，是研究所有論述（discours）的機制及其可能效果的符表理論（théorie du signifiant）。後者目前僅是以精神分析與語言學兩種區域理論（theories régionales）的結合為表現形式，代表人物則是拉岡。阿爾杜塞指責李維–史陀（C. Lévi-Strauss）未曾加以批判即將語言學挪用至人類學的領域，而拉岡處理語言學與精神分析的關係時，在認識論上雖然正確，可是由於對通用理論的本質缺乏瞭解，面對到底是語言學或是精神分析纔是人文科學的通用理論的問題時，拉岡的態度則相當曖昧。因此，阿爾杜塞認為必須從整體的認識論觀點來思索何謂符表通用理論，並從這個立場出發，區分四種不同形式的論述，分別是科學的論述、美學的論述、無意識的論述及意識形態的論述。不同的論述各自擁有其本身獨特的結構與材質（matière），產生不同的主體性效果。除無意識的論述物質是「幻想」（fantasmes）外，阿爾杜塞認為，其餘三種論述的物質皆與語言有關[7]。然而阿爾杜塞雖然碰觸到意識形態與語言的問題，可是一方面他認為索緒爾（F. de Saussure）的符號概念仍具

---

7 請見Althusser（1993: 133, 163）。

「唯心論的色彩」（同上，168），另一方面他所討論的重點主要是放在語言學能否成為一種論述的通用理論，故並未（或無法）進一步探討意識形態本身的物質性問題[8]。

三、從物質性至語言

〈意識形態與國家的意識形態機器〉一文，如其原副標題清楚地指出，原本是由研究箚記的片段所組成。阿爾杜塞逝世後，整部手稿已於1995年10月出版，是深入理解當時阿爾杜塞有關意識形態理論不可或缺的材料。從所披露的原文可以明顯地看出，阿爾杜塞的立場並非如某些人所認為的是「功能主義」的。國家的意識形態機器概念的整個架構，在於從階級鬥爭的觀點，突出資本主義結構性條件的複製，以及如何轉換這種結構，故重點多放在法權（第五及十一章）或政治與工會意識形態機器的分析（第七及八章）。遺憾的是，對於意識形態物質性的論點並無任何補充，僅在書中一廂情願的表示「如果我們將不同的物質性模態懸而不論，我想人們不會就這點來批評我

---

8 此外，在〈意識形態與國家的意識形態機器〉一文中，阿爾杜塞還提出了「國家的意識形態」概念。如果這個議題得以被深入討論，或許亦有可能觸及意識形態的物質性問題。「國家的意識形態」這個概念其實並非真正完全來自於馬克思與列寧的「國家機器」理論，而如他自己所承認，受到葛蘭西（A. Gramsci）「霸權機器」（appareil hégémonique）概念的影響（Althusser, 1994b: 499）。兩者的差別，在於阿爾杜塞認為葛蘭西在「霸權機器」概念中，雖然提及「各種意識形態的物質性下層結構」（infrastructure matérielle des idéologies），可是卻賦予它一個「機械的及經濟主義的」（mécaniste et économiste）解釋，以致無法回應霸權效果是如何確保的問題。換言之，葛蘭西從霸權的角度，雖然強調各種「機器」的效果或結果，而阿爾杜塞是以「國家的意識形態機器」概念直溯問題的「驅動原因」（cause motrice），亦即意識形態的問題（有關阿爾杜塞對葛蘭西霸權概念詳細的分析，同上，500-512）。事實上，葛蘭西的霸權理論與意識形態的問題，並未如阿爾杜塞所言的那樣簡單（有關這問題，可參閱C. Mouffe, 1979: 168-204），阿爾杜塞似乎完全忽略葛蘭西霸權概念的產生，理論上應與葛蘭西對語言特殊的理解有關。阿爾杜塞如何發展葛蘭西的意識形態理論，請見S. Hall、B. Lumley& G. McLennan（1978: 56-65）。有關葛蘭西本人論語言的問題，請見A.Gramsci（1984: 59, 127-150）。有關語言在葛蘭西思想中的重要性，請見A. S. Sasson（1990: 14 25）及L. Salamini（1981. 27-44）。

們」（Althusser, 1995: 222）。

　　之後，阿爾杜塞於1978年另一篇未出版的重要手稿裡也有談及意識形態的物質性。在這篇名為〈在侷限中的馬克思〉的文章裡，他於「馬克思論意識形態的『絕對限制』」一節中指出，馬克思在根本上從未悖離過意識形態即是觀念這個層次，「意識的透明性因此對應於觀念的透明性」（Althusser, 1994b: 498），所以「馬克思雖然明顯地相信意識形態與實踐，或與團體和階級的『利益』有關，可是並未跨越意識形態物質性存在的『絕對限制』，以及在階級鬥爭的物質性中（dans la materialité de la lutte de classe）意識形態物質性的『絕對限制』。」（同上，498-499）阿爾杜塞在此文中雖然點出馬克思的困境，可是仍然維持既有觀點，認為在國家的意識形態機器概念「找到了這種物質性存在」（同上，499）並且「跨越了這個『限制』」（同上）。

　　然而，阿爾杜塞對這個問題持有的一貫立場，在他生前最後幾年似乎有所轉變，主要原因在於他對整個唯物主義觀念的轉變。在一篇寫於1982年的未完成稿裡，他首次提出在哲學史中存在著一種幾乎完全被忽視的唯物主義傳統，他暫且稱之為「匯合的唯物主義」（matérialism de la rencontre）。這種具有任意性的、偶然性的唯物主義，可以上溯德膜克里特、伊比鳩魯、馬基維利、霍布斯、馬克思及海德格諸人，與理性主義傳統之下的唯物主義不同。因為舊式的唯物主義所含有的目的論與必然性，以使其成為一種變形的與偽裝的唯心主義。在生前出版的最後一部著作《論哲學》裡，他改稱之為「偶然的唯物主義」（matérialism aléatoire），繼續發揮這個論點至物質性的問題，他說道：

　　　　我們可以說，偶然的唯物主義將物質的優先性擺在所有其他的東西之上，包括任意性。唯物主義可以僅是物質，但不必然是赤裸

的物質。這種物質性能夠是不同於物理學家或化學家的物質，或
是勞動者轉變金屬或土壤的物質，……我推到極端：它可以是單
純的痕跡（trace），動作物質性留下的一種痕跡，毋須辨識是留在
洞穴的牆壁或是紙張上面。事情可推至很遠，德希達（Derrida）
曾闡明（書寫）痕跡的優先性質直至說話聲音所發出的音素中都
存在。（Althusser, 1994a: 43）

從「偶然的唯物主義」強調物質優先性的角度，阿爾杜塞似乎真
正面對了先前所一直迴避的問題，即有關物質存在的各種模態，並因
此將整個問題推展至語言的內部。在文中回答有關意識形態的定義
時，雖然仍繼續堅持意識形態的物質性存在於各種「效果」之中，可
是他言道：

我必須提出兩點澄清。一方面，人的形成，使得人所有的行為
如缺少語言與思維，是不可能的。因此，缺少一種觀念體系
（système d'idées）（我寧願說缺少一種銘刻在文字之中的概念體系
〔système de notions〕，並以此組成這種實踐的意識形態），人
的實踐是無法存在。另一方面，我堅持只有當意識形態指涉一種
社會關係系統時，纔是一個概念系統。這與觀念是個人幻想的結
果無關，而是在社會關係的層次，某種將自身投射而出的概念系
統，這種投射足以組成一種社會上已經既定的概念體。唯有從此
處，意識形態方開始出現。（同上，69）

阿爾杜塞的澄清，不僅明確的承認語言是意識形態不可或分的實
質部份，在書中與他人往來的信函中，他亦不斷地強調，語言在批判

哲學本質化的過程之中，扮演了一個積極的角色[9]。遺憾的是，整個論述仍缺乏系統性的建構，只能被視為是臨終前最後的證言了。

四、小結

　　回顧阿爾杜塞整個有關意識形態的論點可見，早期在強調馬克思思想科學性的要求下，意識形態雖然在社會形構的過程中具有某些實質功能，可是卻被放置在與「科學」同組的對立關係之中，重點在做為「科學」的前提。經由68年學運的衝擊，阿爾杜塞修正了先前唯理主義的傾向，突出意識形態作為社會形構不可或缺的一個層次或過程（instance），意識形態的問題架構也從理論的實踐轉向成社會的實踐，重點在其社會的效果。然而，無論是理論的或是社會的實踐，意識形態作為它自身的實踐卻一直未成為阿爾杜塞的思考對象。如果說，馬克思在《德意志意識形態》一書中，論及意識形態的問題架構時，提出了「虛妄意識」與「主導權意識形態」二個主要面向，阿爾杜塞國家的意識形態機器理論及其所謂的物質性，事實上只回應了馬克思「主導權意識形態」的問題。直至晚年對唯物主義重新思索，開始了他對物質不同模態的認識，最終觸及了意識形態自身物質性存在的可能性。

9　譬如，請見Althusser（1994a: 115、120）。

第七章

意識形態中的物質性與主體性[*]

* 原文最初發表於 2004 年 7 月，《中外文學》，第 33 卷 2 期。

　　我一直將自己定位在建築物的底層或地下層──
而你聲稱當人們改變觀點，人們也看到了較高
的一層，那裡住著像宗教、藝術等高貴的主
人。從這方面去看的，你並不是唯一的人，
在自然界之中的人大部分有文化代表性者也都
如此認為。在這一點上，你是保守者，而我，
則是革命者。如果我面前還有工作存在，我將
會冒昧地向這些出生良好的主人，在我那矮小
的房子裡提供一個住處。自從我遇見人類精神
官能症的範疇時，我已經替宗教找到了一間。

　　　　　──弗洛伊德，1936年10月8日〈致班思瓦格的信〉

一、從「意識」的形態到無意識：弗洛伊德

　　由於語言與思維密切相聯，長久以來每個時代都分別蘊育出對語
言的不同看法。受神學的影響，西方從中世紀以降至18世紀，主要
關切的問題是語言的起源或是語言內在邏輯的普遍規則。19世紀歷
史主義興起，注重探討的是語言在不同時代演化之下的發展與改變。
而如今，則是將語言視為是一個完整的形式系統，不僅它的運作過程
成為研究的重心，並且更進一步認為，這種運作過程可以作為瞭解社
會歷史與人的鑰匙。這是因為語言不僅可用來指涉或標定外在世界，

它還是所有意義的來源與不可或缺的交往工具。事實上,人類所有的
實踐皆顯現這些意涵。社會不僅是建立在亂倫禁忌之上而產生的婦女
交換,其他如神話、宗教、商品、意識形態……等,皆可被視為是某
種次級語言系統。

自從弗洛伊德以「無意識」的概念作為精神分析理論的基石後,
開啟了人們對語言運作過程認識的嶄新視野。他以患者表現在外的
話語為研究對象,並且視病癥(symptom)與夢是有待詮釋的語言。精
神分析的方法基本上是回溯的,可是如著名的語言學者班文尼斯特
(E. Benveniste)所指出,它所探求的並非是造成精神障礙原因真相的
因果關係,而是「動機關係」(rapport de motivation)(Benveniste, 1966:
76)。因此,被分析者所敘述的內容,無論是實的或是虛構的,具
有同等的論述真實性。在分析情境裡,說話者利用日常的語言作為建
構他自身話語的工具,存在於個人歷史與傳記中的事件,只有在敘述
的過程中,並且經由這個過程才得以彰顯其價值與意義。

弗洛伊德將夢視為是進入「無意識」的「康莊大道」,其原因在於
夢的運作邏輯完整與具體地展現了這種特質。在《夢的解析》裡,弗
洛伊德認為組成夢的二個最基本運作方式是「濃縮」(condensation)與
「轉移」(displacement)。他強調夢的內容中不存在真正的否定以及連
續性的時間,並且各項元素是經由多元決定而產生[1]。夢的運作邏輯不
僅拆解了符表與符義兩者彷彿自然存在的關係,表現了符表的相對自
主性,與其相對應在流動中的符義,也不再像在日常溝通性語言般,
被既有的規則與結構限制。

因此,對弗洛伊德而言,不應簡單地從修辭學的角度,將夢歸
類為僅是一個象徵(symbol),實際上它是一個真實的符號系統,有其

---

1 請見Freud, Sigmund., 1953-1966, *The Standard Edition of The Complete Psychological Works of
Sigmund Freud.*(以下簡稱 S.E.)Vol. IV. Ch.6。

自身的語言結構與句法[2]。這個系統不完全等同於語言學所研究的對象，而是既內在同時又超越語言學的範疇。不僅如此，在面對說話主體與其論述的關係時，精神分析也有別於建立在笛卡爾式理性主義之下的現代語言學。後者將說話主體視為是獨立於語言過程之外，或者是一個與其論述合一以及不明示的固定單位。而在精神分析裡，不僅意義本身不是先驗式的存在，所謂的主體，指的亦是論述過程中的主體（sujet d'énonciation）。它是內在於語言，並由語言的過程而產生，其中甚至還涉及身體性的介入。

弗洛伊德對夢的運作過程分析，雖然是建立在個人的層面，注重的卻是語言系統中具有普遍性功能的一面。所獲致的結論也被他用至分析其他語言現象，如詼諧與語誤，以及不同的象徵系統，例如禁忌、神話等。弗洛伊德的理論事實上為人類表意行為提供了一個整體性框架，它非但闡明了象徵作用的基礎，並且有助於理解許多表面看來是偏差性、病態性、非理性的實踐與社會運作邏輯之間深層的關係。無疑地，這對進一步深入認識意識形態的性質與運作機制提供了其他的可能性。

弗洛伊德的精神分析開啟了對人類行為另類的理解。然而，作為其理論核心的「無意識」，其實是建立在他對語言物質性深刻的認識之上的這個事實卻往往被忽略。語言問題的重要性，早在弗洛伊德前精神分析時期的著作中即已呈現。他不但將有關歇斯底里的研究從夏寇（J-M.Charcot）強調觀看與肢體的層次，轉換至注重聽覺與語言的領域，闡明人類潛藏的性欲與語言行為之間所存在的鴻溝。為了填補這種生理層面與象徵層面的差距，在對失語症的研究裡，弗洛伊德更嘗試建構一種語言機置（Sprachapparat）。在這個基礎之上，他認為

2　例如 T. Todorov 從詩學與 M. Arrivé 從語言學的角度皆是將夢視為是一個象徵。請見 T. Todorov（1977: 285-321）；M. Arrivé（1986: 51-94）。

語言符號是由兩種不同種類的「再現」（Vorstellungen 或 representations）所組成，即「字再現」與「物再現」[3]。前者包括聲音意象、文字視覺意象、語言驅動意象及書寫驅動意象。這四者其實涵蓋日常所謂的聽、說、讀、寫四個範圍。而後者則有視覺、觸覺、聽覺、動覺等部分。弗洛伊德強調，「字再現」是一個封閉的體系，「物再現」正好相反是開放的。這兩種「再現」雖然擁有不同的性質，可是卻無法單獨存在，「字在經由與『物再現』取得聯繫後，才獲得意義」（Freud, 1983: 127）。他更進一步指出，兩者並非在所有的部分都相聯，唯一的聯繫之處是「字再現」的聲音意象與「物再現」的視覺這兩個部分。

　　弗洛伊德有關語言符號二重性的觀點，與索緒爾（F. de Saussure）從語言學的角度將符號分為符表與符義兩個部分，在表面上類似，可是實質上卻完全不同。作為基本運作單位的「字再現」只是部分類似索緒爾的符表，除了具有聲音意象的特質外，它還依賴其他的感知意象，無法化約為單純的符表。至於「物再現」，則更不只是索緒爾的符義所定義之下的「概念」，而是擁有圖象性與能量性的內涵[4]。弗洛伊德在他早年神經解剖學時期提出的這種多層次與異質性的語言符號概念，並未在他日後的作品中消失，反而成為他建構第一精神圖形論[5]及「後設心理學」的核心[6]。然而，如佛瑞斯特（J. Forrester）所指出，弗

---

3 「字再現」為 Wortvorstellung，而「物再現」則相當曖昧，在《論失語症的構想》（1891）裡，弗洛伊德使用 Objektvorstellung，可是在《夢的解析》（1900），他用的是 Dingvorstellung，在《後設心理學》（1915）他又用 Sachvorstellung。在 J. Laplanche 與 J.-B. Pontalis 合編的那本著名的《精神分析辭彙》（1967）裡也並沒有對這個問題有完整的討論。有關 Objekt 與 Sache 的差異，請見 P.-L. Assoun（1993b: 73-74）。

4 有關索緒爾與弗洛伊德二人符號概念的比較，請參考 P.-L. Assoun（1993b: 77-81）。

5 由無意識、前意識、意識三者所構成的圖式。弗洛伊德認為，在前意識與意識的層次，「字再現」與「物再現」相聯。無意識的層次則完全由「物再現」所組成。請見 S. Freud（S.E., XIV: 201）。

6 在一部討論當代精神分析主要理念的書中，A. Green 甚至「毫不猶豫」地宣稱，精神分析真正的典範性特色即在於它的「再現」體系。請見 A. Green（2002b: 170）。

洛伊德有關失語症的研究，雖然證實語言在意義的層面具有特殊性，並且同時還有疏解內在緊張狀態的機制；遺憾的是，弗洛伊德卻從理論而非治療的角度，將重點幾乎完全放在語意層面，從而忽略了淨化的問題[7]。

在之後的《科學心理學大綱》（1895），弗洛伊德則集中突出了精神再現過程中的能量特色。不僅如此，他還將語言視為是內在與外在的中介系統，這也正是由於他認為語言結合了生理的能量與精神再現的二種特性所致[8]。因此，對弗洛伊德而言，作為身體與精神兩者介面的語言，非但能感受來自內在「驅力」（Trieb）的刺激，它還具有「字再現」與「物再現」的雙重特性。「字再現」與「物再現」在意識層與前意識層中的結合與運作，進一步可以下接語言學範疇中的指涉物／符表／符義，構成邏輯／語意／句法的層次，並最終進入觀念與思維的領域。借由「物再現」的溝通，語言亦可上溯至無意識層，聯結作為內在精神代表物的驅力。值得注意的是，弗洛伊德從雙重再現的觀念所延伸出的語言機置，由於整個問題的架構是建立在探討自主的語言過程、功能與效果，所以並不需要訴諸於一個先驗式的主體概念[9]。從語言機置到之後的精神機置（psychischer Apparat），問題的重點或有不同，但是基本的立場並未完全改變[10]。

正是在這個前提之下，在處理有關主體性的問題時，弗洛伊德基

7　請見 J. Forrester（1980: 37-38）。

8　P. Ricœur論弗洛伊德的鉅著即是以《科學心理學大綱》為起點，「能量」的問題在書中雖佔有相當篇幅，可是其重要性似乎被他的詮釋學觀點所排除。在立場上，Ricœur與以 J. Lacan為首的所謂結構主義精神分析理論儘管多有不同，有趣的是，雙方對這個問題的看法卻相當一致。有關Lacan的問題，請見下面的討論。

9　J. Nassif注意到「過程的概念……像範疇般運作指出所發生之事，無需一個主體在那裡，主體不能構成起源，也無法成為語詞」（Nassif, 1977: 132）。

10　譬如 D. Anzieu即特別強調這種延續性。請見 D. Anzieu（1985）。此外，亦可參考 J. Kristeva的觀點。她認為弗洛伊德的理論中有三種不同的語言模式，請見 J. Kristeva（1996: 71-140）。

本上考慮的仍然是主體的功用，而非主體的範疇。所使用的主體概念是「自我」（Ich），指的是自戀期的「自我」，或是第二精神圖形論中與「原我」（Es）及「超我」（Uber-Ich）相關聯的「自我」。這是因為弗洛伊德所關切的「自我」是軀體在精神層次的一種投射，或者是一個被「原我」往外推擠、被「超我」向內抑制，以及被死亡驅力所穿透的某種層級（instance）。在《後設心理學》裡，弗洛伊德雖然使用過「主體」一詞，可是指的是與外在物相對應的驅力，而非個人化的主體。以生物性的驅力作為主體，以強調過程性的「自我」作為主體性概念的核心，不僅是因為語言機置功能性取向的結果，更是由於弗洛伊德認為，對「自我」加以抑制是構成語言行為與思維活動的先決條件。

　　這種主體性的特質更清楚地表現在論「非否認」（Die Verneinung）（1925）一文之中。他於文中表示，「主體的與客體的對立起初並不存在」（Freud, S.E., XIX: 237），而是源自於一個分化過程。這是因為具有判斷與認知能力的主體只有在進入語言的範疇方能成立。可是語言基本架構之所以存在的基礎，以及構成邏輯性判斷句的本身（如「是」或是「不是」），必然是建立在一個對立性的系統之中，否則無法表達任何實質的意義（亦即不可同時是「是」與「不是」）。既然語言系統的成立是在具有對立性的「區分」（differenciation）原則之下，因此不具有對立性的「非否認」的存在，則顯示出語言系統之中潛藏著一個「壓抑」的結構。這種「非否認」即是驅力作用的表現，也是進入象徵層次之後，亦即是進入語言範疇之後，所形成的主體的欲望來源。弗洛伊德的主體性概念不僅無法化為僅僅是「意識」的領域，在晚年，他還認為這種建立在「壓抑」模式之下的「自我」、「原我」與「超我」的區分，仍然不足以再現精神機置的複雜性，進一步提出了「自我分裂」（Ichspaltung）的論點，作為描繪「自我」在面對外在現實時，同時維持兩種相異性態度的存在，而不尋求一種辯證性的妥協。

二、從無意識到語言：拉岡

　　在精神分析發展的歷史過程中，將語言的物質性放置在理論核心地位的最重要人物，毫無疑問應為法國的拉岡（J. Lacan）。早期自稱以「鏡像期」（Stade du miroir）理論作為掃帚進入精神分析領域，清除掩蓋在弗洛伊德思想上的灰塵，拉岡在50年代大聲呼籲必須「返回弗洛伊德」。他語帶雙關指出：「返回弗洛伊德的意義即是一種對弗洛伊德意義的返回」[11]。並且強調這個行動的主要目的，在於揭露「精神分析者放棄語言基礎的企圖」（Lacan, 1966: 243）。語言之所以被視為精神分析理論的前提，是因為「精神分析的經驗在無意識中所發現的是整個的語言結構」（同上，495）。拉岡突出語言在精神分析中的位置，不只是在提醒世人這項疏失，更是以此重新導正當時精神分析發展的方向。語言非但是精神分析的對象與媒介物，事實上它更是整個理論的基礎之所在。所以「一個精神分析者必須輕易地能以符表與符義的基本區分親自介入，並且開始以這兩個網絡所組成的互不相屬關係來表現」（同上，414）。

　　由此可知，與弗洛伊德相反，拉岡並不設法建立一些「科學性」的假設，以此作為實踐的根本。而是嘗試賦予弗洛伊德的創見一個真正的理論基礎，不但想要以此繼承與發展精神分析的未竟之業，甚至企圖開啟哲學領域內的革命[12]。在結構主義語言學的影響下，拉岡從語言的角度而非生理的過程，作為確立「無意識」存在的基礎，其目的在於將弗洛伊德的「無意識」概念從生物科學或是神話的迷霧中解放出來。所謂的「無意識」，並不存在於神祕的心靈深處，而是在個人話語的表面。「無意識」與語言的關係，類似於與文法的關係，它

11　原文為 Le sens du retour à Freud, c'est un retour au sens de Freud。強調的是回到弗洛伊德作品中的真義。請見 Lacan（1966: 405）。

12　這個說法請見 Lacan（1978: 262）。

的規則可以被忽視，可是並不妨礙它制約人們的語言行為。

拉岡雖然以索緒爾的語言學概念作為重建精神分析的工具，可是這個借用並非是將其當做範本，一成不變地挪用，而是轉換與顛覆了語言學既有的架構。在一堂討論課程裡，當著雅克伯森（R. Jakobson）的面，拉岡強調「我的說法，即無意識是像語言般地被結構，並不屬於語言學的範圍」（Lacan, 1975: 20）。為了與語言學作一區分，他甚至另創一詞，將自己有關語言的看法稱之為「語言論」（Linguisterie），而非「語言學」（Linguistique）。

索緒爾所開創的現代語言學，是以語言系統中的符號作為基本單位，由符表與符義共同組成。符表所聯結的並非是外在物，而是與之對應的符義或是概念。語言系統即是符號從縱向或橫向結合所組成的一個區分系統，其中每個單位的「價值」來自於與其他單位的差異性。然而，索緒爾雖然積極地拋棄了傳統哲學裡經常將符號與外在現實相聯的觀點，可是這個理論實際上是（到目前也仍然是）建立在「意識」的領域。對語言學者而言，所謂的「無意識」，最多不過是儲存在語言系統內的某種聚集物，或是話語深層結構中的保留部分而已。

拉岡的「語言論」則來自於他對索緒爾符號概念的批判性詮釋。而問題的整個核心主要即是由於二人對符表物質性的理解存有重大差異所致。在《普通語言學教程》裡，索緒爾從符號的整體性角度將符表定義為「音響形象」（image acoustique），並認為是物質性的，可是這只是相對於一個更抽象的符義而言。他在根本上仍然認為符表「不是物質的聲音、純粹物理的東西，而是心理印跡」（Saussure, 1980: 98）。「因此，語言符號是一種兩面的心理實體」（同上，99），並且最終將符號學視為屬於普通心理學的一部分。

拉岡同意索緒爾從語言學的角度將符表與指涉物作一區分。可是與索緒爾強調符表的心理層面不同，拉岡從精神分析的立場相反地突

出符表的物質基礎。這不但由於無論是從孩童對語文的玩弄，或是從精神病患（le psychotique）對言語的使用，皆顯示出符表自主與非語意性質的一面。另外更是因為他認為「如果我們堅持符表的物質性，這種物質性在許多方面都是很獨特的，其中第一個就是完全不能忍受分割」（Lacan, 1966: 24）。這導致「符表是一個獨一無二的存在單位，其象徵特性使它僅只是一種不存在（absence）」（同上）。因此，拉岡雖然將重點放在符表的物質性，然而這種物質性並非是一種本質式的物質性。它具有區分性與不可分割性，可是卻不含有任何先驗的特徵[13]。換言之，正是由於符表自身的不可分割性，所以它是一個最小的構成單位。可是作為單位的自身，它又不能獨立的存在，因為符表真正的來源是由系統內與其他的符表交互作用所產生。拉岡以此批評索緒爾從語言系統（langue）的觀點將符號視為是一個自主的單位，反對符義的存在先於符表，以及否認兩者共處於一個同質性的框架之中。他不僅將符表與符義兩者之間的關係顛倒，還進一步將符表放置在一個主導性的位置，認為語言的結構應該是由符表的純粹區分關係所組成，而符義本身不過是符表的一個效果而已。兩者不僅是內容不同，更是分別存在。「從這裡我們可以說，意義是在符表的語鏈之中持續著。」（Lacan, 1966: 502）

　　符表的自主性與優先性造成符義處在不停的流動狀態，當符表鏈中出現斷裂，以此構成一個整體單位，再重新回溯其全部過程，意義方能事後性的顯現。拉岡將語鏈的終止之處稱為「隆起點」（point de capiton），「經由此，符表制止意義的其他不確定流動」（同上，

13　P. Lacoue-Labarthe與J.-L. Nancy二人也曾強調過拉岡作品中的物質性特色，可是他們的重點卻不是放在符表，而是放在書寫的「字」（lettre）。請見P. Lacoue-Labarthe & J. -L. Nancy（1973: 31-36）。這種比較更接近J. Derrida「書寫文字學」的觀點，似乎有意模糊了拉岡對這兩個概念的區分。對拉岡而言，位於象徵層次的符表才是最原初的，而非屬於實在層次的「字」。請見J. Lacan（1971）。

805）。索緒爾從符號與符號之間區分性的關係所建立的「價值」概
念，被拉岡進一步引用至符號的內部，重新組構了語言系統，並以此
作為進入「無意識」的工具，這是因為拉岡認為符表運作的邏輯與弗
洛伊德所討論的「無意識」的邏輯類同。這種類似性主要表現在符表
與主導「無意識」內容的「物再現」身上。如朱鴻維爾（A. Juranville）所
強調，二者的存在皆是建立在與同一系統之中其他元素的差異性之
上[14]。其次，拉岡從傳統修辭學中「隱喻」與「轉喻」的運作邏輯也同樣
發現符表的絕對性，而這兩種運作方式又與「無意識」使用「濃縮」與
「轉移」的運作模式一致。

　　因此，拉岡宣稱「無意識是語言學的條件」（Lacan, 1970: 58），而
「語言是無意識的條件」（Lacan, 1977: 14）。符表與無意識的一致性顯
示，從無意識所顯現出來的欲望，事實上只是符表運作的一種效果。
所謂的主體，當然也跳脫不出這個過程。基於這些原因，拉岡表明：
「我們對符表的定義是：一個符表即是向另外一個符表去再現主體」
（Lacan, 1966: 819）。換言之，「語言的效果才是進入主體的原因。這
個效果顯示，主體並非他自身的原因，他身上帶有剖開自己的原因之
蟲。因為他的原因即是符表，沒有這個，現實裡就沒有任何主體。但
是這個主體，正是符表所再現出來的，除非對另外一符表，他是完全
無法再現……」（同上，835）。拉岡從討論愛倫坡「被偷盜的信」的故
事，具體與通俗地表達了整個問題，並且以此篇文章象徵性地作為他
的《文集》（*Ecrits*）開卷與定位之作。

　　與弗洛伊德將主體性的問題聚焦在「自我」的層次不同，拉岡認
為所謂的「自我」，只是「鏡像期」中的一種在想像層次上的建構。經
由這個過程將自身客體化，最終進入象徵系統作為語言的效果而存

14　請見A. Juranville（1984: 51）。

在。「因此，自我一直僅僅是主體的一半」（同上，374）。為了彰顯這種既不具有本質，亦非先驗的存在，完全表現在言語過程的主體，拉岡特別另創新字，稱為「言說主體」（parlêtre）[15]。換言之，是符表的秩序構成了以及產生出分裂的與被劃除的主體，並使得「無意識」在這個異化的過程中湧現。拉岡從語言物質性的立場重新定位「無意識」，突出其對主體經驗形成時不可或缺的特質。這不僅斷除某些對精神機置的心理學式玄想，更重要的是證明，語言在象徵層次的存在並非只是一種個人或集體歷史過程中的偶然，而是對人類生存具有結構上的必要性。因為它不僅是欲望主體構成的基礎，另外還牽涉到「父性功能」（la fonctionpaternelle）的建立以及與其同時存在的「閹割情結」如何產生等，這些有關社會聯結與文化運作的核心問題[16]。

　　無疑地，拉岡戮力建構他的「語言論」的主要目的之一，在於設法超越弗洛伊德有關精神機置的兩種基本運作模式（即初級過程與次級過程）的設想。然而，這種以符表絕對性建立的象徵體系所達致的超越，由於完全從結構性的觀點強調精神機制的空間性或拓樸性，在相當程度上忽視了弗洛伊德所強調的另外二種特質——即經濟性與動力性，這個問題特別表現在他對作為精神分析核心概念之一的驅力的看法上。拉岡雖然從未將驅力排除在他的問題架構之外，並且瞭解到它與語言關聯的重要性，可是弗洛伊德基本上是從軀體內在需要（le besoin）角度去定位驅力，而不是像拉岡將重點放置在外在，從作為符表起源之處的「他者」（Autre），視驅力為象徵系統所引發的某種「要求」（la demande）。

　　顛倒驅力的來源，以符表作為真理的發生地，不可避免地導致拉

15　他利用法文動詞parler（言說）與être（存在）拼湊而成。
16　從符表的優先性到與陽物（phallus）的關係，以及最終開展出「父性功能」與「父之名」（Nom du père）的過程，請見J. Dor（1985: 89-127）。

岡將精神分析理論中「再現」的概念窄化在狹義的定義範圍之內，完全排除了另一個與此相關的重要基本概念，即「情感」（affect）。前者是「物再現」與「字再現」的結合轉換模態，而後者則是伴隨著質變過程中（狹義）的「再現」，以一種量能釋散的方式進行，也因此比「再現」更緊密地聯接身體，也更具有行動性。它的範疇包含了日常所謂的感覺（sensation）、感情（sentiment）、情緒（emotion）等。

從強調空間性、視覺性與象徵性的特色可見，拉岡所謂的「返回弗洛伊德」，基本上是以第一精神圖形論時期的弗洛伊德作為主要參考架構[17]，然而含有經濟性與動力性的「自我」概念，卻是組成第二精神圖形論的主要核心內容[18]。對符表純粹性的追求，自然地難以抗拒形式化的誘惑，最終無可避免地導致拉岡晚年將整個理論逐漸不斷地往數學化的方向傾斜。在這個過程中，他雖然又另創新詞，提出了「原語言」（lalangue）的概念[19]，似乎企圖以此修正他有關語言過於邏輯性的設想，可是在根本上並無法扭轉整個問題。因為縱使「原語言」能將無意識更緊密地嵌入至語言秩序之中，所對應的主體卻仍然是停留在像「數素」[20]（mathème）一般被結構著的層次。

三、從語言到活的話語：葛林

針對拉岡理論過於注重結構所衍生的問題，另外一位法國當代著名的精神分析家葛林（A. Green）則從歷史性的角度，強調精神機制的動力性與語言機置的異質性。他將問題的重心從拉岡所堅持的「語

17　當拉岡主動引用第二精神圖形論時期的作品時，如《超越享樂原則》（1920），他仍然是從符表對立性的角度詮釋兒童玩弄線軸來去的遊戲。請見Lacan（1966: 319, 575）。

18　有關第一精神圖形論與第二精神圖形論二者在認識論上的主要差異，請見A. Green（2002b: 135-152）。

19　請見Lacan（1975: 125-133）。另外亦可參閱J.-C.Milner（1983: 38-50）。

20　拉岡想要用像數學一樣的幾何或形式化的方式來呈現人的精神結構，「數素」為其最小的構成元素。

言」（langage），轉到他所謂「活的話語」（discours vivant），並且突出其中的過程性（procès）以及「情感」的面向。「活的話語」指的是在具體的分析情境中真實流動的語言以及「情感」效果。這是由於結構過程中只指涉自身的「語言」，在線性發展時是以符表的化約與同質化為前提。而「話語」則可彰顯聯結過程裡符表各種不同的異質性（譬如再現、情感、思維、行動、身體自身的狀態等），並且呈現精神量能的投注、在質或量上的不同張力狀態與釋放結果[21]。

葛林整個問題的核心可視為是源自於對精神分析「再現」概念的重新思考。弗洛伊德「再現」理論的出現雖然可以上溯至他神經解剖學時期有關「失語症」（1891）的研究，可是整個基礎須待《後設心理學》（1915）的問世方才逐漸完備。在整個過程中，由於時空與議題的轉換，弗洛伊德有關「再現」的說法有時相當曖昧，往往留下不同的詮釋空間，其中特別表現在與驅力相關的問題上。

對弗洛伊德而言，驅力既不是意識，亦非無意識。它是「來自軀體內部的悸動並達致精神層面的精神再現物（psychical representative）」（Freud, S.E., XIV: 122）。位於精神與軀體邊界處的驅力，無法具體呈現自身與成為可識的對象，存在的只是代表它的再現物。它有如某種極限概念[22]（concept-limite），人們只能在這個限制的內部，透過它不同的再現物來探討精神的活動。這個概念也表明，在軀體內在悸動與驅力的精神再現物之間，並不存有任何同質性的關係。正是由於兩者的差異性分屬於不同的類別，所以在精神層次需要借助於一個再現物作為代表。然而，葛林指出，複雜的是，驅力不僅是軀體內部悸動的精神再現物，作為再現物本身，它另外還擁有其他的再現物，也就是說，它還再現他物。所謂的他物即是狹義的「再現」或又稱為「再現物

21　請參閱 A. Green（1973: 239）。
22　有關這個問題，請見 A. Green（1977: 77-92）。

－再現」（représentant-représentation），以及「情感」。這兩者共同構成「物再現」與「字再現」的基礎。

　　在他的著作裡，葛林曾經多次強調驅力的「精神再現物」與驅力的「再現物－再現」二者之間的差異。前者植根於軀體之中，是生命有機體內在生理悸動的精神代表。它是精神活動最原初的假設形式，具有溝通生理與精神的作用。而後者是外物留存在記憶的痕跡，其特點是經由感知（perception）的作用與外在現實相聯。它的內容涵蓋了「物再現」與「字再現」二項。「字再現」是由聽、說、讀、寫等有限方式組成的一個封閉系統。與此相反，「物再現」是建立在無限的知覺與感覺形式聚集而成的一個開放體系。無意識即是完全以「物再現」及隨其而產生的「情感量能」（quantum d'affect）為主要內容。意識與前意識的元素則包括了「物再現」以及與其相對應的「字再現」[23]。

　　驅力的「精神再現物」與驅力的「再現物－再現」之中所有的精神元素，共同形成了從軀體到精神經由語言再通往外在世界的整個結構。全部的過程是以與軀體緊密相聯的「精神再現物」為起點，投注至同時存在於無意識與意識層的「物再現」，促使驅力的「再現物－再現」以及與其投注強度相應的「情感量能」於意識層面與「字再現」結合後，在弗洛伊德所謂的「自我」層級，匯集上述精神及物質的各類現實再現物（如文字、聲音、感受、知覺、情緒……等），同時再與思維建立關聯，最終組成了包括主體、客體與指涉物的完整體系。「由此可見，再現概念的出現幾乎是與精神活動同義的。精神活動即是使可以再現之物得以湧現的地方。」（Green, 1995: 314）

　　然而，這個具有拓樸性、動力性與經濟性的體系，在語言行為的過程中，往往遭到漠視，其異質性的結構也被化約到一個相對同質性

23　相關的討論請見A. Green（1984: 152-153）。

的組織之中。葛林指出,這個複雜體系的核心是「物再現」。這是因為「『物再現』在精神活動中處於交叉路口的位置。在意識的層次,它借由語言建立起物與字的關係;在無意識的層次,它建立起物與驅力的關係,這裡存有雙重的再現過程(représentance)」(Green, 1987: 364-365)。

「物再現」之所以成為整個精神活動的聯繫樞紐,除了是受它在結構中所處的位置決定外,也來自於它自身的可具象性(figurabilité)。正是因為在夢裡所呈現的精神活動與「物再現」的特性一樣,兩者除了皆具有類似的「濃縮」與「轉移」運作功能外,也表現出相同的可具象性,所以弗洛伊德認為夢的詮釋是通往無意識的「康莊大道」。其實精神分析治療的原則不外乎是設法去尋找物與字相互之間有待建立的聯繫,語言的功用即是在於使思維的過程成為具有可知覺性的事物。倘若無意識層次的「物再現」在驅力的投注下完全被掌控,使得再現過程的能力遭受破壞,這經常導致驅力(尤其是所謂的破壞性驅力)不得不直接以粗暴的方式向外在現實中尋求解決,無論是個人行為或是集體的運動皆然。

作為第一精神圖形論主軸的「再現」概念,在弗洛伊德晚期作品中雖然不再發揮重要作用,可是當第二精神圖形論中的「原我」取代了無意識之後,「物再現」的位置也被「驅力動態性」(la motion pulsionnelle)的概念所置換[24]。驅力的「再現」問題不僅未曾消失,反而與第一精神圖形論不同,不再是位於生理與精神的交界,而是更進一步被納入在整個精神機置之中。

除了突顯「物再現」在驅力與語言之間所扮演的特殊角色之外,葛林還特別強調再現過程中「情感」的面向及其與驅力的關聯性,並

---

24 相關問題請見A. Green(2002a: 214-220)。

以此建立他自身理論的特色。一般而言，「情感」的概念在弗洛伊德
的作品裡經常被理解為只是一種單純的現象，它僅僅被視為是「再
現」過程中內在量能釋放後所形成的愉快或不愉快的表現。「再現物－
再現」與隨其而產生的「情感」也往往因此被認為是處於相互對立的位
置。「再現物－再現」內的記憶痕跡因不屬於量能的釋放，故被保留在
精神機置內，成為記憶系統的一部分。與此相反，「情感」在每次釋
放後能量耗盡，所以無法再有任何的發展與聯結。然而葛林卻認為，
弗洛伊德在第二圖形論之後立場有些改變，重新認識到愉快或不愉快
除了有量能的一面，也含有質的特性。所以「情感現象的量的方面不
能避而不見它的質的層面」（Green, 1973: 219），否則像「情感」的記憶
如何存在？

　　因此，他主張不應將「情感」只視為是驅力單純的排釋，摒除在
整個「再現」體系之外，而是將其納入其中。它與「再現物－再現」並
非對立，只是分屬不同的運作模式。為了釐清這種本質上的差異，
葛林建議將其稱之為「再現物－情感」（représentant-affect），以示與「再
現物－再現」相互對應又共同源自於驅力的「精神再現物」的複雜現
象。「再現物－再現」基本上屬於是非連續性的結構，注重的是如何以
同時性的方式聯結。「再現物－情感」的特性則傾向於連續性的擴散
（diffusion），雖然表象的能力相當有限，可是在質的歷時性變化上卻
存有一定的可能。客觀面向的量與主觀面向的質二者不可或分，可是
卻有相對獨立的發展。無意識的「情感」[25]基本上只是一種量的表現，
在意識層次的「情感」則是受到質的關係所主導。

　　作為話語的一個組成元素，「情感」隨附在其他不同的元素之
中，遵守語鏈的結合原則。可是一旦投注的量能超過承受限度則引發

25　無意識情感的存在雖然在理論上可以被接受，可是它的本質為何，一直是有待討論的問
　　題。有關討論見 A. Green（1985）。

質變，「情感」將從「再現」的軸線中脫落，成為拒絕聯結的元素。它能夠干擾甚至破壞語言的過程與思維的行為，最終可以衝破壓抑的藩籬與掙脫「自我」的掌控。與「再現物－再現」強調具象性相比，「情感」量能運動的特性顯現了它與軀體關係的緊密性。經由這個過程，作為自身內在行動的「情感」可以或者被導引至外在，顯示為衝動；或者借由更複雜的機制，以自身軀體作為表現的對象（somatisation）。整個過程如下圖[26]：

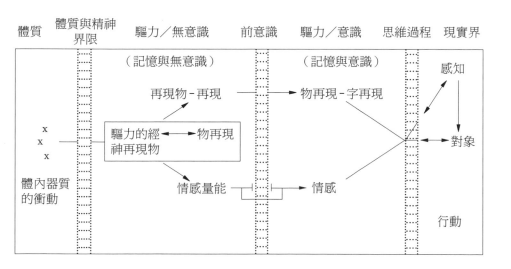

「情感」內在於「再現」的過程表明，軀體與語言二者均可成為「情感」投注的對象並成為「再現」之替代物，所以「『情感』是符表的軀體以及軀體的符表」（同上，239）。葛林雖然多方強調「情感」的價值，可是這並不意謂它在精神機置中佔有絕對的特殊位置，他的目的僅在

---

26 請見A. Green（1987: 372）。

於「堅持它參與在無意識的組織之中，以及它在介入（狹義的）再現過程方面呈現的特殊性」（Green, 1984: 201）。作為驅力的「精神再現物」之一的「情感」，在精神機置中必須與「再現物－再現」聯結才能擁有動力性與經濟性。否則只能停留在純粹的身體狀態，或是以焦慮及超出「自我」聯結能力以外的投注形式，在語鏈的表達上出現斷裂。

從釐清以「物再現」為核心所組成的多層次與多類別的「再現」體系，到區分這個複雜體系中「再現物－再現」與「再現物－情感」二者在性質上不可化約的差異，無不客觀地顯示葛林一直強調的符表異質性事實上是具體地存在於話語之中[27]。這種「活的話語」與拉岡所謂的「純粹符表」不同，毫無疑問，必定折射出完全相異的主體概念。拉岡的理論主要是以弗洛伊德第一精神圖形論的無意識為對象，將其視為是被壓抑的「再現」過程所構成的整體。無意識雖然被拉岡當作是一個具有完全不同性質的「另類場景」（Autre scène），可是實際上仍然有某種暗含的同質性存在於無意識與意識之間。這是因為二者在表面上無論如何的相異，卻皆可在語言中找到它們的共同結構，其中的差別只是二種「方言」形式的不同而已。葛林的理論則是從弗洛伊德第二精神圖形論的「原我」出發，無意識的概念雖然仍繼續存在，可是變成更接近於是一種性質，而非如在第一精神圖形論中被視為是某種層級。作為驅力能量貯藏所的「原我」，是以「生的驅力」（pulsion de vie）與「死的驅力」（pulsion de mort）為主要內容。由於「原我」的終端與軀體相通，使得驅力的生物特性比在無意識中更加明顯。這種特性貫穿整個「再現」過程，特別是量能層次的「情感」，構成從「原我」到「自我」，再從「自我」到「超我」過程的動力。所以葛林宣稱是「驅力孕育了主體性的模子，是他的來源與基礎」（Green, 1995: 270）。

27　請見A. Green（1973: 329）、（2002a: 195）及（2002b: 276）。

　　為了突顯驅力的這種無法在結構語言模式裡顯現的異質性，葛林提出「過程」（procès）的概念作為主體性理論的核心。他認為「驅力結合了來源、驅動、目的、對象，我們以它的配置結構與雙重返覆為依據，提出精神分析領域內的一個理論模式，其中主體被定義為類似於是過程」（Green, 1973: 304）。這個概念不但重新恢復了精神機置原有的動力性與經濟性，並且還賦予主體概念應有的結構性與歷史深度。

　　也是在這個問題意識之下，葛林重新思考精神分析中有關「自戀」的概念。他認為弗洛伊德的第二精神圖形論非但在「原我」的層次賦予了驅力新的內涵，所謂「自我」的概念也與先前大不相同，擁有完全新的面貌。然而後者這種改變是與「自戀」概念的使用有相當的關係。在弗洛伊德晚期的驅力理論將「生的驅力」對立於「死的驅力」之前，驅力的區分主要是以「性驅力」與「自我保存驅力」二者為主。可是在這前後期之間，大約從1914年一直至1920年左右，弗洛伊德卻將「自我驅力」與「客體驅力」二者對立，從而產生了「自戀」的概念。雖然他晚期由於過分強調「死的驅力」，將「自我保存驅力」或「自戀」放置在次要的位置，成為僅僅是「生的驅力」中的一部分，可是卻對進一步瞭解「自我」形成的動力過程與結構具有重大的價值。

　　拉岡有關主體的理論雖然是以符表的絕對性為基礎，可是其根本假設事實上即是以「鏡像期」裡主體與「自我」的自戀關係為前提，符表在象徵層次的運作正是為了要跨越這二者在想像層次上所存在的缺口[28]。與拉岡用符表鏈來「縫合」（suturer）缺口的方式不同，葛林從臨床的具體經驗建議將「自戀」視為是一個二元性的結構，即「生的自戀」（narcissisme de vie）與「死的自戀」（narcissisme de mort）。前者附身於「生的驅力」，為「自我」統一與協調功能的來源。後者則是死亡與

28　請見 J. Lacan（1996: 53-54）。

破壞性驅力的展現,傾向於將生命活動降至零度,最終導致「自我」本身的消失。這二股不同力量複雜與辯證的關係共同構築了主體性形成的過程。

對葛林而言,「自我」發展的完成之際是在「『自我』有能力承認外物作為其自身,而非是『自我』簡單的投射」(Green, 1983: 18)。「自戀」是「自我」在還未與外物完全區分並成為自身之前不可或缺的存在模式。在面對內在與外在分離的過程與自身片斷化的狀況時,「自我」以此構築一個屏幕,作為對原初之物(母親)失落的一種補償,同時又作為自身與外物之間的一個中介。因此,在「自戀」的動態結構之中存有雙重的統合性。在內部,它以自身的形象與存在感匯集了不同的精神人格特質。在外部,它成為「自我」與外物的交合處,使「自我」在對抗外物的失落時得以重新保持平衡。所以葛林認為「『自戀』被用做是主體內在的替代物,像母親看顧兒童般,看顧『自我』」(同上,51)。

葛林如果不是唯一的,至少也是極少數中的一位,嘗試接合「自戀」概念與弗洛伊德晚期驅力理論。與其他的精神分析「自戀」理論過於強調這個概念的自主性相較,葛林更堅持外物在「自戀」中扮演了一個重要的角色,這是因為「『自我』的再現事實上是『物再現』經由自戀式的投注所裝扮成的『自我』再現」(同上,140)。位於驅力與外物之間,「『自我』沒有任何自身的再現」(同上,137)。弗洛伊德在〈自我與原我〉一文中,曾經將「自我」視為是某種外表,或是某種外表的投射。葛林更進一步認為,它是「一種用來接納『物再現』與『情感』的外表」(同上)。從符號的異質性結構與驅力的動力過程,葛林繼承與發展了弗洛伊德有關「自戀」的理論,並以此闡釋了精神機置中「自我」之所以成為「自我」的可能性條件。

四、小結

　　自從馬克思提出現代我們所使用的意識形態概念以來，整個問題架構基本上或者被導向至外在政治、經濟、社會與文化影響下的結果，或者僅從意識形態所呈現的內容作解釋、比較、分類與歸納。對意識形態自身的性質及其運作機制是建立在何種可能性條件之上，以及由此所產生的效果，則較少成為關注的重點。

　　然而，意識形態的問題之所以難以令人掌握、理解甚至迷惑，其主要的癥結或許不完全在於這個體系所呈現的內容。彷彿只須簡單地以事實拆穿謊言，以真相取代幻想，一切即可迎刃而解。可是經常當所謂的事實真正呈現時，被意識形態所召喚的主體，往往無法或不願放棄對既有固執理念的堅持。意識形態在根本上類似於一種套套邏輯（tautology），它自成體系，不假外求。異於這個系統的其他事物根本無法進入。存在於內的任何事物，也都可以被自身邏輯「合理的」安排與解釋。尤有甚者，意識形態不僅只是一個在認知層次上的問題，它實際上更是被召喚的主體情感的投注與希望之所在。正是由於它有時是整個生命價值的寄託，在相當多的情況下，意識形態經常無法避免極為容易地成為蘊育激情、暴力與非理性的溫床。

　　在二次大戰後，法蘭克福學派的主要代表人物之一阿多諾（T. Adorno），反思納粹主義意識形態對人類所造成的巨大災難時，於一篇名為〈奧斯威辛之後的教育〉的文章裡極為沈痛地寫道：

　　　　我不相信，對那些犯下如此罪刑時僅僅聳聳肩膀的人，去談一些永恆的價值是有效的。我也更不相信，提出那些被迫害的少數族群所具有的正面品質能有什麼大用。必須要到劊子手身上找尋根源，而不是那些以可悲的藉口被謀殺的受難者身上。必要的是使主體回到他自身。必須要闡明製造出能夠犯下如此行為的人的這

些機制。必須要向這些人明示這些機制，並且在嘗試阻止這些人
重新回到過去的同時，要從每個人身上喚起對這些機制的自覺。
（Adorno, 1984: 206-207）

　　精神分析理論有關語言物質性及其主體性的設想，對深入瞭解意
識形態的性質與運作機制提供了另類的可能性。這或可有助於認識，
構成意識形態最基本元素的語言，不僅是現實的語言，它還是欲望與
情感的語言。從「意識」的形態進一步深入到無意識，亦可發現人不
僅是一種社會性的存在，他更是一種驅力性的存在。弗洛伊德正是
從語言的物質性開啟了無意識的研究以及對「自我」的探討。拉岡進
一步闡明，在象徵系統中存在的語言，並非只是人類歷史過程中的一
種偶然，事實上它對欲望主體的形成與社會聯結的建立具有結構上的
必要性。葛林的理論更突顯了語言的異質性與動力過程，不僅以「自
戀」的概念對「自我」形成的前提提供了一個理論基礎，更有益於認識
意識形態中經常被忽視的「情感」層面，而這個問題往往正是意識形
態難以被理解與曖昧性之所在。

第八章

意識形態中的主體性形構*

* 原文最初發表於2006年6月，《台灣社會研究季刊》，第62期。

　　　　　　　　　　　的確，在群體的心靈活動中，正像在夢和
　　　　　　　　　　　精神官能症中一樣，對真實的檢驗讓位於
　　　　　　　　　　　願望活動在情感上投注的強度。

　　　　　　　　　　——弗洛伊德，《群體心理學與自我的分析》[1]

一、意識形態與超我

　　當馬克思承繼了觀念學並將其轉換為意識形態的問題架構時，雖
然使它從一門自主的學科淪為一個被分析的對象或領域，可是他是從
外在的「勞動分工」角度，將意識形態的內容從有關「觀念」的科學轉
換成某種與生產關係以及社會關係相聯的思想體系。或許正是由於他
忽視或囿於其時代限制而無法處理構成意識形態最基本元素的語言，
導致這個概念存在著無法化解的結構性矛盾，並最終在他的作品中逐
漸消失。與馬克思用外在的「現實」否定意識形態自身最基本的表現
形式不同，巴赫金與阿爾杜塞相繼地從物質性的角度，重新評價意識

1　本文中有關弗洛伊德著作的引用來源為德文匯集版 *Gesammelte Werke*. 18 vol., Imago &
　　S. Fischer. Verlag 1940-1952（簡稱 G.W.）與英文標準版 *The Standard Edition of the Complete*
　　Psychological Works of Sigmund Freud. 24 vol.by James Strachey. Hogarth Press.1953-1966.（簡稱
　　S.E.）。在 Jean Laplanche 主持下的法文全集版（Oeuvres Complètes），雖然已將弗洛伊德後期
　　的作品大多譯出，可是目前尚未全部完成，故只有參閱，不列入書目中。

形態的作用與功效，並且分別在不同的議題內補充了馬克思的意識形態理論。可是二人對物質性的理解大致上仍然外在於語言，或是停滯於語言的表層，未能真正進入符號的內部。以致於只是片面地突出意識形態的效果，或是在形式上強調意識形態的運作方式。

　　有別於馬克思主義傳統對語言的各種形式的否定，弗洛伊德則是從語言物質性的問題開啟了人類對精神領域研究的新視野，精神分析學說對瞭解意識形態的性質與運作機制也提供了另類可能性。事實上，以談話治療（talking cure）為手段的精神分析從來就不單純地只是一種有關處理個人精神行為的醫療理論，弗洛伊德對語言問題的認識雖然是建立在個人層面，可是他注重的往往是語言系統中具有普遍性功能的一面，從而也為解釋人類的表意行為提供了一個整體性的框架，具有深層的社會意義與文化價值。它非但闡明了象徵作用的基礎，並且有助於理解許多表面看來是偏差性、病態性、非理性的實踐與社會運作邏輯之間深層的關係。在《精神分析的益處》（1913）中，弗洛伊德會特別指出其方法的獨創性，不僅是在於透過對個人無意識的挖掘達到對「精神官能症」（neurosis）的治療，更是冀望能夠藉由對社會無意識的闡明，向既有的社會與心理科學提供一個嶄新的觀點[2]。他後期的主要作品，如《圖騰與禁忌》（1913）、《一個錯覺的末來》（1927）、《文化中的不安》（1929）、《摩西其人與一神教》（1939）等，完全展示了精神分析理論對社會與文化領域的重視[3]。

　　然而，在弗洛伊德整個的作品中，非但從未正面與直接的討論意

2　請詳見 G.W., VIII: 390-420；S.E., XIII: 163-190。
3　至於這些作品如何構成弗洛伊德有關社會形成與聯結的整個理論，請見 E. Enriquez（1983）第一部分。弗洛伊德後期的「社會學轉向」，在某種意義上也可以被視為是其理論發展的必然結果，因為對他而言，不僅整個人是一個縮小的社會，同時社會也是一種更大範圍的個人。另外嘗試從與現實互動的角度，探討弗洛伊德後期的這些著作與社會之間的具體關聯，請見 H. Glaser（1995）。

識形態這個概念，甚至這個詞本身也只在晚年一次向公眾的演講中略為提及。他在一處分析「超我」的問題時，說道：

> ……孩童的超我實際上不是建立在父母的模型之上，而是建立在父母的超我之上。它裝填了相同的內容，成為傳統以及所有經時間考驗而世代相傳的價值判斷的載體。你們不難猜測這對人類社會行為的理解有何等重要的助益……。以唯物主義為名的歷史觀念極有可能即錯在低估了這個因素。他們摒棄超我，主張人們的「意識形態」無非就是他們當前經濟情況的結果與上層建築。這是真理，但是極有可能並不是全部的真理。人類從未完全地生活在當下，在超我的意識形態（Ideologien des Uber-Ichs）裡繼續存活著作為種族與民族傳統的過去，這些東西僅會慢慢地受當下的影響與新的變革而消退，並且只要它們經由超我而產生了作用，在人的生命中即扮演一個獨立於經濟情況之外的重大角色。（G.W. XV: 73-74; S.E. XXII: 67）

在這篇名為「精神人格的剖析」演說裡，弗洛伊德不但間接地批評了馬克思的意識形態理論，指出其過於強調當下的物質條件，從而忽視過去經驗的作用，並且還將意識形態的架構轉置於超我的概念之下[4]。他認為「對我們而言，超我是所有道德約束的代表，力求完美的維護者，簡言之，就是在心理學上可遇到的那些被稱之為人類生命更

---

4 事實上，如J. Habermas所言，馬克思對社會與歷史所做的抽象性哲學表述，與他實際上的具體性經驗研究之間往往存在著落差，此一論點請見《認識與興趣》（1999：37）。由於強調生產的物質層面，馬克思在理論上雖然輕忽傳統與文化的作用，可是在《路易·波拿巴的霧月十八日》這部直接觀察當代重大政治事件而寫成的書裡，他於一開始處就說到：「人們自已創造自己的歷史，但是他們並不是隨心所欲地創造，並不是在他們自己選定的條件下創造，而是在直接碰到的、既定的、從過去承繼下來的條件下創造。一切已死的先輩們的傳統，像夢魘一樣糾纏著活人的頭腦。」（《馬恩全集》，8：121）

高層的事物」（G.W. XV: 73; S.E. XXII: 66-67）。並且「我們承認它有審
視自身、道德良知以及理想性功能（Idealfunktion）」（G.W. XV: 72; S.E.
XXII: 66）。弗洛伊德在此處只提及了超我的內容與功能，值得注意的
是，在先前的一部著作中，他曾明確地指出超我的來源與運作方式，
事實上是與語言有密切的關係。他說：

> ……相較於意識的自我，超我證明了它的獨立性以及與無意識原
> 我（Es）的緊密關係。鑑於我們將意義（Bedeutung）歸諸於自我層
> 次的前意識裡存留的字（Wortresten），……超我也絕對不能否認
> 它的來源是起自於聽聞（Gehörtem），它事實上是自我的一部分
> 以及保留在字再現（Wortvorstellungen）（概念、抽象過程）之中去
> 進入至意識層。（G.W. XIII: 282; S.E. XIX: 52）

從自我分化出的超我不但源自語言，語言同時也是無意識的超我
進入意識及其不同形態的必要途徑。除此之外，在這系列演講的最
後一場，弗洛伊德以「世界觀」（Weltanschauung）為題，嘗試釐清精神
分析理論與世界觀的不同時，再次觸及了與意識形態相關的概念。
他強調「世界觀是一種知識的建構，它從某種極為有序的假設去統一
地解決我們生存中的一切問題，因此在其中沒有任何的疑問是保留
在開放狀態，而且我們所關心的一切都可找到其確定的位置」（G.W.
XV: 170; S.E. XXII: 158）。他以企圖控制人類感性世界的宗教作為範
例後，論到：

> 馬克思主義的力量顯然不在於它的歷史觀與以此為基礎對未來所
> 作的預言，而是在於敏銳地闡明人類的經濟條件對其知性的、倫
> 理的和藝術的看法有無法迴避的影響。先前幾乎完全不為人知的

一系列相連與依賴的關係因此被發掘。但是這並不能假定唯有經濟的動機決定社會中人類的行為。不同的個體、種族和民族在相同的經濟條件下表現各異，這個不容置疑的事實已經足以推翻經濟狀況的獨佔性。當事關活著的人的種種反應時，實在難以理解人們如何能忽視心理的要素；因為不僅這些要素已經參與了經濟條件的建立，並且在這些條件的控制下，人們種種原初的驅力動態性（Triebregungen）、自我保存驅力、攻擊欲望、愛的需求、追求快樂與躲避痛苦的動力纔能夠發生作用。（G.W. XV: 193-194; S.E. XXI: 178）

與上述使用超我的概念在時間上與結構上去凸出過去的傳統與外在的價值不同，弗洛伊德在此處似乎將重點放在自我本身的各種心理因素和當下物質條件二者之間的合而為一與交互作用。並且最後指出「如果有人能夠詳細地闡明，一般人的驅力構造、種族變異與文化變遷這些不同的要素，在社會適應、職業活動和謀生途徑的狀況下是如何運作、如何彼此抑制與相互促進，如果有人能完成這個事項，他就能補充馬克思主義，使其成為是一門真正的社會性科學」（G.W. XV: 194; S.E. XXII: 179）。

這二段相關的說法顯示，存在於超我內部的意識形態似乎難以具體的定位。因為從功能上來看，它不僅代表了個人對理想的追求與道德感的建立，它同時對社會的存在與傳統的延續亦具有不可或缺的功用。可是就其結果而論，一旦當它僵化成為一個封閉式的世界觀體系時，意識形態則與宗教類似，「……為了有利於保護自身而訂出思考禁律，這既對個人也對人類集體畢竟不是完全沒有危險的。」（G.W. XV: 185; S.E. XXII: 171）另外，使用自我與超我的分化過程作為研究群體心理學的方式顯示，這二者雖然是內在個人精神機置（psychischer

Apparat）之中不同性質的層級（Instanz），可是透過超我的中介，所謂個人，事實上不是孤立與抽象的，而是從一起始即具有社會的性質。綜而觀之，對弗洛伊德而言，精神分析理論所關切的重點是意識形態的功能、形成過程與運作機制，而非其內容。在這個過程中，個人如何經由理想的功能被召喚成主體，主體又如何被納入群體，則是主要問題的所在。

二、理想與自我的形構

超我的概念雛型雖然很早即存在於弗洛伊德的作品中，可是這個概念真正的形成與使用則是在1923年的《自我與原我》。這個與弗洛伊德後期的理論轉向密不可分；成為其第二精神圖形論（Topik）主要支柱之一的超我[5]，其實具有多重的內涵。因為自我在分化的過程裡，超我不但扮演一個不可或缺的角色，它同時又是自我分化的結果。作為與自我分離與對應的一個結構，超我是一個獨立的層級；而自我在向外開放形成自身的過程中，超我又含有監視、禁止與導引的功能。弗洛伊德認為從自我到超我，「這個過程的基礎就是我們所稱之的認同過程（Identifizierung），即一個自我對一個外部自我的同化，結果第一個自我在某些方面像另外一個那樣行動，模仿它並在某種意義上將其納入自身。」（G.W. XV: 69; S.E. XXII: 63）與超我的概念類似，認同過程在弗洛伊德早期的作品中有被觸及，可是這個概念在後期卻具有極重要的地位，其內容被他不斷地豐富與強化後，成為人格形成的一個核心的精神機制。

上述超我概念所顯示的是，自我基本上是位於一種分裂的狀態，其中一部分自我與另一部分自我處於既內在又外在的情境。在這過

---

5 值得一提的是，弗洛伊德並未將超我並列放置在《自我與原我》的書名之中。

程中，二者認同關係的建立，則有賴於其中一部分自我經由理想化（Idealisierung）成為另一部分自我的認同範式，即所謂的自我理想（Ichideal）。弗洛伊德曾特別強調自我理想架構出現的重要性，「因為在其身後隱藏著個人第一個與最有意義的認同，即對個人史前期父親（Vater der personlichen Vorzeit）的認同。它最初並不表現為是一種對象性投注的成就或結果，它是直接的與立即的並且先於所有的對象性投注。」（G.W. XIII: 259; S.E. XIX: 31）這整個過程與昇華作用強調驅力對象的轉換不同[6]，主要差別在於「理想化是一個與對象有關的過程，由此，對象在精神上被放大與美化，其性質並未改變」（G.W. X: 61; S.E. XIV: 94）。而所謂的對象，不僅可指外物，也包括自我。

自我理想概念的形成與弗洛伊德最初討論自戀的問題架構息息相關。在《自戀導論》（1914）中，他曾經分別使用理想自我（Idealich）與自我理想，前者比較與原我相連，後者相對則接近現實。可是他並未對這兩個詞在概念上作一個嚴格的界定，最終似乎以自我理想逐漸取代了理想自我，主要用來描繪自戀的內在精神形構[7]。弗洛伊德認為，由於新生兒在未成熟時處於一種無助狀態（Hilflosigkeit），必須完全仰賴他人來滿足其基本需求，自我理想的形成主要即是其被迫對源自於外在要求的強制性所作的回應，代表自我發展過程的一個層級，是自我的理想化以及對父母或其替代物的認同之下所匯集的結果。所以實際上「人們作為其理想投射於前方的是他童年失去的自戀之替代物，在那個時刻，他自身是他自己的理想」（G.W. X: 161; S.E. XVI: 94）。換言之，人所實現的一切，在相當程度上亦可被解釋為是在努力縮減自我與其理想之間所存在的鴻溝。也因為自我理想是驅向現實的原則，使人在根本上有別於其它動物，不只是按照快感原則單純地及直

---

6 有關二者的差別，請見 S. Mellor-Picaut（1983: 124-140）。

7 有關理想概念在弗洛伊德理論中不同階段的演變，請參考 P.-L. Assoun（1984: 183-230）。

接地以尋求自身驅力的發洩為滿足。由於自我作為一個獨立的存在單位並非是一蹴而成,從而介於自體情欲(auto-erotism)與對象愛戀之間的自戀,事實上扮演一個不可或缺的角色。透過自我理想的作用,自戀的自我得以在將自身視為愛戀對象的同時,建立起某種最原初的對象關係,並以此取得他者的關愛,以及導入外在的現實。

　　或許正是由於超我既存在於自我經由理想化所導致的分化過程,又是自我在認同過程中所產生的自我理想的結果,自我理想與超我二者往往被弗洛伊德混同地使用,甚至有以後者取代前者的傾向。然而超我的概念在弗洛伊德的作品中(譬如《自我與原我》),不僅展現出認同與理想的功能,事實上還具有評斷與禁止的含意[8]。在後續的《精神分析導論補篇》裡,除了理想的功能外,超我更包括自身審視與道德良知的作用。這些不同的功用更成為弗洛伊德用來區分罪惡感(如道德良知)與自卑感(如自我理想)的依據[9]。

　　此外,自我理想與超我不僅在功能上不同,其來源與結果也殊異。位於自體情欲與對象性之間的自我理想,承繼自弗洛伊德所謂的初級自戀,雖然是自我發展過程的第一個層級,企圖尋求的是重新獲得離開母體後所失去的圓滿狀態,而這種具有亂倫性質的交融所產生的全能感,只不過是一種替代性的錯覺(illusion)。超我則是自我發展的終極等級,是伊底帕斯情結的繼承者,以亂倫禁忌切斷兒童與母親的二元關係,建立起真正的現實原則[10]。拉普朗虛(J. Laplanche)與彭大歷斯(J.-B. Pontalis)在他們那本著名的《精神分析辭彙》中即指出,

---

8　請見 S. Freud(G.W. XIII: 262; S.E. XIX: 34)。

9　請見 S. Freud(G.W. XV: 62-86; S.E. XXII: 57-80)。有關弗洛伊德超我概念完整的討論,請參考 Jean-Luc Donnet(1995)。

10　弗洛伊德在《群體心理學與自我的分析》(1921)曾指出自我理想是受現實的支配,可是在《自我與原我》(1923)中又認為自我才是屬現實原則。這二者其實並不矛盾,自我理想應只是導向現實的初步,自我則是現實原則的真正完成。

雖然對超我概念的內容仍存有不同的看法，可是人們對自我理想的認識則具有相對的共識。所以「精神分析的文獻證明，超我一詞沒有刪除自我理想一詞。大部分的作者並不相互替代地使用」（J. Laplanche & J.-B.Pontalis, 1967: 185）。

　　不可忽略的是，正是在自我理想和超我問題架構逐漸成形的同一時期，弗洛伊德還提出一個新的有關驅力的假設。他在討論自戀概念時，是以自我驅力與對象驅力二者的對立，作為取代之前以性驅力與自我保存驅力的劃分方式，可是之後逐漸轉而認為基本上有兩種不同性質與運作方式的驅力，即生之驅力與死之驅力，兩者共同支配著個人的生存與社會的演變。生之驅力代表了欲力（libido）的各種不同要求，促成有機體的保存與延續，有益於生命的聯結與社會秩序的創建（從家庭、團體、部族到國家）。其中包含溫情、愛情、友誼、互助、團結等一系列對社會基礎與制度傳承不可或缺的元素。死之驅力則代表了與生之驅力對立的另一個類別，特點在於解除生命有機體的各項聯結，將其緊張性化減至最低，甚至最後回覆至混沌、未分化與無機狀態。這種無法獲得疏通與滿足而不斷重複的內在驅力，是以破壞性驅力或攻擊性驅力的形式顯現於外或重返自身。

　　人類精神人格的建立固然植根於自我理想的形成，在自我發展的每個不同階段也存有相應的自我理想作為自身衡量的標準。然而這些理想化的對象物必須有賴自身欲力能量不斷地投注，最終在閹割情結的作用下，逐漸統合成一個完整的自我。弗洛伊德所設想的人類精神機置的獨特之處，不僅突顯了自我理想在轉化成超我之前的動態性，使原我與自我之間相互滲透的複雜關係得以體現，另外也強調出在驅力無法直接獲得滿足之處所設置的理想功能，實際上能夠發揮另類替代與反面補償的效果。然而，如葛林（A. Green）中肯地指出，理想功能內含有矛盾性的結構，因為這同時是一個源自於自我的非對象性的

自戀組織，又是一個必須依靠對象認同將外物理想化的過程[11]。由於理想化本身往往意味著對某個唯一與無可替代性價值的堅持，自我理想並不會僅僅滿足於將投注於對象物的欲力轉至自身，它還強迫外物去符合自我理想。正是借由這個過程，主體在面對與外在現實的衝突時，否認自身的不完滿與拒絕對外物的依賴，確保自身自戀式的自足感與全能感，導致整個觀念或思想體系的運作產生封閉與僵化，成為只是某個理想的附屬之物。意識形態的形成，從根本上而言，主要即是與自戀之中最初的理想化結構過程所產生的效果密切相關[12]。

所以必須區分的是，對這些含有自戀成分的對象物所投射的認同，只是自我理想所產生的效果，而非是自我理想的組成物。自我將理想化的對象物納入的目的，即是在於以此縮減與其理想所存在的差距。自我在成為其自身的整個過程裡，必須於每一次的認同中不斷獲得相當的滿足感，方能使其不願重回至先前的階段。可是與此同時又必須承受一定的挫折感，促使其不至於因滿足而固定於現狀，停止了繼續前進的動力。透過適量的滿足與挫折不斷交替的牽引，經由自身、父母、其替代物，之後再到外在各種不同的對象物，最終，一個包容與整合之前所有階段理想物的完滿自我方成為可能。這個必經的演變途徑如果因為其他任何不同的原因被斷斷，或是以其他虛假的方式完成，一個所謂成熟與穩定的自我則無法確實地展開，這種自戀性的創傷也為各式各樣偏離了應有軌道的行為與現象創造了可能性的條件，產生有關各種所謂的「理想性病症」[13]。

因此辯證地來看，相較於自體情欲而言，自我理想是發展過程的前進力量，具有正面的積極意義，可是從分化完成的自我觀之，它卻

11　請見 A. Green（1990: 281）。

12　請參考 P.-L. Assoun（1987: 151-159）。

13　從自我理想所產生的各種病理分析，請參考 Janine Chasseguet-Simirgel（1990: 17-45）。它

仍然是一個屬於前伊底帕斯的層級，含有負面的消極因素。作為構成初級自戀重要一環的自我理想，如弗洛伊德所指出，由於與自身和對象物的關係是處於在一種立即的與直接的狀況下，日後雖然成為人格組成的一部分，可是它難以與自身分離的交融特性往往卻是潛存的病理來源。換言之，自我理想中所顯現的物我共生的二元性關係，事實上只是自戀自我的一種延長，與亂倫的幻想緊密交織於一處。現實感真正的建立必須有賴於對父親的認同，他以第三者的身分涉入，從中扮演一個必要的中介者角色，在豎立起亂倫禁忌界限的同時，將自戀的自我從退化的狀態中解放出來。所以，超我真正的內化與完成不僅只是在於伊底帕斯情結的展現、穿越與衰退，更在於其中所內含的自我理想是否真正的被消解與揚棄。自我理想應當被視為只是主體在獲取自我的一個必經過程，如果採取固定、規避或重返的方式去面對這個現象，產生的只能是一種自戀式的錯覺與極其不良的結果。自我的價值感應源自於超我，超我也應成為自我自戀動力的真正來源。

三、理想與群體的形構

　　自我理想不僅在個人精神人格中不可或缺，它同時對群體的形成也具有舉足輕重的影響。在《自戀導論》最後的結語部分，弗洛伊德即宣稱「自我理想開啟了一條瞭解群體心理學的重要道路。這種理想除了它的個體性的一面外，還有社會性的一面，它也是一個家庭、每一個階層（Standes）、一個民族的共同理想」（G.W. X: 169; S.E. XIV: 101）。從他突出這個概念本身的兩面性可見，同時存在於個體與群體之內的自我理想並非是獨立地分屬兩個不同的範圍。相反地，二者事實上是被同一個事物溝通與貫穿。這是因為弗洛伊德認為，如果社會是建立在共同的理想、價值與生活，它的凝聚與統合必須依賴一定的欲力能量投注至社會的聯結上。而構成自我理想的認同過程，不僅是

推動自我形成的最初機置，它同時也是群體聯結的欲力基礎。

　　換言之，對我們而言，他者的存在是建立在我們將情感投注其中的結果，他者之所以成為他者，與自我之所以成為自我是屬於同一個過程。也正是基於此一事實，弗洛伊德在《群體心理學與自我的分析》的一開頭即明言：「個人心理學與社會或群體心理學的對立，第一眼看上去可能會充滿意義，當更嚴格地檢驗，則失去它大部分的清晰性。……在個人的精神生命裡，他人全都經常要被視為是模範、對象、幫手及對手而予以考慮，由此，就廣義的但是完全可以成立的意義而言，個體心理學從一開始同時就是社會心理學。」(G.W. XIII: 73; S.E. XVIII: 69)

　　事實上，弗洛伊德真正提出對社會體系較完整的看法應始於先前出版的《圖騰與禁忌》(1913)。在這部他極為看重並視為是《夢的解析》之後最成功的著作裡[14]，主要嘗試想表達的即是將屬於個人層次的亂倫禁忌，進一步擴展到解釋有關社會與文化起源的問題。他假設社會之所以形成，應是起自於一個共同的罪行。亦即在原始部族時，當時權力的唯一擁有者(父親)享用了所有的資源(女人)，其他的成員(兒子)因而奮起反抗這種獨佔性的暴力統治。共同除去了至高無上的主宰後，不僅基於懊悔產生的罪疚感，更基於避免群龍無首後同儕由此可能展開相互爭奪，從而將被弒者理想化與轉換成圖騰或神祇，以其作為成員互愛的見證人與群體聚合的守護者。如果文明始於一個罪行，那就必須以放棄驅力自身無目的與無止境的滿足作為代價。

　　這個論述的主要目的在於顯示，如果驅力採用一種非中介或是替代性的方式來滿足自身，一個流通與穩定的社會將無法真正地建立。無論是在個體或是群體的範圍裡，皆必須豎立一個禁止的層級，將直

14　請見弗洛伊德1913年5月1日致Ferenczi的信。引自E. Jones (1961, II: 376)。

接性與立即性的驅力轉化成含有中介性的欲望，並使其不可避免地與持續地和社會的律則相聯。因此，文明的誕生與壓抑的形成其實是事物的一體兩面。伊底帕斯情結也不僅只是與個人的精神發展有關，它更是一個群體從自然狀態進入文化制度所必須跨越的決定性門檻。這種結構上存在的必要性，對個人而言，它或是想像的建構，可是從社會層面來看，它是實然的存在。雖然禁止亂倫的幻想不必然一定需要建立在實際行為的發生之上，可是這無礙現實中存在的不同元素，對它的創造與表現提供了詮釋的起點與理論的支持。

　　《圖騰與禁忌》是以亂倫禁忌作為闡明社會生成原因的主軸，在《群體心理學與自我的分析》裡，弗洛伊德則以自我理想作為深入分析社會運作機置的鑰匙。由於切入的視角從社會的起源轉至群體[15]的內部，問題的重心也由絕對的宰制變成如何的臣服。作為最高權力擁有者的領袖，其形象與內容也發生了徹底的改變，從先前是暴力的實行家，經由理想化過程而搖身一變，成為是慈愛的散佈者。弗洛伊德在書中指出，社會存在後的平穩運行，必須有賴於一個共同的參照點。群體內在凝聚力的基礎，是源自於一位對其所有成員無差別地付出同等關愛的領袖（父親），透過這種具有欲力性質的情感聯結，領導者採用一種類似於催眠狀態下的暗示手段影響其成員，在形塑群體的同時，也使自身成為群體的共同對象物。這種緊密地有如面對面的相互交融關係的產生，必須依靠「相當數目的個人在他們的自我理想之處放入某個唯一與相同的對象，並且因此在他們的自我之中相互地認同」（G.W. XIII: 128; S.E. XVIII: 116）。換言之，群體的結合是以一個共同的自我理想去取代個別的自我理想，這是一個雙重的認同過

15　弗洛伊德雖然認為「人們可能在『群體』一詞下面集合了一些非常不同的形構需要被分別對待」（G.W. XIII: 90; S.E. XVII: 83），可是在書中卻並未去處理這個問題，只是以德文 Masse 去概括英文的 group（團體），或是法文的 foule（群眾）。

程,成員是透過對被理想化的領導的直接認同,進而相互的間接認同
與聯結。群體可說同時是自我、自我理想與對象的最終綜合。如弗洛
伊德在書中所畫的圖示[16]:

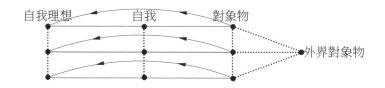

這兩種立場表面相反實則相成的父親,完全是基於群體的需要而
產生,從否認他者的權利變成平等地對待所有成員,從死亡的帶原者
轉為生命的延續者。這種轉折之所以能夠發揮,正是有賴於作為壓抑
層級的自我理想發揮了理想功能的作用。從《圖騰與禁忌》至《群體心
理學與自我的分析》,弗洛伊德相繼地闡明,禁忌與理想二者其實互
為表裡,一是制止,一是導引,生物上驅力的滿足與精神上理想的追
求可以相互替補。在結構上,這不僅是對個人,同時也是對社會存在
不可或缺的兩根主要支柱。將父親及其權力作為是共同理想而加以認
同,有助於抑制與疏導驅力的走向,另一方面也表明社會中政治與倫
理限制存在的必要性。然而,群體中所顯現的情感聯結,往往令人忽
視或掩蓋了社會起源時所內含的暴力,使得群體的組織彷彿是從天而
降,自然與和諧地自我生成。事實上,對父親及其所代表的權力的憎
恨與恐懼,並由此形成的攻擊性與罪疚感,才是往後各類服從或反叛
現象真正的深層結構[17]。群體內潛藏的這種原始與強烈的愛恨二重矛

16　詳見 Freud（G.W. XIII: 128; S.E. XVIII: 116）。

17　弗洛伊德曾明確地表明「……社會情感起初是取決於敵意情感的反轉,然後成為帶有認
　　同性質與肯定性色彩的結合」（Freud, G.W. XIII: 34; S.E. XVIII: 121）。

盾，必然也制約了其對理想對象的情感與無意識內容。

　　雖然承認群體的區分有同質的／異質的、自然的／人為的、暫時的／穩定的、原始的／組織的等不同的型態，可是弗洛伊德對群體的運作方式似乎並未賦予任何正面的考量，並且認為上述二類組織的聯結方式在本質上沒有根本的差異，從而「第一類群體幾乎與後者重疊，就有如像是海上短促但高起的波濤與長浪」（G.W. XIII: 89; S.E. XVIII: 83）。在《群體心理學與自我的分析》裡，弗洛伊德特別強調，當自我延伸與融入群體，成員易於產生某種幻覺，認為實現了自我與自我理想結合的欲望，社會中的個人往往對其對自身的自戀轉移至對群體的自戀，從而造成理智的退化與盲目的順從。

　　他綜合了勒朋（G. Le Bon）對群眾的研究指出，「群體是衝動的、易變的、躁動的。它幾乎完全是受無意識引導。……它無法在它的欲望與欲望實際實現之間忍受任何的延遲。它具有一種全能感，對群體中的個人而言，不可能這一概念消失了。」（G.W. XIII: 82; S.E. XVIII: 77）因此，「群體極其易受到影響與輕信事物，它沒有判斷能力，難以置信之事對它而言並不存在。……群體的情感總是非常簡單與奔放。如此群體既不知道懷疑也不瞭解不確定性。它直接走向極端，表現出的懷疑在那裡立刻被轉換成是無可爭辯的確定，一絲反感就會變為了粗暴的憎恨。……任何想要影響它的人都不需要在邏輯上考量他的論據，他需要的是以強而有力的意象去描繪、誇大與重複同樣的東西。」（G.W. XIII: 82-83; S.E. XVIII: 78）最後，「在群體內，最對立的觀念能夠並存，並且相互之間調和，不會從它們的邏輯矛盾之中引發衝突。」（G.W. XIII: 84; S.E. XVIII: 79）

　　群體中的認同因為源自於自戀的特質而充斥著原始的本性，超我由此被自我理想所取代，它的成員與構成其自我理想的對象之間的關係，退化變成是立即性的，從而導致道德意識與責任感的消亡。如果

以情感為主導的聯結方式吸納了全部的欲力能量，在引發對理想對象無條件依賴的同時，也不可避免地會挑起了潛伏的暴力。弗洛伊德指出「在群體內的個人集會裡，所有的個人抑制消失了，作為原始時期的殘餘而蟄伏在個體中的所有殘酷、粗暴與破壞性本能，為了驅力自由的滿足而被喚醒」（同上）。所以「它對它的英雄要求的是武力，甚至是暴力行為」（G.W. XIII: 83; S.E. XVIII: 78）。

弗洛伊德在此揭露了自戀與死之驅力二者之間存在的一種共生關係，因為過度的自戀必然將自身的存在絕對化，對所有異於自身之物在根本上也具有深層的懷疑與敵視，所以自然地認為有權利對任何可能的威脅採取必要的手段加以排除，而暴力則經常是破壞性驅力與攻擊性驅力最外顯與最激烈的一種表現形式。群體中的個人由於懼怕思考或表現的與他人不一致而被拒斥在外，從而強烈地渴望獲得領袖或是其他成員的關愛，這也形成了對領袖無理性的服從與對其他成員不自覺的模仿。同樣地，在愛的旗幟的召喚與相互感染之下，相反地去煽動對其他不屬於本群體成員的共同憎恨，當然也可以進一步強化這類「博愛共同體」，順理成章地為其創造出一個更堅實的聯結基礎[18]。

從個體自戀引申出有關社會形成與群體運作的分析顯示，構成群體認同的理想過程固然有助於自我以及群體的建立，並且認為「群體的心靈本身也可以在智性上有天才性的創造」（G.W. XIII: 89; S.E. XVIII: 83），或者「在暗示影響下，群體同樣能夠在捨棄一切、大公無私和為理想奉獻犧牲方面有高度成就」（G.W. XIII: 84; S.E. XVIII: 79），可是當理想的必要性如果被過度地擴大或僵化，無法掙脫自戀

18　弗洛伊德曾提及：「操控者或操控性的思想可以說也能夠變成負面的，對一個確定的人或體制的憎恨可以有完全同樣的統合作用，引發類似於正面的忠誠情感所激起的聯結」（G.W. XIII: 110; S.E. XVIII: 100）。最著名的例子莫過於二戰時發動侵略的三個軸心國家，納粹德國、法西斯義大利與日本帝國皆共同利用這類「博愛」論述作為自身建構的工具，以此對內剷除異己與對外侵略他國。詳情請參考 P. Brooker（1991）。

性的自我迷戀，因而朝著往絕對性理想的道路邁進，理想化過程反而
會不利社會的發展，在不同的情況下會造成形式各異的退化，這些也
是形成戕害自我與社會各種病因的基礎。與此過程相對應的另一部
分，即佔據群體成員自我理想位置的領袖，其所扮演的角色亦充滿曖
昧性質，他能夠正面地為群體提供保護，同樣也會負面地帶來不幸的
災難。弗洛伊德在書中曾特別提到其他有關群體的研究，經常極少考
慮到有操控者與無操控者群體之間的區分，他以教會與軍隊為範例，
闡明這兩類高度組織化的團體中，對領袖的情感聯結往往比群體成員
之間的聯結更具有主導作用。

　　弗洛伊德另外指出，群體中個體有若被催眠的情況，實質上與
愛戀狀態中的精神人格相類似，「對待催眠師就像對待被愛的對象一
般，同樣的謙卑順從，同樣的溫馴，同樣的缺乏評斷。」（G.W. XIII:
126; S.E. XVIII: 114）這是因為「對象被當作是如自我本身般來對待，
在愛戀狀態下，相當數量的自戀欲力溢注於對象。在許多愛戀的選擇
形式內，甚至明顯地可以看到對象是用來替代而非達到自身的自我理
想……自我變得愈來愈缺乏追求與謙遜，對象則愈來愈崇高與珍貴，
後者最終佔據了全部的自我對自身之愛，以致於自我自身的犧牲成為
自然的結果。對象因此可說是耗盡了自我。……對象所做與要求的一
切皆是正確和無可指責的，道德意識也不適用於有關對象的任何事
項。在盲目的愛戀中，人們無懊悔地成為了罪犯。整個情況可以完
整無餘地用一個公式概括：對象被置於自我理想的位置之上」（G.W.
XIII: 124-125; S.E. XVIII: 112-113）。

　　上述比較可見，理想化雖然是認同過程的一部分，可是二者運作
的方式卻極不相同。認同過程是將自我理想投射至對象身上，所顯現
的是重新尋找原始自戀的欲望，是個體的相遇與交融的結果，在過程
中彼此分享與相互豐富，從而對象彌散成為自我的組成部分，自我也

依對象而改變，最終造成理想化逐漸的弱化。可是極度愛戀狀態的現象表明，理想化一旦發展超出限度而陷入著迷狀態（fascination），理想化的對象被過分投注與完全的偶像化，從而整個佔據了自我理想的位置，其結果則是自我被對象所取代[19]。因此，集體與個體雖然必須以認同父親作為自我理想與進入現實社會的必經之路，可是卻不能變成自虐性的臣服，以致於將內含的攻擊性導向自我。相反地，採取妄想性的自大，任意地鬆動禁忌，也將導致對外激烈的暴力行為[20]。

四、理想與觀念的形構

除了強調佔據自我理想位置的領袖，以其具體的存在對群體的形成與運作產生重要的作用外，弗洛伊德還指出「隨著自我向對象獻身的同時，這已經與向抽象思想的崇高獻身不再有別……」（G.W. XIII: 125; S.E. XVIII: 113）。換言之，作為自戀對象的自我理想不一定只限於是群體中的領袖，它也可以是抽象的思想或是觀念，從而他認為「我們應該要考量……在其他的群體裡，是否操控者不能夠被某個觀念或抽象事物所取代……」（G.W. XIII: 109; S.E. XVIII: 100）。事實上，民眾對領袖圖騰式的崇拜固然是源自於欲力強烈的投注，可是因

---

19 各種不同的政體，無論是所謂民主或是獨裁，皆會利用誘導與迷惑的方式建立自身的合法性。此一問題請見R. Debray（1993）。包括法西斯的政權，也不只是如一般所言，以暴力作為奪取權利與統治的手段。有關納粹如何吸引群眾的問題，請見P. Reichel（1993）。

20 父親位置的曖昧性使得D. Anzieu認為，在團體內造成退化至初級自戀的結果，以及原我透過自我理想逐漸掌控自我與超我，並且接近以初級思維作為表現形式，這些情形所顯示的其實不是對父親的認同，而是對「幻想的母體的投射」。請見D. Anzieu（1999: 75-76）。另外J. Chasseguet-Simirgel則認為有必要進一步區分領袖與父親二者的差異，而「領袖纔是那位促進自我與理想這種古老的結合欲望之人」。請參考J. Chasseguet-Smirgel（1990: 76）。換言之，真正的認同是以父親為依歸，而被過度理想化的領袖，事實上是以母親替換了真正父親的位置，所製造的只是錯覺。作為對象的母親應只是一個過渡，並非終極的認同目標。

為「領袖們的內涵是得自於他們自身所狂熱信仰的觀念」（G.W. XIII: 86; S.E. XVIII: 81），所以這種情感聯結的建立，與其說是對領袖，毋寧說是對其所代表的觀念。也正是這些觀念賦予了領袖真正的威望，以至於「威望就是某個個人、作品或是觀念在我們身上形成的某種支配性……它能夠挑起有如催眠中著迷那樣性質的情感」（同上）。受情感主導的觀念所尋求的是將想像中的欲望付諸實現，而每一位絕對威權的領袖即是位於群體與其代表的錯覺之間的中介者。

弗洛伊德另外注意到，無法傳遞或溝通的觀念是無法產生任何的支配效果，它必須經由語言作為一個更為實質的中介，因為「……群體臣服於語詞真實神奇的力量，它能夠在群體的心靈裡喚起極其可怕的激動與平息激動。用理智與論證並無法對抗某些語詞和公式。在群眾前虔誠地宣講這些語詞，其臉立刻變成崇敬，頭也低垂。這些語詞被很多人當作是自然的力量或超自然的威力」（G.W. XIII: 85; S.E. XVIII: 80）。然而，人們絕非為了簡單的語詞而鬥爭，並且也非所有的語言擁有這種欲力的能量，只有在某些具體的特殊語境中，經由儀式般過程不斷重複並含有單調性、具象性、迷惑性、煽動性的語詞，纔能擁有這些神奇效果。其原因在於這些語詞向其群眾承諾了自我與其理想結合的願景，這種滿載自戀式的語言所指向的重點，在於誘惑與拐取群眾去「重新找到失去的完美」（J. Chasseguet-Smirgel, 1979: 34），由此獲得一種無所不能的感覺，使其充滿夢想，並且將夢想視為真實。

所以「群眾從來就不渴求真理。他們要求錯覺，無法將其拋棄。在他們身上，不真實總是優先於真實……我們曾經指出過，空想的生活與源自願望無法滿足的錯覺佔據了支配地位，就精神官能症的心理學而言，這是決定性的。我們發現精神官能症注重的並非是客觀現實，而是心理現實」（G.W. XIII: 85; S.E. XVIII: 80）。在錯覺的引導

下，群體只強烈地關注自身的所思所想，完全不考慮是否與外在現實相符，由於對思想的過度堅持，使缺乏中介與被隔絕的觀念成為欲力新的投注對象，最終被視為是比外在現實更真實的存在。弗洛伊德認為，群體用抽象的觀念世界取代具體的自然世界，並以此認為控制了思想本身即同時可以掌握了外在對象，這種思維方式與原始部族非常類似[21]。其根本原因在於面對無法承受的外在現實時，內心的恐懼感使自我退縮至類似孩童時期對母親的依賴，難以與作為自我理想的原初愛戀之物真正的脫離。想要徹底跳脫被圓滿幻境的宰制，並非一蹴可成，必須要透過一個哀悼性工作過程，方可逐漸地向過去告別，積極地面對現實，使欲力從新投注於外在對象[22]。

拉普朗虛與彭大歷斯雖然並未將錯覺視為是精神分析的一個重要概念而收錄於《精神分析辭彙》書中[23]，可是無可否認，這個詞語在弗洛伊德晚期的作品裡卻具有重要的理論意義。它不僅在《一個錯覺的未來》中作為書名的主要部分出現，更涉及到弗洛伊德對整個當代人類文明性質的認識、發展與評價。他在這本書中指出，錯覺與一般所謂的錯誤完全分屬不同的問題意識。錯誤的產生往往是源自於無知，它是與真實處於對立的一面，因而隨著認識的增長或深入，無知可以被消除，錯誤也得以被改正。其問題基礎是建立在線性的進步概念之上，屬於理性主義思維的產物。

與受知識限制所做出的錯誤不同，「錯覺並不必然是假的，也就是說無法實現的或是與事實相反」（G.W. XIV: 353; S.E. XXI: 31）。這是因為「錯覺的獨特之處，在於是源自於人的欲望」（同上）。與完全

21　請參考 S. Freud（G.W. IX: 46-80; S.E. XIII: 75-99）。
22　A. & M. Mitscherlich 即認為，在納粹統治下的德國，群體非理性行為的產生與這種哀悼性工作無法真正展開密切相關。詳細請參考 A. & M. Mitscherlich（1972）。
23　然而彭大歷斯曾編輯過一次關於錯覺的專號，並為其寫過一篇導論性的專文，後收錄於 J.-B. Pontalis（1977: 91-100）。

喪失現實感的幻覺（hallucination）亦不相同，錯覺本身仍然與部分外在現實相聯，只是外在現實的意義完全取決於欲望的投注。「因此在動機中當欲望的實現是主導性時，我們稱錯覺為一種信仰，就好像錯覺本身放棄被現實肯定，我們並不考慮這個過程中從信仰到現實的關係。」（G.W. XIV: 354; S.E. XXI: 31）由於是受到欲望的支配，科學的進步非但無法完全消除錯覺的存在，反而隨著理性的高漲，對外在現實掌控的增加，經常更強化了自我對自身的自戀與誤識，製造出各類新的錯覺，其中最典型的例子就是宗教[24]。

　　錯覺之所以是一種持續性的存在，成為所有社會組織建構過程的主導力量，首先是因為社群起源的本身就是依賴於一個無法逃避的錯覺，亦即它必須經由某個超出自身之外並被理想化的存在所創造、保護與關愛。假如缺少這個錯覺，也就無法產生愛的聯結，任何的群體或社會皆不可能存在，重新退回到所有人對抗所有人的鬥爭。弗洛伊德認為，社會的建立之所以需要依賴錯覺，其實是人類對自身無助狀態所作的一種回應，這個情況與新生兒在未成熟時處於的無助狀態類似，從而不得不被迫形成自我理想去回應外在強制性的要求。其次，社會的起源既然基本上與自我形成的過程一致，在這之上所建立的文明及其未來的走向也必定服從於相同的邏輯。與自我一樣，任何文明

24　弗洛伊德指出，「不同的宗教思想就是各種錯覺，是人類最古老、最強烈、最迫切欲望的實現，它們力量的秘密在於它們的欲望」（G.W. XIV: 352; S.E. XXI: 30）。西方雖然從啟蒙運動開始，企圖以理性掙脫神學所掌控的世界，可是在這個世俗化的過程中，宗教思想的優位性只是在表面上消退，實際上仍然宰制著西方認識世界的方式。例如Karl Löwith在《世界歷史與救贖歷史——歷史哲學的神學前提》表明，近代世俗化的歷史其實只是一種顛倒的神學末世論歷史觀。Marshall Sahlins從本土人類學的觀點，也指出西方自身社會科學中使用的某些重要概念，如「自然」、「權力」、「經濟」等，仍潛藏著不同程度的神學內涵。請見Marshall Sahlins（1996: 395-428）。有關弗洛伊德與啟蒙思想家在這問題上的比較，請見M. Ansart-Dourlen（1985: 101-124）。此外，科技理性與宗教信仰相互曖昧的關係在當代最突出的案例，莫過於美國。請見J. Audinet（1987: 23-36）。有關這個問題的一個較深入有趣的研究，可參閱D. Lecourt（1992）。

存在的目的不外乎是在於掌控外在的自然力量與調節自身組織內在各部分的壓力,由於人類無法脫離文明而存在,可是同時又難以背負起文明所帶來的重擔,所以製造出了不同的錯覺來承受現實的壓力。之前在《關於戰爭與死亡的時論》一文中,弗洛伊德就曾表示「我們求助於錯覺,是想由此使我們能免除一些不愉快的感受,並且反而還得以享受到滿足」(G.W. X: 331; S.E. XIV: 280)。

因此,作為精神活動與外在現實妥協結果的錯覺,是一種利用欲望投射的理想化方式去對待各類的社會實踐,並發揮了聯結個人與組織的功用[25]。雖然只是代表了部分的現實,可是錯覺在確保了與外在社會溝通的同時,也補償了因禁忌而被限制的欲望。正因為錯覺在社會的起源與文明的發展過程中佔據了一個核心因素,弗洛伊德甚至認為錯覺的概念幾乎可能已滲入到所有人類的行為以及整個文明的全體。他在《一個錯覺的未來》中指出:「一旦我們承認宗教的教義是錯覺時,一個新的疑問產生:其他那些我們極為尊崇並且主導我們生活的文化財產,難道不是屬於同樣的性質嗎?支配我們政治制度的各種原則難道不應該是同樣地被定義為是錯覺?在我們文明中,性別之間的關係難道不是被一種或是一系列的情欲錯覺所困擾?我們利用觀察、反思與科學方法得以發現某些外在現實事物的信念是否有某種基礎?」(G.W. XIV: 356; S.E. XXI: 34)。

毫無疑問,錯覺以不同的形式表現於日常生活的各種實踐裡,無論是在工作、遊戲、藝術創造,甚至是在幻想、夢的活動與無意識之中也無處不在。錯覺中內含的創造能力具有正面與積極的意義,特別是對人類想像力的運作過程扮演了極其重要的角色。依照對快感原則接受的程度,不同種類的錯覺建構自身與現實的關係,這些真實存在

---

25 有關錯覺對自我形成具有重要功用的討論,請見 E. Enriquez(1986: 135-162)。

的錯覺為人類具體的精神活動作出最佳的註腳。然而，弗洛伊德也強調，對自我的形成、社會的建立與文明的進程完全必要的錯覺，相反地，另一方面同時也可能導致自我的瓦解與社會的崩潰。因為錯覺雖然可使人類在某種程度上遠離無助與痛苦，進入無衝突的狀態，產生一種確實感與完滿感，可是如果無條件接受欲望的主導，最終所產生的效果卻是一廂情願地將精神投射的產物視為是真正的現實。錯覺以一種近似於封閉與僵化的信仰形式，排除自我與其理想之間的差距，不但利用理想化的過程將問題的本身想像成為是問題的結束，並且獨斷地認為自身是解決所有問題唯一與最終的方式，對所有可能反對的障礙毫不妥協地加以排除。它要求於人類的往往是激情式的服從，而非基於現實的開放性討論。

五、精神分析與意識形態

　　精神分析的理論顯示，社會性與驅力性二者共同構成了人類存在的基本條件，可是社會的建立與持續發展，必須要依賴人類對自身驅力的滿足作出某些限制。部分驅力的放棄固然創造了文明，可是同時也帶來痛苦。掙扎於自然（nature）與文化（culture）之間的主體，不得不以自我分裂的方式回應這兩種性質不同並且來源各異的要求。弗洛伊德所建構的精神機置即是用來處裡這種結構性矛盾所產生的內在衝突，亦即在抑制驅力的破壞力量之際，又必須在某種程度內滿足驅力的要求。理想的功能不僅對作為統合自身與外在的自我層級不可或缺，對理解群體的形成與運作極其重要，並且也制約著對過去、現在與未來所作的想像。

　　錯覺作為群體理想性的一種心理投射，無論是從形成的機制或是所具有的社會功能而言，與一般所謂的意識形態在社會中所扮演的

角色相當類似[26]。透過與錯覺的比較，不但使意識形態本身的功能結構、動力過程與能量機制得以彰顯，同時也揭露了其中所存在的各種積極價值與負面陷阱。從精神生產的過程而論，弗洛伊德與馬克思的意識形態理論的基本假設其實並不完全對立，二者不約而同相繼地皆否定了意識的自主性，並且一致地將宗教作為主要的代表性對象。其中的差別除了在表面上前者將問題重點放在意識的內部，而後者將主要因素建立在意識的外部，更重要的是，與馬克思不同，弗洛伊德並不只是簡單地將其理論限於宣告宗教是人類的一種精神慰籍，他還嘗試解釋為何這種心靈的創造物能夠擄獲人心與產生巨大影響的原因[27]。

　　由於對政治、經濟、社會等因素的強調，馬克思及以降的大部分追隨者，所使用的概念從「反映」、「顛倒」、「虛妄意識」到「物化」、「異化」或「合理化」、「合法化」[28]等，幾乎皆單純地將整個的問題等同於是內容的呈現與現象的真假，對意識形態本身運作的內在機制大多未予以深究。從而無法從功能性的角度認識到，意識形態不僅只是存在於統治階級或是敵對的一方，也可能內在於每個個人與所有團體之中，是社會聯結的一項重要手段。此一問題多少也可以解釋，為何當

26　例如請參閱 B. Muldworf（1997: 117-125）。

27　馬克思與其他啟蒙思想家相同，對宗教採取激烈的批判立場，甚至強調「對宗教的批判是其他一切批判的前提」（《馬恩全集》，1：452）。與之前的 Spinoza 和 Kant 類似，馬克思雖然區分了道德與宗教的關係，認為前者是理性的，而後者則代表對一切神聖與不可侵犯事物的主觀信仰，是人民的鴉片。「就是說，宗教是那些還沒有獲得自己或是再度喪失了自己的人的自我意識和自我感覺」（同上），可是對這個被他視為是一切批判前提的宗教本身的性質，他似乎卻缺少進一步的闡釋。J. Carlebach 即認為宗教的概念在馬克思的理論中並未被清楚地定義，所以不是一個分析的範疇。日後無論是積極活躍的無神論者，或是基督教內（從天主教到新教）同情馬克思主義的人士，只是從自身的立場各取所需地予以詮釋與挪用。請見 J. Carlebach（1991: 47-65）。此外 T. M. Jeannot 也認為馬克思對待宗教的方法更接近於一種隱喻，主要以此作為對抗及斷除與青年黑格爾派神學式論述方式的手段。請見 T. M. Jeannot（1990: 135-150）。

28　有關這些概念的詳細分類與討論，請見上 J. B. Thompson（1990: 52-67）。

馬克思論及無產者的實踐時，雖然認為在受制的情況下，被壓迫的群眾難以有完整與統一的意識，並且與恩格斯一致，在文字上從未使用「階級意識」一詞，可是仍然不得不承認，工人以階級的認同作為對抗資產階級的意識形態時，自身還是必須要擁有一種「世界觀」[29]。日後無論是列寧基於政治實踐的要求，或是盧卡奇出自理論研究上的需要，雖然從功能性的角度不斷強調階級意識的重要性，可是也並未觸及意識自身內在動力的形成過程[30]。

　　這個無法迴避的事實顯示，人們或許應該跳出傳統的窠臼，不再將意識形態窄化為僅僅是觀念或思想體系的一種單純的表象或再現，嘗試進一步深究意識活動自身的機制，探討被意識形態所召喚的主體與其欲望層面的關聯，真正理解精神現實與外在現實之間複雜與曖昧的互動關係。這或將有助於理解為何個人或群體對意識形態的論述經常是積極投入與熱烈擁抱，而不只是被動的完全接受與簡單的遭受操縱。為何在現實上人們往往非常容易從一種意識形態改變成另一種甚至是完全相反的思想體系，可是擺脫對意識形態的執著與依賴則是相當困難。

　　因此，意識形態的功能事實上是與精神活動能量的投入密切相關，正是在重視能量的流通與分配的情況下，弗洛伊德形成了一套獨特的「經濟論」，與「圖形論」和「動力論」三者共同組成了他所謂的「後設心理學」。然而，馬克思主義傳統內長期存在一種「經濟決定論」，不但將與「上層建築」相對應的「基礎」窄化為單純的物質生產，並視經濟是決定整個社會生活唯一與最終的因素。為了突破「經濟決

29　至於在意識形態與世界觀兩個觀念之間搖擺，無法在理論上真正解決這個矛盾，從而對整個工人運動所產生的影響，請見 E. Balibar（1997: 251-279）。

30　盧卡奇在他那篇著名的討論階級意識的文章末尾，雖然樂觀地認為無產階級在意識形態上有克服資本主義的力量，可是仍然不無告誡性地說到：「無產階級在意識形態方面還要走很遠的路程，在這方面存有幻想將是十分危險的。」請見盧卡奇（1992: 141）。

定論」對精神活動的扭曲，批評者有時將重點放在重新闡明馬克思有關「生產」概念的複雜性[31]。這種詮釋雖然展示出「生產」的非經濟面向與其各種不同的形式，可是反之忽略了經濟活動本身也具有多樣性，這個問題不僅顯現於外在社會的交換行為，也暗藏於內在精神的互動過程。僵化與教條的經濟概念不僅化約了「生產」的形式，也同時窄化了「經濟」自身的內容。

　　如眾所知，馬克思固然強調經濟的優位性，可是絕不是一位庸俗的唯經濟論者。他認為個人首先是社會的存在物，只有做為社會的成員，人纔能存在。他早期不僅以《關於費爾巴哈的提綱》中的「實踐」概念為前提[32]，將人從玄學的思辨體系中解放出來，視其是一種具體的客觀性存在。並且如阿爾杜塞所指出，他後期對從事勞動與生產的人的觀點，也和其同時代古典經濟學家幼稚的看法相左。當時流行的學說將人視為是行為的主體，並從其自主性的「需求」範疇中發現經濟過程。與其相反，馬克思則是從生產自身之中發現經濟過程，而人是屬於此一過程的結果[33]。也就是說「生產不僅為主體生產出對象，而

31　中國大陸在改革開放後，於80年代中期開始，不僅從熟知的「勞動價值論」去探討「體力勞動」與「腦力勞動」的差異，並且還重新詮釋馬克思的「生產」概念，將其從單純的物質生產擴大為是一個多層次系統的社會生產，作為其中重要組成部分之一的精神生產逐漸也被視為具有自身發展的一般規律。早期討論的重點多集中在對精神生產社會形式的分類，晚近則強調對其理論形式的研究。詳情請見景中強（2004）。大約在同一時期的西方，P. Ricœur討論馬克思意識形態理論時亦曾指出，馬克思的「生產」概念，特別是在早期，具有明顯的「創造」意涵，可是不幸被教條主義者窄化在經濟的層面。請見P. Ricœur（1986: 46-47）。此外L. Althusser也將「生產」的概念擴大至「再生產」的範圍，作為重新檢視意識形態理論的基礎。請見L. Althusser（1995）。

32　《關於費爾巴哈的提綱》第一條，馬克思開宗明義就表明：「從前的一切唯物主義者（包括費爾巴哈的唯物主義）的主要缺點是：對事物、現實、感性，只是從客體的或者直觀的形式去理解，而不是把它們當作感性的人的活動，當作實踐去理解，不是從主觀方面去理解。所以總是這樣，和唯物主義相反，能動的方面卻被唯物主義發展了，但是只是抽象地發展了……費爾巴哈想要研究跟思維客體確實不同的感性客體；但是它沒有把人的活動本身理解為客觀的活動。」（《馬恩全集》，3：3）

33　詳情請參考L. Althusser & E. Balibar（1975, 1: 112-149）。

且也為對象生產出主體」[34]。然而薩林斯(M. Sahlins)將傳統上以研究非
西方式異文化為主的人類學顛倒，用相同的方法反身考察西方社會自
身時發現，馬克思雖然認為人類只是作為歷史的結果而存在，拋棄了
當時所謂的「人類學」，亦即那些在哲學上或經濟學上以人類主體作
為歷史起點的各種學說，可是他對「實踐」與「生產」自身的理解仍存
有相當程度的自然主義傾向，與其所批判的理論對手分享著某種共同
的前提。

　　薩林斯認為「在馬克思的歷史分析中，經濟理性的實質是不証自
明的，直接來自於生產的自然必要性。……所有一切都依賴於生產的
理性，依賴於勞動過程的工具效用性」(薩林斯，2002：209)，從這
個方面而言，歷史唯物主義實際上是古典經濟學的另一種延續[35]。由
於馬克思沒有拋棄這種功利主義的理性主義框架，以一種本質性的與
內在於生產之中的「實踐」作為前提，使象徵邏輯服從於工具邏輯，
從而導致他忽略「任何物質邏輯都不能夠脫離於實踐利益，而人們在
生產中的實踐利益則是象徵地建構起來的。與生產形態一樣，生產的
最終結果也來自於文化方面：既來自文化組織方式的物質手段，也來
自物質手段的組織方式」(同上，267)。事實上，組成文化秩序的象
徵邏輯本身是一個經由意義所建立的系統，正是這個系統決定了文化
秩序中事物整個價值的取向與最終的目的。然而馬克思「把象徵侷限
在『意識形態』的範圍之內，這樣一來，也就使得行動滑入了實用的
王國。在處理意義時，馬克思只看到了意義在表達人類關係時所起的

34　《馬恩全集》，12：742。

35　薩林斯指出：「這種延續尤其表現在功利主義的理性方面，它首先被確立為論述人類本
　　質的基本框架，然後，它始終貫穿在對歷史的分析之中——也就是說，這種延續性既表
　　現在社會與自然的互動關係，這一點上採取了資源最大化的客觀偽裝；同時也表現在唯
　　物論採取了主觀的形式，這是被當作社會意識形態的真理而揭示出來的。這種延續是資
　　產階級的經濟化結果。」(薩林斯，2002：205)

作用，因此，馬克思也就使得這些關係的意義構造方式漏過了理論之
網。我們所做的這種診斷，有助於確定語言在後來的歷史唯物主義學
說中扮演的角色」（同上，180）。

正如薩林斯所言，馬克思在《德意志意識形態》中雖然強調應當
從感性的人的實踐觀點去理解現實，並且承認「語言是思想的直接現
實」（《馬恩全集》，3：525），可是受其時代限制，無法如他研究《資
本論》時一樣，以及如弗洛伊德一樣，以此深入至作為意識形態與象
徵體系基本單位元素的語言，進一步展開從自我的經濟面向找尋思想
衝突與抗拒的深層結構。不僅如此，馬克思不但使用外在性的「勞動
分工」概念作為建構意識形態理論的基礎，他還用同一個概念去理解
男女的關係，將視野侷限於私有制度式之下的「生產」與「再生產」，
從而遮蓋與美化了有關「性」的差異。在討論馬克思意識形態的概念
與性的關係時，葛林指出，馬克思由於「理想化了對性的概念，以及
意識形態化了男女間相互佔有的性關係。這個過程的結果就是取消了
性別的差異，掩蓋了極樂感（jouissance）的角色。與此同時在意識形
態中欲望的功能也被壓抑」（Green, 1969: 213）。

為了設法克服馬克思理論中因為缺乏性經濟的面向而導致對主體
能動性的忽視，賴希（W. Reich）曾經嘗試結合精神分析的學說作為聯
結人類內在精神與外在現實的基礎，並據此發展有關意識形態的理
論。然而，賴希從1922至1932年發展他的精神分析理論時，弗洛伊
德的基本思想正在從第一精神圖形論逐漸轉向，並且有關社會與文
化性質的看法也尚未完全真正定形。此外，賴希的理論主要是建立
在他所謂的「生殖性欲力」的概念，以及對死之驅力的否定之上。換
言之，從性學轉向精神分析的賴希，所依賴的基礎主要是弗洛伊德
1895到1920年間其中的部分理論，在認識論的層次上與弗洛伊德後

期第二精神圖形論完全難以相容[36]。賴希對人類的精神活動雖然維持了一種唯物主義的立場，認為精神是植根於人類軀體的生物性之中，並且保留了弗洛伊德所設想的具有功能性自我的精神機罜，可是由於對弗洛伊德驅力概念結構的複雜性認識不足，從而先是將欲力簡單地解釋為是性的能量，後又成為是生物能量或是生物電能，最後甚至變成是宇宙生命能（orgone energy）。以生殖性欲力作為最終的判准取代真正的欲力，生物化了整個精神分析理論的結果，即是欲力無法被成功的壓抑，並且因為如果「性」成為了唯一的目的，在欲力對象不可能被轉移的情況下，當然也不存在著昇華的條件。

賴希對精神分析理論本身的發展雖然沒有顯著貢獻，可是卻是很早就從起源上與結構上去理解精神活動與社會文化二者之間相互的關聯性，並嘗試從意識形態的層面解釋當時為何法西斯主義能夠獲得大眾熱烈的擁護與取得成功的原因。特別是由於從純粹歷史的、政治的或經濟的觀點，事實上皆無法合理地去解釋自認代表無產階級的政黨卻被本身支持者抵制，並且這種行為並非只是一種反面單純的不滿或抗議，而是不顧自身的認同，相反地積極去支持另一個違背自身利益的群體。面對這種危機，馬克思主義在理論上事先無法預料，事後也難以開創出令人信服的論述。

在與希特勒成功奪取政權同一年出版的《法西斯主義群眾心理學》（1933），賴希指出「根本的問題在於：……什麼東西妨礙經濟地位與群眾的心理結構相一致？」（賴希，1990：13）。他從具體的統計證明，「就現實政治而言，決定性的不是經濟分佈，而是意識形態分布」（同上，10），並且強調容易受意識形態支配的威權性格，在根本上是與資本主義父權式家庭對性的抑制有關。生活在絕對貧困中的廣

36　請參考 C. Sinelnikoff（1974: 139-156）。

大民眾會成為民族主義者，主要是因為作為群體情感結構的意識形態，並非只是經濟狀況的產物，相反地是一種物質力量，可以改變人的心理結構，對經濟過程有一種反作用。由於庸俗的馬克思主義者自願放棄了對人類心理領域的研究，無從理解意識形態的內在結構與動力來源，從而導致法西斯主義獲得滋生的機會與發展的空間，能夠利用理論中存在的裂縫，製造各類有關集體的「心靈」、「精神」、「意志」或「神話」的論述，並最終取得巨大的成功[37]。

　　基本上由於混同了在無意識層面運作的「壓抑」（Verdrängung）與在意識層面活動的「壓迫」（Unterdrückung）二者的性質，賴希將政治與意識形態上對性的壓迫直接等同於性壓抑[38]，以致在理論上無法為心理過程創造出一個真正的空間，變成了以生物性的欲力去對抗納粹主義同樣是生物性的種族概念。此舉最終雖然未能成功地掙脫被其所批判對象的制約，可是卻深刻地暴露了意識形態理論中存在的問題。並且類似於精神分析所謂「被壓抑的回覆」，這個問題日後在不同的領域以不同的方式一直不斷地被重新提出與發展，其中最著名的無疑就是以阿多諾（T. W. Adorno）與霍克海默（M. Horkheimer）為首的德國法蘭克福學派[39]。然而，精神分析的理論雖然被引入至意識形態的研

37　請參考E. Balibar（1997: 305-319）。此外，P. Lacoue-Labarthe & J.-L. Nancy在一部研究納粹神話的書中也強調，「在納粹主義中使我們感興趣以及受到吸引的主要是意識形態，……在此，必須要嚴謹地呈現，被視為是集體世界觀的意識形態與Hannah Arendt所稱的集體宰制保持何種關係。」（1991: 21-23）並且還指出，「不可忘記法西斯的主要成分之一是群眾與集體的情感，……當然也不應忘記，上述的情感一直都是與各種概念相互結合。」（同上，26）事實上，作為當代社會心理學開創者之一的勒朋，他的著作不僅是弗洛伊德參照的對象，還曾經深刻地影響了墨索里尼與希特勒的思想。納粹著名的宣傳部長J. Goebbels，一直從勒朋的著作中吸取養分，並且在他生命的最後時刻還嘗試總結經驗傳給下屬，甚至自認除了勒朋之外，無人能像他一樣透徹地瞭解群體現象。詳情請見S. Moscovici（1981. chap.II）。

38　請見C. B.-Clément; P. Bruno & L. Sève（1977: 104）。

39　賴希雖然不是法蘭克福學派的成員，可是與本身即是精神分析者，並且在當時力主將精神分析引入學派的重要成員之一的E. Fromm，二人之間在理論上有密切的互動關係。

究，可是這些立論經常並非是建立在弗洛伊德本身對社會所作的完整
假設之上，特別是他後期有關驅力的理論，多半成為只是從各自不同
的立場出發，片斷式地抓住其中某個概念加以應用或引伸[40]。

這段歷史請見R. Wiggershaus（1993: 52-60）。M. Jay指出阿多諾與霍克海默時期的法蘭克
福學派與前一代主要的分歧之一，正是在於雙方對心理學認知的不同。可是日後移居
美國，轉變成為了修正學派一員的Fromm，當時與賴希一致，同樣地也是採用弗洛伊
德前期的理論，拒絕承認後期死之驅力與生之驅力的假設。詳情請見M. Jay（1973: 86-
106）。阿多諾與霍克海默雖然很早即對精神分析感興趣，可是當他們在40年代真正開始
有系統地綜合弗洛伊德的理論加以運用時，已無法完全認同於Fromm與賴希的觀點，
雖然賴希的「性格」理論多少影響了他們有關威權性格的研究。事實上，阿德諾與霍克
海默對精神分析的興趣重點並非是放在意識形態理論本身，而只是從一種應用的精神分
析（applied psychoanalysis）角度，對現代性中存在的一些病理現象提出診斷，例如法西斯
體制或是文化工業。這也是為何阿多諾意識形態批判理論真正的核心是立足於以現代
藝術為對象的美學，而非精神分析。有關阿多諾如何挪用精神分析理論及其中所存在
的問題，請見J. Benjamin（1977: 42-64），阿多諾有關意識形態批判的概念請見C. Perret
（1993: 58-73）。賴希的理論對法蘭克福學派真正的影響則是顯現在H. Marcuse身上，並
且是透過後者的著作，其作品才重新受到世人的重視。不過無論是就人的內在本性或
是就文明的未來而言，Marcuse對精神分析理論的認識皆與弗洛伊德的假設有根本的不
同。至於這個學派另一位著名的繼承者J. Habermas，他對精神分析的詮釋更是明顯地偏
離了弗洛伊德的原義與學派既有的立場。在《認識與興趣》裡，他雖然推崇精神分析在
方法論上是唯一能夠將自我反思納入的科學，可是卻由此把問題完全轉到形式規則的分
析，拋棄了驅力的概念以及窄化整個精神再現體系的架構。對Habermas而言，無意識
最終只不過是意識活動的一個扭曲與派生的現象而已。從這種表面肯定卻實質否定的
「誤識」觀之，他對精神分析所產生的「興趣」，十分值得令人玩味。日後在他利用各家
學說所構築的迷宮般的「交往行為」理論中，精神分析根本早被徹底閹割與名存實亡，
這也可以解釋他為何從弗洛伊德的理論滑向Piaget的認知心理學。上述問題請見哈貝馬
斯（1999，第三章）。至於法蘭克福學派與精神分析二者之間關係詳細的討論，請參考
J. Whitebook（1995）。正因為Habermas的理論假設是建立在抽象的形式與程序上，他所
謂的「意識形態批判」（Ideologiekritik）只能停留在認知層次的反思上，單純地成為一種
有關對錯或真偽的論述。有關Habermas的意識形態概念，請見R. Guess（1981）。其實
Habermas不僅在精神分析的理論上悖離了上一代的基本框架，在美學（現代主義）與政
治（自由主義）的議題上，同樣採取了與他自認代表的前輩們不一致的立場。

40　這個現象不僅表現在社會心理學、政治心理學、社會精神分析（sociopsychanalyse）領域
裡，當然也存在於精神分析之中，例如以團體或組織為對象的精神分析，或是將意識形
態視為是精神活動過程中必然存在的一種特殊主體性位置。除了弗洛伊德的理論外，以
M. Klein為首的對象關係學派與以J. Lacan為首的學派也分別依據自身的學說，發展有關
意識形態的論述。

六、小結

　　從精神分析的觀點而言，意識形態的問題事實上從頭至尾貫穿了
自我的建構、群體的凝聚以及錯覺的形成這一系列全部過程，其中至
少同時包括理想的功能、偶像的認同與觀念的投射等不同的面向。尤
其重要的是，這個架構納入了欲望的維度，使意識形態之中各類無意
識活動的形式得以被揭顯。精神分析的理論主要在於以一種特殊的
「穿越性工作」（Durcharbeitung）[41]去克服詮釋過程所引起的抗拒，擺
脫精神活動因無法超越自身障礙而產生的重複性機制，將表層的動機
與深層的動機相聯，使被壓抑的元素最終得以獲得接納。詮釋的目的
不在於以定性的方式去披露何者為意識形態，或是以內容的真偽作為
意識形態的判准，予以批判或排除，而是將其視為是真實欲望與情感
的一部分，從而聯結起與各類錯覺性產物的關係。

　　在作品中，弗洛伊德雖然未曾勾勒出一個系統性的有關主體與意
識形態關係的理論，可是在他後期轉向第二精神圖形論後，引入了驅
力的二元性概念（即生之驅力與死之驅力），區分了原我（能量與驅力
的層級）、自我（統合與調節各種驅力的層級）與超我（控制與壓抑的
層級）三種不同的精神動態。此一架構體現了個人內在不同的主體性
位置與其所身處的社會之間緊密的互動關係，同時清楚地展露了無意
識的聯結在其中所扮演的功能，並最終使得社會上各類所謂超出理性
的行為能夠是一個可以被具體分析的對象。面對複雜與多樣的外在世
界，意識形態的介入，不僅形塑了一個足以自圓其說的意義體系，作
為定位自身與社會的存在模式，另外也提供內在驅力一個直接投注的
管道，利用強烈的愛或恨的情感，以對抗充滿不確定的現實與任何可
能遭遇的威脅。

41　有關「穿越性工作」的概念，請見C. Bouchard（2000: 1077-1092）。

　　無論是在結構上或是在與主體的關係上，意識形態都呈現出明顯的自戀特質，並參與至自我與群體最初建立自身認同的過程之中。作為整個問題基礎的「理想功能」，雖然可以賦予主體自身一個積極的價值，可是其中也潛伏著病理性的因子。意識形態運作的過程表明，自我首先以自戀性的退化方式作為對抗各類焦慮與威脅的手段，借此保護與維持自身脆弱的完整性。而無須受制於外充滿虛幻的圓滿感，同時也創造出自身無所不能的錯覺與強烈的快感。其次，因受外在挫折而轉回到自身的驅力，在遇到意識形態所召喚的對象時，隨即複製上述對自我的愛戀關係模式，大量地投注於被其理想化的對象。放棄自我完全獻身於對象的結果，造成自身的非人格化與被對象所取代。情況與催眠類似，在主客易位之後，成為其所膜拜的偶像的玩偶。

　　因此，從一個極端走向另一個極端的自戀，非但沒有導致主體與外界維持一個間距，弔詭地反而完全消除了這個界限。原因正是在於意識形態所創造的錯覺，以想像的方式立即填補與縫合了二者之間的缺口。弗洛伊德驅力二元性的假設更彰顯與回應了意識形態中精神活動所存在的這種退化特性。以愛恨情感為基礎的意識形態，事實上是建立在一種道德性論述的模式上，不斷地藉著簡單的二分法去利用弗洛伊德所稱的「微小差異的自戀」（G.W. XIV: 474; S.E. XXI: 114），提供攻擊性驅力具體投射的對象，劃分好與壞、善與惡、自我與他者、朋友與敵人、合法與非法等。用意識形態所撐起的世界裡，無論是作為個體自我理想的父親或是作為群體自我理想的領袖，其實皆是自戀的一種投射。

　　弗洛伊德認為被理想化的對象除了是具體的人物，也可以是與其對等的抽象觀念。自我於失去驅力的投注而裂解後，相反地，不具形體的觀念則被視為是真實性的存在與主導一切的來源。事實上，因為觀念必須經由語言的中介以作為呈現自身與溝通的工具，這種依賴性

表明，觀念原本應是語言系統之中各元素差異關係下的一種效果，可
是由於驅力的大量投注，觀念變為類似馬克思在《資本論》中分析商
品拜物教時所說的，「成了可感覺而又超感覺的物或社會的物」(《馬
恩全集》，23：89)，以一種「幽靈般的對象性」(同上，51)取代了語
言的物質性，使自身擁有了神奇與魔術般的力量，掌控整個象徵系統
的運作。用來表達觀念的詞語在表面上雖然仍指涉實物，實際上卻是
受欲望主導下的觀念所制約。正是基於對觀念的崇拜，以致於「他們
沒有認識到這一點，但是他們這樣做了」(同上，91)。

　　雖然弗洛伊德認為自我的形成與群體的聯結是源自於同一個自我
理想，而群體凝聚的基礎即是以一個共同的自我理想去取代個別的自
我理想，可是這並不意謂個人與群體二者因理想性所產生的問題具有
相同的意義。因為個體的認同是建立在自我與其理想直接的投射之
上，而群體的聯結是透過對被理想化的領袖或觀念的直接認同之後，
以共同的理想替換了個別的理想才產生的間接認同。所以當驅力從自
我轉移至團體後所形成的意識形態，不僅是自我、自我理想與對象的
最終綜合，這種雙重的認同過程所內含的間接性，也有助於個體以另
一個層級作為自我保護的延續與避免立即崩解的浮木。亦即藉由團體
的自戀的方式重建理想自我，以成員共同接受的管道釋放自身攻擊性
驅力，利用一致尊崇的觀念拒認內在的衝突。他以宗教作為案例指
出，為何對外人而言茫然不解的某些集體性錯覺，非但沒有製造個體
的理想性病症，相反地，往往被積極的參與者視為是一道終極防線，
在某種程度上具有治療的效果[42]。只是當共同自戀的對象不再是唯一
與最終的意義來源，所構築的意識形態體系喪失存在的合理性後，團

42　弗洛伊德討論個人精神官能症與宗教的類似性時指出，使用個人的病理理解社會現象並
　　非是完全有效的，例如對普及性的精神官能症的接納（如宗教），往往可以使個人避免形
　　成精神官能症。請見 Freud（G.W. XIV: 367; S.E. XXI: 43-44）。

體的消亡也往往帶來災難性的後果。

　　在寫給友人的一封信中，弗洛伊德曾透露，與一般大家習慣所設想的完全不同，他發現在治療過程中對詮釋產生抗拒時，「被壓抑的並非是驅力惡質的或是不適當的部分，反而是道德意識、高尚的思想，這些比較崇高的東西」（Freud, 1966: 183）。換言之，被意識形態所召喚的主體或群體對自身的執著與對外在的抗拒，主要並非是因為其信仰內容有不可告人之處，而是由於理想本身在發展的道路上從前進走向了倒退，從開放走向了封閉，從創造走向了重複。原本是屬於超我一部分的自我理想，從壓抑的層級轉而處在被壓抑的位置之上，從而也輕易地為欲望開啟了大門，使自身不自覺地成為情感的俘虜[43]。因此，弗洛伊德在《為何戰爭》這封著名的信中回答愛因斯坦的問題時說到，「當從歷史中聽聞到殘酷之事，有時我們會感到理想的動機僅僅是用來作為毀滅性欲望的藉口，有時——例如在宗教裁判所

---

[43] 從類似的角度，P. Lacoue-Labarthe 曾語出驚人地以一種悖論的方式表示，「納粹主義是一種人道主義，在於它重新提出一個以它的眼光看來比所有其他更強大的，亦即說更有效的人類的規定性。絕對的自我創造主體，哪怕假如他是處在一種緊接自然的位置（即種族的特殊性）皆匯聚以及具體化這些相同的決定性……，並且將自身建構成有如絕對般的主體。這種主體就算缺少普世性，即明顯地被大家接受作為定義人道主義的人類，也不能因此使納粹主義成為是一種反人道主義。它將這種主體非常簡單地放入抽象事物的執行與變成具體的邏輯之中……」。請見 P. Lacoue-Labarthe（1987: 138）。與大部分對法西斯的研究皆將重點放在揭發此一制度所產生的罪惡相反，在一部以研究納粹的良知為對象的書裡，人們清楚地可以看到納粹政權不僅擁有一套自身的倫理與道德，而且正是這價值體系為所有將來的惡行創造了滋生的條件。作者在書中指出：「雖然此類達到『種族大屠殺』規模程度的人類浩劫，似乎是由某種挑戰我們理解能力的邪惡所引起，但是此類從中孕育出有關『最終解決』方案的種族主義大眾文化，令人感到駭怕的並不是它的極端性，而是它的平常性——不是它的野蠻仇恨，而是它的高貴理想。……通往奧斯威辛（Auschwitz）之路是鋪設著正義。」請見 C. Koonz（2003: 2-3）。多年前，曾引起相當回響（特別是在德國）的一部有關納粹研究，亦不是以體制與抽象的結構為主，而是以具有選擇能力與對自身負責的具體個人作為焦點，闡明當時沒有明顯功利性目的的各式對猶太人殘酷的迫害幾乎是普遍性的存在，被絕大部分與猶太人來往或直接接觸的德國人理所當然地奉行。作者在此書中企圖彰顯的並非是反猶主義的廣度或範圍，而是其內容與本質，重點並不在於暴露一種集體性的罪惡，而是探討行為者自身的責任。請見 D. Goldhagen（1996）。

的酷刑中，毀滅性動機帶給理想的動機某種無意識性的強化，使它們似乎在意識中被放在了最前面，這二者皆有可能。」（G.W. XVI: 21-22; S.E. XXII: 210）

　　精神分析的學說有助於人們理解抽象論述背後所隱藏的非理性因素，但這並不意謂意識形態的整個現象可以全部化約為是情感的分析。弗洛伊德曾警告說：「精神分析從未宣稱賦予了普遍人類心靈生活一個完整的理論，而僅僅要求它的發現可用於補充與改正我們以其他方式所獲得的知識。」（G.W. X: 93-94; S.E. XIV: 50）弗洛伊德基於人類精神活動的特質所提出的這些部分假設，並非是對問題的一個完整解答，可是卻不失為是一個可供思考的方向。對意識形態理論而言，精神分析理論的價值並非是在於它對主體如何嵌入社會的問題提供了一個永恆與固定的模式，彷彿有一個社會本質，並且主體與意識形態之間存在著某種一成不變的關聯。真正重要的是，這個學說事實上為主體不同形態的參與及聯結方式提供了一個可操作的場域，在其中，各種可能性都可以具體地被定位、描繪與分析。

　　雖然群體是依照社會自身的情感結構要求內在於其中的不同主體，可是經由意識形態形塑的過程中，依照年齡、性別與個人歷史的差別，主體自身置入的方式與認同的過程經常呈現完全不一致的面貌。同樣地，壓抑強度的變化足以闡明，在一個集體的運動中，面對同一種意識形態，壓抑的程度也是因人而異，雖然溫和的參與者也會與熱心的激進分子並行不悖。因此，重要的並非是以一個既有的或固定的答案作為界定弗洛伊德意識形態理論的內容，而是設法去掌握各類意識形態的特殊性，以理解被不同意識形態召喚時的主體是處於何種位置，並清楚地呈現各種類型的主體性位置是建立在什麼樣的內在與外在可能性條件之上。換言之，此種理論探討的是在每一個特定的歷史情境中出現的是何種形式的壓抑、驅力動態、理想對象、理想化

過程、認同行為、情感結構、社會聯結……等一系列現象，最終當然
也包括可能存在的昇華方式。

第九章

結論

> 面對人所遺留的所有可見之物，我們不禁
> 要問：他到底想隱藏什麼？
>
> ——尼采

　　在西方歷史上第一次提出「意識形態」一詞的是法國「觀念派」學者，這些啟蒙時期的理性主義者之所以需要將觀念的研究視為是一門獨立的學科，是因為西方的社會在法國大革命後，所有意義與價值體系的來源從原先垂直的授予轉為水平的產生，權力的性質從神權、王權變成民權，人民也從宗教信徒、王朝臣民成為國家公民。社會的聯結從神聖逐漸轉入世俗後，同時也誕生了它的推廣工具，亦即「觀念學」。「觀念派」學者將構成「觀念」最基本元素的語言作為理論建構的基石，可是囿於其時代的限制，這些人對語言的認識基本上仍然停留在「普遍語法」的理論之中，將語言與思想等同，從而無法跳脫古典時期「再現」的認識論框架。

　　馬克思雖然繼續使用這個語詞，可是其實質內涵卻已經從原來如何建立一套嚴謹的、可以用來釐清觀念的語言規則，轉換成為某種與現實脫離的思想體系，馬克思的這種改變並非是基於他對組成意識形態自身最基本的物質元素的深刻反思，而是建立在強調外在現實的

「勞動分工」的原則之上。在置換了「觀念論」學者的問題架構同時，他基本上也否定了語言在意識形態中存在的價值。然而馬克思這種建立在與外在現實相對應的意識形態理論，無論是在認識論或是在政治實踐的層次，皆潛存著一個結構性的矛盾。馬克思雖然曾經敏銳地觀察到意識與語言之間牢不可分的關係，並且在批判古典政治經濟學的過程，發展出與現代語言學類似的「價值」概念，然而受其身處時代的知識對語言認識的限制，仍然沒有也無法進一步考察構成意識形態本身最基本的物質條件——即語言。從此意識形態「沒有歷史、沒有發展」的非物質性特色，幾乎成為一項廣為接受的前提。

與馬克思用外在的「現實」否定意識形態自身物質性存在不同，巴赫金與阿爾杜塞相繼地從物質性的角度，重新評價意識形態的作用與功效，並且分別在不同的議題內補充了馬克思的意識形態理論。可是二人對物質性的理解大致上仍然外在於語言，以致於不是如阿爾杜塞那樣，片面地突出意識形態的效果，就是像巴赫金，停滯於語言的表層，僅在形式上強調意識形態的運作方式，無法真正進入符號的內部。馬克思、巴赫金與阿爾杜塞皆觸及了作為意識形態物質性的語言，可是三人又以不同的方式遮蔽了這個問題。這三種否定事實上代表了三種不同邏輯，並且也折射出三種不同的主體形式。

馬克思的否定類似於精神分析所謂的「排斥」（Verwerfung 或 foreclosure），其特徵在於某項應該存在然而事前卻被取消之物，並未真正因此消失，而改用另外的面貌回覆，使其自身成為一種分裂的狀態。馬克思意識形態的架構無法跳脫幽靈般的語言的糾纏，像精神病（psychosis）人格分裂式地在「顛倒」與「反映」之間擺盪，其原因或許可以從他對語言的這種獨特的「排斥」裡找到答案。這問題也有助於理解為何馬克思在《德意志意識形態》中所討論的人，仍然是屬於傳統人道主義之下「異化」的主體。

　　至於巴赫金的否定較接近於精神分析所謂的「拒認」（Verleugnung 或 disavowal），其特徵表現在對事物既承認又否認的曖昧性。二種相反的態度所以共存，是因為某物雖然在現實的層次被承認，可是在欲望的層次卻遭受強烈的拒絕。這種雖然知道，然而不願接受的「倒錯」（perversion）現象，明顯地表現在巴赫金對意識形態物質性的肯定，可是同時卻又將語言化約為僅是符義的問題，「拒認」構成語言物質性基礎的符表。巴赫金這種既實證又先驗式的意識形態問題架構也具體呈現在他「對話論」的主體形式之中，使得以「你」作為思考起點的對話哲學，在相當層次上，只是顛倒了的以「我」作為問題基礎的先驗哲學。前者只是成為後者的反命題，而非它的超越。

　　阿爾杜塞的否定則應屬於精神分析所謂的「非否認」（Verneinung 或 negation），其特點表現為對某項事物的否定其實是在表達肯定。在以語言學為主導的結構主義浪潮下，阿爾杜塞從意識形態的外在效果強調意識形態的物質性，完全有意忽視或否定語言作為意識形態物質性存在的可能。最後，直到晚年方公開承認語言是意識形態不可或分的實質部分，整個過程明顯地展現了某種類似「精神官能症」（neurosis）式壓抑的邏輯。經由這個問題架構亦可理解，他的「國家的意識形態機器」理論所「召喚」的主體，雖然是經由多元決定，可是仍然是社會結構之下被動的產物，而無法成為具有主動抵抗與積極鬥爭的主體。

　　語言不僅是構成意識形態的前提條件，同時也是進入象徵的維度與無意識領域的門徑，精神分析的理論不僅引領人們對「自我」的探討從「意識」形態的表象進入到更深層的「無意識」，亦有助於認識到，構成意識形態最基本元素的語言，不僅是現實的語言，它還是欲望與情感的語言。而人也不僅是一種社會性的存在，更是一種驅力性的存在。拉岡並進一步闡明，在象徵體系中存在的語言，並非只是人

類歷史過程的一種偶然，實際上它對欲望主體的形成與社會聯結的建立具有結構上的必要性。葛林的「活的話語」理論更突顯了內在於語言之中的異質性與動力過程，不僅以「自戀」的概念對「自我」的形成前提提供了一個理論基礎，更有益於認識意識形態中經常被忽視的「情感」層面，而這個問題往往正是意識形態難以被理解與曖昧性之所在。

從精神分析的角度而言，意識形態是個人或團體在形成自身過程中的一個不可或缺的階段。意識形態的問題事實上從頭至尾貫穿了自我的建構、群體的凝聚以及錯覺的形成這一系列全部的認同過程，其中至少同時包括理想的功能、偶像的認同與觀念的投射等不同的面向。無論是在結構上或是在與主體的關係上，意識形態都呈現出明顯的自戀特質，其運作的過程表明，自我首先以自戀性的退化方式作為對抗各類焦慮與威脅的手段，借此保護與維持自身脆弱的完整性。而無須受制於外充滿虛幻的圓滿感，同時也創造出自身無所不能的錯覺與強烈的快感。作為整個問題基礎的理想功能，在認同的過程中雖然可以賦予主體自身一個積極的價值，可是其中也潛伏著病理性的因子，從而使理想本身在發展的道路上從前進走向了倒退，從開放走向了封閉，從創造走向了重複。

意識形態不可被化約是社會內部之中某個具體的領域，亦無法完全被視作是某種脫離現實的思想體系，或是偏離正常思想運作的非理性狀態，它是象徵體系的產生與運作過程中不可或缺的一個重要環節，是構成現實或思想的可能性條件。弗洛伊德基於人類精神活動的特質所提出的假設，並非是對問題的一個完整解答，可是卻對意識形態的動力來源、形成機制與運作過程提供一幅清晰的圖示，開啟了一個可操作的場域，當主體以不同的形態參與社會以及相互連結時，各種不同的可能性在其中都可以具體地被定位、描繪與分析。

第二部分

現象研究：台灣、中國大陸、法國

第十章

主體性的建構與國族的文化想像
從他者概念論台灣意識形態的構成 *

* 原文無副標題，最初發表於 1995 年 2 月，《台灣社會研究季刊》，第 18 期。

> 我不懷疑人類在這場戰爭將會存活下來，
> 但我也確知，這個世界，對我及當代的
> 人而言，將不再是個幸福之地。它太可怕
> 了。而其中最悲哀的，就是人們將會依
> 照我們精神分析知識所預期的方式來行
> 動。……我們必須捐棄成見，否則那隱藏
> 在命運背後的偉大未知者—祂或它，有一
> 天將在另一個民族身上重複這個實驗。
>
> ——弗洛伊德，1914 年 11 月 25 日《致沙樂美的信》

　　台灣實施了四十年的軍事戒嚴，前幾年，一聲令下，總算是替隱藏在「經濟奇蹟」口號下的這種「政治奇聞」劃下句點，既存的軍事威權體制因此也無法再按照舊有的規則主控與操作一切。長久以來一直被壓抑的各種社會力量，如泉湧般從各個角落併發出來。不僅在政治的場域裡各種禁忌被衝破，民間各種不同的社會訴求與運動更是此起彼落，彷彿剎那間台灣已經進入了一個多元化的民主社會。然而如果仔細觀察，卻又彷彿可以發現許多事情依然留存著舊有的痕跡。以往在軍事威權統治的時代，由於反對國民黨集權統治這一訴求的急迫性與道德性，所以抗爭的主要思考與行動的方向，皆被吸納於衝破一元化的國家機器這最高目標之中。如今戒嚴的枷鎖雖已被打破，各種不

同的聲音與訴求可以從不同的方式提出，然而論述形式外在的多樣化，事實上並不一定意謂著論述邏輯內在有所不同，它們的思考模式往往卻非常類似，仍然經常被舊有的邏輯所制約，甚至有時不知不覺淪為舊有邏輯的複製品。

　　一個民主多元化社會的建立，並不是只須將外在的桎梏去除即可。它不僅必須形成新的制度，更應該衝出舊有的思考邏輯本身，使思考邏輯自身多元化。真正多元化的社會，並非是雜亂無章的「眾聲喧嘩」（cacophony），所謂尊重差異性，不應該是表面承認，暗地「收編」（appropriation）；更不應該是在尊重的口號下，各自孤立，互不關心，使差異性（difference）變成冷漠（indifference）。惟有拋棄以「我」為中心一元化式的思考模式，接受「他者」（other）作為主體性構成的內在條件，可能才是一個多元化社會的基礎所在，如此或許方能避免在我們打倒一個集權主義的同時，本身又成為了另一種形式的集權主義，在我們反對帝國主義壓迫的同時，自己卻不知不覺地朝向帝國主義之途邁進。以下則嘗試從精神分析的一個基本論點切入中國時報的「南進論述」（完整標題為「來自南方的黑潮：南向專輯」，刊於1994年3月2日至4日《中國時報》第39版〈人間副刊〉。）討論，這並非是指精神分析可以提供一個更圓滿的解答，而只是嘗試提供另類觀點來作補充。

　　首先，精神分析並非如一般所認為僅是一種醫學行為，主要在處理個人的精神問題。事實上它具有深層的社會意義，甚至精神分析的整個意義與價值，經由它的社會層面更能夠被展現出來。弗洛伊德在1913年〈精神分析的益處〉[1]一文中即強調，精神分析方法的獨創性，

1　詳見Freud（S.E. XIII: 163-190）原文為「Das Interesse an der Psychoanalyse」，英譯本卻是「The claims of psycho-analysis to scientific interest」，增加了某些「科學的」色彩。法譯本則遵從德文原文，譯為「L'intérêt de la psychanalyse」。此處則照原文標題。

非但是在於從個人精神層面探討無意識的過程，以達到對精神官能症（neurosis）的治療，更在於這種新的觀點能夠對整個既存的社會與心理科學提供相當的助益，在人類行為所構成的整體中，無意識經常扮演著重要的角色。在弗洛伊德後期的作品裡，社會層面明顯地成為他關切的重點，如《圖騰與禁忌》（1913）、《一個錯覺的未來》（1927）、《文明中的不安》（1929）、《摩西其人與一神教》（1939）等。

　　從精神分析的觀點來說，主體（subject）的建立並非是與生俱來的，人從出生，雖然基本的生理機能皆已俱備，可是認識自身與外物的能力，卻必須經由一連串的認同過程（identification），轉變成為一個具有身分（identity）的獨立個體。此一過程包括了一系列的分化（differenciation），如內在／外在、納入（introjection）／排除（reject）、認同（identification）／投射（projection）、初級認同、次級認同……等。因此，主體從他形塑的起始即非圓滿自足，必須以依賴異於自身之外的物或人所構成的「他者」為條件，而「他者」的存在，又在於主體將他自身的「驅力」（drive）投注至「他者」身上才有可能。所以「他者」的構成與主體的構成事實上是一體兩面，二者之間存有某種情感的關聯（emotional tie）。弗洛伊德在《群體心理學與自我的分析》一開始即指出：「個人心理學與社會或群體心理學的這種對立，第一眼看上去可能會充滿意義，可是再近點檢驗，則失去了它大部分的準確性……在個人的精神生命裡，他者經常地被牽涉到……由此可見，個人心理學同時也可以是社會心理學，意義雖然有擴大，但是完全是成立的。」（Freud, S.E. VXIII: 69）

　　因此，對精神分析而言，個人不僅是驅力的存在，也是社會的存在。人類命定地在自身的欲望與認同「他者」之間遊走徘徊，在承認他自身的欲望（reconnaissance de son désir）與被承認的欲望（désir de reconnaissance）之間不停地追尋自我。只有從「他者」的位置才能使主

體認識自身擁有欲望，並將其導入社會化的過程之中，如「伊底帕斯情結」即為一種象徵式的閹割經驗，經由壓抑（refoulement）促使幼兒成為社會性的存在，產生愛「他者」的能力與和其他人交往的行為，甚至有時可以將其驅力裡的暴力層面昇華至藝術、科學或其他社會所認可的領域裡。由此觀之，精神分析不僅觸及到社會的真實行為，並且還進一步思考到幻想的現實。

在上述提及的文章裡，弗洛伊德歸納出四種不同類型的「他者」，分別構成四種不同的關係，制約著人們的互動。這四種不同類型的「他者」是「模範」（model）、「客體」（object）、「幫助者」（helper）及「對立者」（opponent）。由此導致四種不同的情感關聯，分別是：「認同」（identification）、「支撐」（support）、「聯結」（solidarity）與「敵意」（hostility）。如果我們將這些術語轉換成普通的語言，其實也就是說主體想要「成為什麼」（to be）、「擁有什麼」（to have）、「贊成什麼」（for）、「反對什麼」（against）。如下圖：

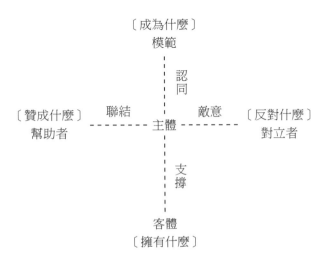

　　法國當代精神分析學者拉岡（J. Lacan）進一步深化及發展了弗洛伊德對主體與「他者」關係的研究，提出了著名的「鏡像期」（stade du miroir）理論。如我們所知，弗洛伊德提出以上四種類別，基本上是建立在已經能夠分辨出主客關係的主體之上，而拉岡更嘗試去理解主客關係的分化過程。在〈鏡像期為「我」的功能之形塑者〉一文中，他借用比較心理學的實驗結果，提出「自我」（moi）[2]如何經由鏡像的複製去建構日後認同的基礎。在這個拉岡所謂的「歡愉的提昇」（assumption jubilatoire）過程中，自戀式的「自我」被一種「想像的」（imaginaire）關係所控制。此一理論的重要性不僅是在於闡明主體與自身的「想像關係」，更重要的是這種本體論的結構一直制約著主體日後與「他者」之間的關係，並不因為主體進入社會或「象徵層次」（symbolique）而完全消失。經由外在世界的引導，「自我」與內在世界決裂，產生了四個不同面向（quadrature），分別是「誤認」（méconnaissance）、「異化」（aliénation）、「愛」（amour）與「攻擊性」（agressivité）。這四種關係深化與補充了上述弗洛伊德所談的四種不同的感情關聯；如下頁圖：

2　拉岡在此文中所討論的「我」（je），更準確的說應是指「自我」（moi），請見 J. Lacan（1996: 93-100）。

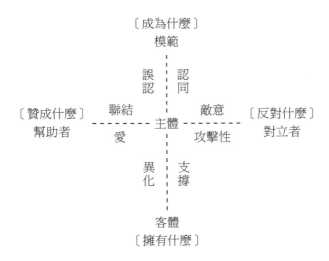

　　從精神分析的理論我們可以看出,「他者」不僅是一個外在的物或人,主體藉此以建構自身。主體更須自身先成為「他者」,才能自我界定找到認同。換句話說,「他者」是主體構成的內在條件,而主體也在認識他自身的欲望與被「他者」承認的欲望之間尋求定位。因此,也只有在認識到對「他者」欲望的曖昧性與衝突性,才能夠避免輕易地落入歷史的反覆循環之中。

　　如果仔細透視國民黨在「老店新開」之後所拋出的政策與口號,從「生命共同體」的提出到怒斥中共為「土匪」,從「生為台灣人的悲哀」中的摩西到如今繼承日帝南進的偉業等,我們很「悲哀」地看到,如此的國族想像仍難脫舊有邏輯的宰制,只是以另一種面貌借屍還魂而已。

　　我們的歷史記憶如果未曾淡忘的話,德國的希特勒在奪取政權之後,為了消除內部差異,即利用過類似「生命共同體」的口號,稱

為「人民共同體」（Volksgemeinschaft）[3]。這種面對內部與外部危機時，國家機器發動的「博愛互助論」（fraternalism），以強調對國家的忠誠與團結為特色，在方法上則是從一個現實或想像的過去，為現在編織一個宏偉的藍圖，重新賦予民族國家一個神聖的起源與使命，結果不僅是猶太人、吉卜賽人，甚至同性戀者、流浪漢、左翼分子等，最後這些人全都不被歸類為「人民」，被排除在「共同體」之外，成為集中營裡的囚俘或化成焚屍爐上空裊裊上升的黑煙！更值得注意的是，這種「博愛互助論」策略的應用，不僅存在於納粹的德國，並且也同時發生在其他兩個發動侵略的軸心國家：法西斯的義大利與帝國的日本[4]，成為發展與鞏固極權主義不可或缺的利器！

　　從「生命共同體」的概念，我們再參照李登輝總統「生為台灣人的悲哀」[5]裡的談話，其中自比「軍事天才」以及對「生物學」的興趣，實在令人感到不安。不僅如此，李登輝總統在對談的開始以及結束，又皆以聖經「出埃及記」一章的摩西當作認同的理想，這種不安更是不斷加強。如果我們仔細閱讀聖經，首先會發現舊約中的上帝形象並非全然是慈愛的，祂經常嚴懲甚至殺死不信從的子民。而摩西是因為受到上帝的「選召」才成為人民的領袖，他非但不是人民自下而上所推舉，甚至連人民也是被選擇的，不得不承受來自上帝的「關愛」以及相信祂的誡律。

　　在聖經裡，摩西非但是一位易怒之人，並且曾經為了豎立權威，屠殺人民。在「出埃及記」第32節記載著，上帝在西奈山上召見摩西授與誡律，可是民眾看見摩西遲遲未能下山，即鑄造一座金牛作為神

3　德文Volksgemeinschaft中的Volk一字含有雙重意義，它既指「人民」，同時又有「民族」之意，因此譯為「人民共同體」只捕捉到它民粹主義的一面，而忽略了它國家主義與種族主義的一面。所以也被譯為「國族共同體」。

4　有關討論請詳見P. Brooker（1991）。

5　請見李登輝（1994）。

明的替代物。上帝大怒,想要「滅絕」這些無知與軟弱的人,摩西安撫上帝說:「上主啊!為什麼向你的子民這樣發怒呢?他們不是你用大能大力從埃及救出來的嗎?為什麼讓埃及人說,你故意領他們離開埃及,為要在山裡把他們完全消滅了呢?求你息怒,回心轉意,不要向你的子民降大災禍」[6]。上帝遂改變了心意。可是摩西帶著寫著誡律的石版回到山下,「看見了牛像和跳舞的人群,禁不住大怒,就在山腳把帶來的兩塊石版摔在地上,摔碎了。……摩西看出亞倫無法管束人民,以致他們放肆,成為敵人的笑柄。他就站在營門前,大聲說:『凡屬上主的人都到我這邊來!』所有的利未人[7]就都結集在他身邊。他吩咐他們:『上主——以色列的上帝命令你們每一個人都佩上劍,從這門到那門,走遍全營,殺你們的兄弟、朋友、和鄰居。』利未人服從命令,在那一天約殺了三千人。」如此的一個摩西的形象,實在是不適宜作為一個想要邁進民主國家的認同象徵。

因此,以借助「生命共同體」的概念來收編「台灣人的悲情」,以摩西成為認同的理想,再以「土匪」這種舊國民黨式的反共標語去凝聚共同敵人,到如今從日帝國族想像來建構南洋,成為我們想要擁有的對象客體,在效果上正好完成了上述精神分析的圖例,填補了最後的位置,如下圖:

---

6 本文中聖經的譯文採用聯合聖經公會 1979 年出版的現代中文譯文,另外還參照「耶路撒冷版聖經」(la Bible de Jérusalem. 1975),一般認為此版本最接近希伯來文原文。
7 為離開埃及的以色列諸民族中的一支,摩西即為利未人。

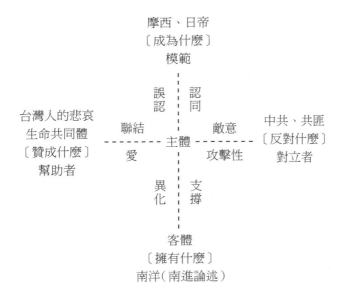

摩西、日帝
〔成為什麼〕
模範

誤認　認同

台灣人的悲哀　　聯結　　敵意　　中共、共匪
生命共同體　　　　　主體　　　　　〔反對什麼〕
〔贊成什麼〕　愛　　攻擊性　　對立者
幫助者

異化　支撐

客體
〔擁有什麼〕
南洋（南進論述）

　　上述不同的「他者」之建構所反射出的民族國家文化想像，事實上並未跳脫舊有的邏輯，就算我們接受國民黨「老店新開」的講法，甚至承認國民黨為「外來政權」，那我們可能也必須承認，經過四百年的殖民體制後，我們必須嘗試跳出所有殖民者的視野，而不是只想從被殖民者變為殖民者，繼續在殖民邏輯內惡性循環。

第十一章

現代性的悖論與開展
試論當代中國自我認同的文化想像*

*　原文最初發表於 2008 年 12 月，《台灣社會研究季刊》，第 72 期。標題原為「現代性的悖論
　與開展：汪暉的思想視界〉。

如果思想的工作有某種意義……即在於從
根本上重新掌握人們對其行為問題化的方
式。

　　　　　　　——傅柯，《說與寫》，第四冊

我們取捨事物方式的本身，決定了我們是
誰。

　　　　　　　　　——汪暉，《汪暉自選集》

一、重回自我

　　自從改革開放以來，中國大陸發生了有目共睹的巨變。然而對中
國現況的分析與發展的預測，卻經常被簡單存在的事實所否定。例如
中國至今並沒有崩潰，而是「中國崩潰論」崩潰了。中國也沒有威脅
世界，在次貸危機之後，卻反倒被視為是全球經濟中的一股不可或缺
的穩定性力量。如何跳脫出一廂情願的臆測和單純的主觀性投射，客
觀地面對中國這個實體與真正理解其背後所隱藏的意義，早已成為世
人刻不容緩的要求。其實中國的存在綿延數千年之久，每個時代的人
皆有對其不同的認識，無論是作為認識的對象或是自我反思，這種認
識往往也折射出這個時代的特色。近現代以來，面對千年未有之變
局，作為實體性存在的中國雖然一直在不斷地發展與轉變，可是在西

方文明的強大壓力下,所謂中國,令人遺憾地,基本上一直只是某種
被認識的對象與客體。

主體性淪喪與話語權失落的問題,不僅肇因於表面上雙方力量簡
單的對比,更起源自我們自身對世界的理解方式。因為自從移植了西
式的教育體制後,我們認識與劃分外在世界領域以及理解自身的方
式,從此也在模仿的過程中被顛倒,造成主客易位。無論願意與否,
我們生活世界中的意義與價值似乎只能在對方的概念框架中獲得自我
表述,原本只是外在性的西方已經不知不覺地成為我們內在的組成部
分。認識自我與認識他人,往往已成為同一個事實的兩面。從而人們
無法再跳脫世界歷史的語境,以本質主義的方式去建構一個自給自足
的中國,因為這正是長久以來西方理解他者並同時建構自身的方式[1]。
如果無法察覺以及接受這個前提,所有各種類形的反思只不過是在不
同程度上重複與肯定既有的論述框架。如果當代中國的問題事實上已
經變成現代性文化自身內部的問題,那麼問題的核心即在於如何避免
陷入自身特殊性的陷阱之中,勇於面對這個已經內在於我們自身的現
代性,提出我們自己的解釋與對未來的願景[2]。汪暉的《中國現代思想
的興起》即是充分認知這個問題之下的一部著作。全書分上下兩卷,
每卷又由二冊構成。上卷分析天理世界觀的形成與轉變,下卷探討公
理世界觀的確立與分化。

二、何謂思想?:構成性與問題架構

此書以中國現代思想作為立論的主旨,然而為何是思想?何謂
思想?在書中的前言裡,作者開宗明義地指出:「思想、觀念和命題
不僅是某種語境的產物,它們也是歷史變化或歷史語境的構成性力

---

1 請見 S. Bessis(2001)。
2 對此一問題的深入討論,請參考張旭東(2005)。

量」[3]。在本書裡，作者並未從純理論的層次去闡述這個命題，而是挖掘思想與社會二者之間互動的過程，透過具體的歷史分析去論證思想如何成為歷史語境的構成性力量。正是在這種獨特的認知之下，作者雖然表明「本書的分析是從一個有限的角度——即思想史的角度——展開的」（《興起》，上卷，第一部，3），可是使其完全有別於傳統的思想史著作，它不僅與抽空外在現實專注討論思想「內在理路」的作品不同，也與視思想僅是社會關係產物的理論相異。前者以「內因說」為代表，將思想孤立成自在的存在。後者以「外源論」為依歸，將思想化約成他為的存在。二者雖然立論各異，可是卻分享著一個共同的前提，亦即對思想構成性力量的遮蔽[4]。

　　思想如果既不是抽象的存在，亦不是被動的反映，以思想與社會相互穿透的過程為起點，作者想要追問的是，這種構成性力量的「歷史動力」如何是可能的？並且如果可能，那是在何種條件之下被建立的？在這個問題意識的引導之下，作者強調思想在歷史敘述中自身的歷史性範疇，從而反對未經反思過程將任何概念視為是認識的起點。然而對思想歷史性的分析並非是簡單地將概念放置在一種時間性的序列之中，而是要在問題的形成過程中展開。作者指出：「我的方式是

3　請見《中國現代思想的興起》，上卷，第一部，頁2。以下稱《興起》。作者在下一頁又重複類似的話。

4　一般認為思想如要具有形構社會的物質性力量，不外二種途徑。一是能掌握人心，二是要化為制度。馬克思即曾說過：「批判的武器當然不能替代武器的批判，物質力量只能用物質力量來摧毀；但是理論一經掌握群眾，也會變成物質力量。」請見《馬恩選集》，第一卷，頁9。在著名的「國家的意識形態機器」理論中，阿爾杜塞繼承了馬克思的這個說法，強調抽象的個人可以經由意識形態的召喚過程（interpellation）轉換成具體能動的主體。並且將傳統馬克思主義的「國家機器」概念從原本只是指狹隘的「國家的鎮壓機器」（如警察、法院、監獄），更進一步擴展至「國家的意識形態機器」（宗教、學校、家庭、媒體等）。然而這種視角雖然強調思想的構成性力量，並將問題架構從「生產」的概念延伸至「再生產」的領域，可是仍只是限於從思想的效果上去立論，並未觸及思想自身物質性的問題。有關馬克思的意識形態問題，請見本書第二、四章。有關阿爾杜塞的部分，請見本書第六章。

將思想史的人物、事件和問題放置在一定的問題結構之中加以討論，並以這些問題作為統領全書的線索。」(《興起》，上卷，第一部，102)反對任何不證自明的概念或假設，跳脫出單純的問題，以問題架構為主導的這種提問方式[5]，雖然將社會納入視野，然而與所謂社會史的研究取向卻大異其趣。因為作為歷史學的一個分支，社會史往往只是將所探討的領域擴大，縱然強調思想的語境化，將經濟、政治、社會與文化的背景納入，可是在認識論上不僅未曾反思上述各領域劃分的合理性以及存在於上述各領域之中概念的有效性，而且經常也並未跳脫線性歷史論與單純因果論的假設。

對思想構成性的歷史性分析與問題結構的強調，使本書在內容的處理上與歷史社會學的論述取向似乎有相當的交集[6]。二戰之後，歷史社會學在英語世界興起，一改以往社會學家缺乏歷史意識與歷史學家缺乏社會學理論的通病，以長時段範圍與跨學科的思路研究過去，探討社會是如何的運作與變遷。然而作為社會學的一支，歷史社會學雖然是更強調理論與問題導向，可是在認識論層次上似乎面臨與社會史類似的境遇。所謂打破學科之間的藩籬，往往只是留於站在本位主義的立場借用其他學科方法，或是抽離具體語境任意挪用理論，鮮少從研究對象的本身出發，充分認知所使用概念的有限性。從而有時不自覺地陷入以普世性的概念化約了人類存在的多樣性，產生過度全稱性

---

5 歷史上注重問題架構的著名例子之一，當屬馬克思在《德意志意識形態》中對當時的青年黑格爾派的批判。他強調的主要重點之一，即在於這些自認激進的人對黑格爾所作的的反叛，根本都未曾在問題架構上跳出黑格爾的體系，所以「儘管他們每一個人都斷言自己已超出了黑格爾哲學。他們和黑格爾的論戰以及互相之間的論戰，只偏限於他們當中的每一個人都抓住黑格爾體系中的某一面來反對他的整個體系，或反對別人所抓住的那些方面」。(《馬恩全集》，3：21)。此外，強調從問題意識或架構的角度對當代中國研究所作的分析，請見楊念群(2001)。

6 在此書出版之後所接受的多次訪談中，作者也皆曾表示過對歷史社會學的重視。請見汪暉(2005：120-121)。

的抽象化傾向，做出超越不同具體歷史經驗範圍的概括性推論[7]。

　　作者視思想具有構成性的力量，拒絕將任何概念視為是認識的起點，並且以問題結構作為立論的前提，這種態度事實上與傅柯對歷史思考的方式更具有選擇的親近性。早期傅柯以所謂的考古／檔案學[8]的方式作為他探討西方知識體系的架構，這種獨特的視角所賴以存在的基礎，首先即在於是從對象自身出發，以一種唯物主義的態度指出，作為論述或話語（discours）的思想本身是建立在語言的物質性基礎之上，具有猶如檔案一般的實證性[9]與不可化約性，正視論述本身具體的存在與其在歷史時空裡的位置，從而以此跳出任何先驗性的假設，探求論述自身存在的可能性條件。考古／檔案學的目的並不在於垂直地去挖掘論述之下所隱藏的意義，而是以水平的方式將論述視為是一種社會實踐所構成的場域，從各種論述形成過程的相互關係之中嘗試去描述其內在的結構與轉變。

　　對思想物質性及其構成性力量的肯定，事實上貫穿傅柯所有的作品，並不因為爾後系譜學的提出而改變[10]。考古／檔案學與系譜學二

7　譬如在敘述歷史社會學的歷史演變時，史密斯認為資本主義民主的可接受性和可變性問題聯結了戰後歷史社會學研究的不同階段。這個論斷似乎有些過於從自由主義的觀點窄化這個極為複雜的學術領域，另外也反證了歷史社會學往往難以從所繼承或是所借用的不同學科理論中擺脫某些既有的假設。請見丹尼斯・史密斯（2000：224-240）。

8　在中文世界裡，一般按照字面意義將archéologie譯為考古學，其實這詞是傅柯利用archive（檔案）一詞所玩的文字遊戲，與地質學的探測或挖掘無關，而是意謂以檔案作為研究對象的學科。請見M. Foucault（1969: 173）。

9　同注8，131-136；以及M. Foucault（1971: 61）。傅柯曾指出，19世紀以降的實證主義，以及受其影響之下分化出來的人文與社會學科，其實是一個「經驗／先驗的複合體」（doublet empirico-transcendantal），那些應用於「人」的研究時所謂的客觀方法，其實往往有意或無意地遮蔽了自身先驗的另一面，這即是實證主義與末世論類型的思想在最終為何相似的原因。相關討論請見M. Foucault（1966: 329-333）。正因為一般所謂的實證主義其實只是另一種先驗論的變種，所以法國著名史學家Paul Veyne認為傅柯是真正第一位「完全徹底的實證主義歷史學者」，請見Paul Veyne（1978: 204）。

10　例如在後期的一部作品的序裡，傅柯說：「所謂『思想』，我所理解的是從各種不同的可能形式裡建立起真與偽的遊戲，從而將人組構成為認識的主體；建立起對規則的接受或

者真正的差別並不在於一般所謂「話語實踐／非話語實踐」的劃分，
而是對知識場域的考察過程中加入了權力的維度。非論述實踐所指的
應是思想論述化為制度的結果，並非是對論述實踐概念的否定[11]。或
許是基於此種認識，在《興起》書中的結尾處，作者表明說：「傅柯有
關話語結構（discursive formations）的概念對於我們的理解具有啟示意
義。這一概念把社會群體與話語共同體在空間上關聯起來，堅持話語
與權力的內在關係，從而表明各種話語共同體也是一種政治／經濟結
構（political/economic formations），那些被視為知識的東西也總是處於
特定的支配關係之中」（《興起》，下卷，第二部，1491）。

在思想構成性的問題上，作者不僅與傅柯相合，更重要的是，從
這個問題所延伸出的提問方式，似乎二者也共享著一致的立場。因為
作者在書中強調所謂從問題結構去尋求思想歷史性的方式，基本上類
似傅柯晚期在反思先前所使用的考古／檔案學與系譜學的方法後，所
提出的最關鍵性的概念。在《興起》一書中，作者並未對其研究方法
做過直接的闡述，而是認為必須要跳出任何先驗性的假設，從思想自
身出發，力求從推動各種歷史力量的相互關係之中去追求對事物內在
性的理解。這個被作者總結稱為「內在視野」的研究思路，應該主要
是來自於其對今文經學問題的認識。因為「從今文經學的角度出發探
討晚清思想的轉變包含了一個方法論的問題，即只有從經學內部的視

　　拒絕，從而將人組構成為社會與法律的主體；建立起與自身以及與他人的關係，從而將
　　人組構成為倫理的主體。如此被理解的『思想』，不僅要到像哲學或科學的理論表述中去
　　尋找，它能夠並且應該在所有說的、做的、行為的方式中被分析，在那裡個人被視為是
　　認識的主體、倫理的或法律的主體、對自身與對他人自覺的主體的方式去展現著自己。
　　在這個意義之下，思想甚至被視為是行為的形式，被視為是牽涉到真與偽的遊戲、接受
　　或拒絕規則、自身與他人關係的行為。因此，如果說各種不同的行為體系被像這樣般理
　　解的思想所進駐，即可以從對各種論述或非論述『實踐』的分析中，展開對經驗的各種
　　形式研究。」請見 M. Foucault（1994: 579-580）。

11　有關此一問題，請見 Anègle Kremer-Marietti（1990: 241-261）。

野進行觀察，晚清思想的意義及其變化的軌跡才能充分地展現出來」
（《興起》，上卷，第二部，490）。對作者而言，包羅廣泛具有世界觀
性質的今文經學，其意義不能單獨從思想史或學術史的角度去觀察，
它的興起與轉化事實上是當時傳統中國王朝在面對複雜的政治、社會
與內外關係時的一個整體性回應。所謂「內在視野」，就是把研究對
象放置在問題結構之中，由此將其從對象的位置上解放出來。意即是
說，對象不再只是某種我們認知的客觀實體，而是以具有生命的方式
去展現自身。

　　傅柯所謂的問題化或是問題架構[12]，事實上一直是與他對思想是
建立在何種可能性條件之上的關切緊密相聯。傅柯提出這個概念的主
要目的，是企圖在不依賴已有的主體性經驗，以及主體在與其既屬於
可是同時又質疑的時代保持距離的情況下，探究主體如何去質問他自
身所作的各種實踐。自從笛卡爾以降，西方對外在對象的認識在本質
上是建立在所謂的思維性主體上，而「我思」之所以能夠成立，其實
即是以一個懷疑的主體為基礎。可是問題是：這個思維性主體在提問
的過程中，同時又被視為是獨立於質問的過程之外，從而在根本上終
止了對自身的質疑。換言之，笛卡爾式的懷疑只是主體所陳述的命題
之中的一個環節，主體並未暴露在經由質疑而產生的效果之中。當具
有認識能力的主體成為所有認識的來源，所有的疑問最終也變成只是
對主體自身不可置疑的確定性的肯定[13]。現象學作為這個傳統的最後
承繼者，縱使以「先驗性自我」進一步深化笛卡爾的思維性自我，並

12　在著作中，傅柯對這個觀念的表達方式，經常依照語境的轉換而採取不同的表達形
　　式，如動詞problématiser（問題化），名詞problématique（問題架構），或由此而來的
　　problématisation（問題化過程），與reproblématisation（再問題化過程）。
13　反之，對自身感覺如此良好的主體而言，與其對應的所謂「他我」，當然是不可能真正的
　　存在。請見J.-L. Marion（1991: 189-219）。此外，有關傅柯與笛卡爾式上體的討論，請見
　　P. Guenancia（2002）。

不能真正改變這個問題的基本性質[14]。由於笛卡爾式的主體是以自身
的認識能力作為基點去質疑外在世界，從而所有的提問最終皆受限於
這個單一的可是卻被視為是有普世性的主體。這個只是在邏輯上被設
定，事實上卻是非歷史性的主體，並無法真正地質問自身。

　　因此，傅柯所提的問題架構概念，即是試圖在不依賴笛卡爾式思
維性主體的情況之下，去建立另一種新的關於自身與提問的關係，從
而整個有關主體性問題的視角，也從自我如何建構朝向自我如何揭露
自身的過程轉變。最初，傅柯以這個概念指稱每個時代人類實踐經驗
的某些面向。這些不同的面向匯集而成的結果，構成了具有認識能力
的、社會的、法律的與倫理的自我。透過問題架構的方式，使得自我
的這些實踐可以在概念上被組織成為是一個單位。其次，問題架構並
非是指各個時期的特殊性，而是能將這些不同特殊性納入的一種歷史
統合體，所以傅柯曾經也以此概念去指稱所有他先前所研究過的不同
領域[15]。從一連串問題架構的角度看待歷史過程的結果，同時亦是在
根本上將整個歷史問題化。

14　隨著時間的推移，世人往往忽略在當時知識場域中，傅柯的理論主要針對的對象其
　　實是現象學。有關這問題，請見 G. Lebrun（1989: 33-53）。面對當代理論對現象學
　　主體性概念的批評，R. Bernet 則認為，胡塞爾主體性理論裡的「內在性中的超越性」
　　（Transcendance dans l'immanence）概念，在結構上似乎潛存著某種不透明的他者性，使意
　　識性的自我本身能夠存有異質性的空間。請見 R. Bernet（1994: 297-327）。

15　傅柯說：「在有點盲目以及借助了一些不同的和延續性的片斷後，現在我似乎更好地察
　　覺出，我當時是以何種方式捲入至這種有關真理歷史的事情之中：即既不是分析各種行
　　為，亦不是分析各種觀念，既不是分析社會，亦不是分析它們的意識形態，而是分析**問
　　題化的過程**（原文為斜體字）。透過這個過程，存在之物能夠在被思考之前將自身呈現出
　　來……考古／檔案學的層次能夠分析到甚至是問題化過程的形式；從實踐及其轉變的角
　　度，系譜學的層次可以分析它們的組成過程。從社會與醫學的各種實踐方式，疾病與瘋
　　狂的問題化過程定義了『正常化過程』的某些側面；在話語的實踐中，生命、語言與勞
　　動的問題化過程服從於某些『認識論』的規則；從某些懲罰性的實踐中，罪犯與罪犯行
　　為的問題化過程服從於某種『規訓的』模式。而現在我想要呈現的是，性的活動與享樂
　　在古代是如何以一種『存在美學』的標準，透過對自身的各種實踐而被問題化。」請見 M.
　　Foucault（1984: 17-18）。

　　傅柯將問題化過程定位在有意識的與反思活動的主體之前，它同時包含了提問的行為（即問題化）與其結果（即問題架構），並且是從各類實踐活動的自身去凝聚出「事物的秩序」。也是在這個場域中，主體與客體共同組構出相互的關係，建立起有關真與偽的遊戲。問題化過程的結果並不在於生產出所謂的真理，而是時刻去掌握使真理述說過程得以成為可能的條件。所以在傅柯的分析中，所謂的自我，並非是問題的起源，相反地，而是問題的結果。主體性的位置從頭到尾完全處於問題化過程的場域之中，成為一種他稱之為「主體性化過程」（subjectivation），由此，主體透過反思的活動而暴露於他所做的提問之中。在這種情況下，主體當然也無法成為自身肯定性的基礎，從而也不能獲得穩定的與永久的自我認同。

　　位於主體性之前並植根於各類實踐活動的問題化過程，不僅引起思維性主體境況的轉化，同時也改變了思想本身。有別於笛卡爾式從「沉思」到「方法」的思維方式，問題架構中的思想運作過程不再必然是以再現性與發展性為主導。相反地，在任何主體性形成與介入之前，思想以類似事物原初般的湧現模式去展開自身，在其中「詞與物」相互協調地共生，並開啟一個聯結論述與行為的場域。事實上，思想的開放性與上述物質性不僅相關，而且還是互為表裡，共同構成一個整體。論述的實證性與物質性強調的是思想構成的實質，其結果使思想本身得以排除任何先驗性的假設。而問題架構正是由這些無聲無息可是卻具體存在的論述實踐與非論述實踐所組成，思想在這個場域之中擺脫先驗性主體經驗的介入，而以自身的展現作為其表達形式[16]。

16　這也是為何傅柯在一篇訪談中特別指出，思想並不只是完全附身於行為與賦予其意義。相對於行動而言，思想可使自身保持某種距離與自由，使思想自身成為思想的對象物，質疑其自身的意義、境況與目的。請見 M. Foucault（1994: 597）。此外，如眾所知，海德

三、何謂現代？：悖論性與自我認同

　　問題化過程不僅形塑了思想的表現方式，更重要的是，它還規範了主體與其所處時代的關係。因為當主體不再是意義的來源之後，即意謂著主體無法再以反思性的姿態獨立於世俗與現存的各種決定，也不能再斷言可以借由知識去超越歷史從外在加諸於自身的限制。主體性化的過程是歷史創造出的結果，歷史是唯一的當下存在，亦是思想展開的場域。然而，當下自身存在的定位與意義，事實上並不是像普通的時間一般地會自然的流露，如何問題化思想自身所處的「現代」，從而成為一個無法迴避的問題，這正是為何傅柯晚期多次透過啟蒙的問題去追問現代性的原因所在。

　　對傅柯而言，康德是西方歷史上第一位以哲學反思的方式去問題化現代本身的含義。其實何謂啟蒙問題的真正核心，並不僅僅是一個關於進步概念問題的討論，而是在質問什麼是「現在」（présent）或是「當下」（actualité）。其目的在於深刻地理解，作為當代一分子並且屬於某個特殊文化群體的我們與目前這個時刻之間的複雜又曖昧關係。從康德起，現代性即不再是建立在一個與過去相互比較的問題，而是植根於對自身關係的質問之中。問題的主旨並不是在於何者為新，而是何謂「當下」。焦點的導向不是對應於深厚悠久的傳統，而是相較於完全不透明的「現在」。由此，有關現代性的問題甚至就是現代性問題的本身，從哲學的視野探究問題化過程之中的「當下」，其目的並不在於去發掘現代性的概念，而是將現代性作為「問題」對待。所以傅柯認為與其將現代性看作是一個歷史的階段，不如視為是一種態

　　格的思想對傅柯有相當的影響，傅柯自己也多次承認此點。傅柯從問題架構的角度視思想是自身的展現，此點與海德格從「此在」作為定義思想的方式相當接近。有關這個問題，請見 M. Schwartz（1998）。

度，一種對於當下關係的模式[17]。

在「勇於認識」準則的激勵之下，啟蒙思想雖然尖銳地暴露了自身與「現在」的縱面性關係，並且視啟蒙是一個出路，一個人類脫離不成熟狀態的方式，可是康德卻將當代的現實聯結到一個內在的時間目的論之中，使得「現在」成為了所謂「進步」過程中的一個時刻，認為藉由批判理性的發展，最終將導向至普世性目標的完成。傅柯雖然不贊同啟蒙思想從一個被限定的未來對「當下」所做的規劃，但是仍然嘗試將康德有關「現在」的概念從線性的目的論時間觀中分離出來，以此建構一個他所謂的「現在本體論」（ontologie du présent）。在這個問題架構中，「現在」本身不再是一個由表面分散可是其實卻相互依賴的不同歷史時刻所匯集而成的統一體，而是被多重時間性與多重歷史過程穿透所造成的結果，作為這個開放的歷史進程中一分子的「我們」，也是由這個現實所構成[18]。與哈貝馬斯（J. Habermas）單純地從理性自身發展的觀點，推論出現代性是一個未完成的方案不同，傅柯從問題化過程的角度檢視思想與其所身處的「當代」的關係，認為現代性是一個悖論性的概念，是思想在發展過程之中不斷對自身質疑的一個開放性問題架構。

這個基調不僅在傅柯晚期的作品中一直持續存在，它也貫穿《興起》這部長篇大作的整個思路。或許也正是基於對傅柯論現代性問題的重要性抱持認同，《興起》一書的作者非但在此書中重複提及傅柯〈何謂啟蒙？〉這篇重要的文章[19]，在他另外的著作中也曾多次加以引

17　請參閱 M. Foucault（1994: 568）。

18　傅柯說：「哲學被視為是對某個當下的問題化過程，以及屬於當下並且相對於此而定位自身的哲學家對這個當下的質疑，所有這一切皆可以很好地表現出哲學作為現代性話語以及論述現代性話語的特色」。請參閱 M. Foucault（1994: 680-681）。

19　請見《興起》，下卷，第一部，頁1026；以及下卷，第二部，頁1304。

述[20]。尤有甚者，作者還進一步將其譯為中文，而似乎這也是作者極為少數的譯作之中的一篇[21]。然而，對傅柯文章的多次援用以及譯介並不代表《興起》完全是在傅柯思想影響之下的產物。事實上，汪暉對現代性悖論性質的關注並不始於傅柯有關啟蒙的討論，而更應是源自他最初對魯迅的研究，《反抗絕望——魯迅及其文學世界》這部原為其博士論文的著作即清楚地呈現了這個問題。汪暉認為「魯迅的深刻之處在於：他代表了所處時代的理想，卻又表達了對於這種理想的困惑」（汪暉，2000b：31），「因此，毫不奇怪，本書對魯迅及其小說世界的分析並不試圖尋找某些種統一性，也不試圖以作家的一種意圖、一種任務去把握魯迅和他的藝術世界。恰恰相反，對於魯迅主觀精神結構的矛盾性的理解，促使我把這種矛盾性作為理解魯迅世界的一把鑰匙」（同上，32-33）。

魯迅作品中長期並存的相互矛盾和相互滲透的思想結構方式，不同於一般所謂的情感與理智的衝突，或是現實與價值的悖離。由於矛盾的雙方相互交織，又各自包含著自身的真理，使得矛盾不僅存在於各個領域之間，也展現在其中任何一個領域的內部，以致難以構成一個統一的邏輯起點。可是汪暉認為，雖然「思維邏輯的一致性已經打破，但對於魯迅來說，其間仍然存在著某種『個人一致性』」（同上，

---

20 例如請見汪暉（2000a：5 & 357-360）。

21 請見汪暉＆陳燕谷（1998：422-442）。事實上，傅柯於1984年發表過二篇討論康德的文章，題目都稱為〈何謂啟蒙？〉，一為英文（在美國發表），一為法文。這二篇名稱相同可是內容各異的文章，共同構成了他於1983年在法蘭西學術院首課的基礎，汪暉的譯文是英文的部分。這二篇文章請見，M. Foucault（1994：562-578, 678-688）。此外，傅柯還曾於1978年五月在「法國哲學協會」發表過一篇論康德的演講，題目是「何謂批判？批判與啟蒙」。然而，事實上傅柯當時演講並未標明題目，這名稱是他過世之後，協會當時因出版的需要，另外再加上的。傅柯在演講中其實表示，原來想將題目定為「何謂啟蒙？」，可是又覺得或許有些唐突（indécent），故未定名稱。請見 M. Foucault（1990）。因傅柯生前立下遺囑，不出版任何過後的著作，所以本文並未被收入 *Dits et Ecrits.* 四巨冊的文集中。

4）。在書中，他不僅從悖論性的觀點探討了魯迅的思想特質，並且一以貫之，也以此分析了魯迅的文學世界及其表現的方式。面對魯迅作品複雜的矛盾性、悖論性與過渡性時，汪暉特別提出了歷史的「中間物」概念，認為這個概念包含著魯迅對自我與社會、傳統和現實之間關係的深刻認識。「因此，如果把魯迅小說看作是一座建築在『中間物』意識基礎上的完整的放射性體系，我們將能更深入、也更貼合魯迅原意地把握魯迅小說的基本精神特徵。」（同上，111）值得注意的是，汪暉雖然指出魯迅是在討論白話文時提及「中間物」（同上，105），可是卻越過語言自身也是「中間物」的問題，直接進入魯迅的思想世界，將「中間物」的內容定義為「一代知識者靈魂的某種分裂」（同上，107）。這個方式有別於傅柯從語言實證性的視野建構話語實踐，強調語言中介過程之下的思想所具有的構成性與開放性。換言之，汪暉著眼於意義的實際內容，而傅柯則是意義的表達過程。二人雖然同歸，可是卻殊途[22]。

　　以「個人一致性」作為起點思考複雜的悖論性，促使了汪暉對《中國現代歷史中的「五四」啟蒙運動》的重新思考。他發現與西方啟蒙運動表現出的目的與方法的統一性不同，五四啟蒙運動的歷史使命與它用以完成這一歷史使命的思想武器之間存在著分裂，「當人們把『五四』運動作為一個啟蒙運動來分析時，首先涉及的是這個運動用

22　在書中的最後一部分，汪暉雖然以魯迅小說的表現形式作為主要的研究重點，可是整個分析只限於在小說的敘述原則與方法，並未觸及語言的問題。然而，在多年後另一本書的自序中，汪暉提及「中間物」概念引起的討論時，指出「有人認為這一概念在魯迅那裡只涉及了白話文問題，那是一種可嘆的短見。的確，『歷史中間物』在魯迅那裡僅僅是一種樸素的比喻和自況，其直接指涉的是語言問題，但其含義卻是豐富和深刻的。……這是因為語言乃是傳統的基本載體。作為中國傳統的批判者，魯迅的反傳統主義的最激烈的標誌即是對傳統語言形式的批判，從文體到方塊漢字都在否定之列；但同時，魯迅發現這種自覺的否定過程也必須藉助於中國特有的語言形式。」請見汪暉（2000a：460）。在此，汪暉雖然突顯了「中間物」概念與語言的重要關聯，可是並未進一步發揮。

各種『新』思想批判和否定了中國幾千年的封建傳統，提出了『人的解放』、『民主』和『科學』等現代思想，並沒有人從啟蒙思想的方法論特徵這一基本線索來描述『五四』啟蒙思想的複雜內涵。這不是偶然的。」（汪暉，1997：308）面對五四啟蒙運動中紛然雜陳與互相矛盾的思想學說，汪暉提出了「歷史同一性」的概念，作為分析這個悖論性歷史運動的框架。

與上述從「個人一致性」的觀點所建構的歷史「中間物」不同，「中間物」概念的實質只是「意味著眾多現實矛盾的凝聚」（汪暉，2000b：111），所關切的焦點仍然停留在各類思想本身的含義，換言之只是屬於一般性的內容層次。而「歷史同一性」的範疇則是更深入地將問題的核心指向這些不同的思想之所以能夠並存的可能性條件與其合法性的過程。從而這個範疇與傅柯所謂的問題架構概念相類似，非但有助於在整體上為五四啟蒙運動定位，由此找到一種基本的精神力量或情感趨向，它也與傅柯的「現在本體論」一致，將整個的問題意識植根於對自身關係的質問之中，從而使人們對啟蒙運動的理解從新與舊的對立、傳統與現代的糾葛中解放出來。因此汪暉說：「我用『歷史同一性』這一範疇來觀察『五四』思想的形成基礎，並發現『五四』思想的眾多因素只是基於一種『態度』而不是理性的方法和目標而構成統一的思想運動，命題（民主、自由、科學）的意義主要是在與其否定的對象的關係中展現出來，……」（汪暉，2000a：469）。「態度同一性」的概念指出的不僅是一種在內容上超越真／偽的分析或是對／錯的判斷，它包含了認知與情感的體驗，同時也是一種看待事物的方式。這個概念明顯地分享了傅柯分析西方啟蒙運動時所做的結論：即將現代性視為是一種態度、一種對於當下關係的模式。

不僅如此，汪暉似乎更進一步將研究五四啟蒙運動「歷史同一性」的方法擴展至中國現代思想的整個領域，提出他所謂「文化同一

性」（汪暉，1997：25）的範疇，作為探討產生現代性概念悖論式思想
的社會條件和歷史意義的框架，這與傳統基本上以現代化模式分析中
國的論述完全分屬不同的提問方式，也與所謂的「批判理論」對現代
性的理解大異其趣。在〈韋伯與中國的現代性問題〉一文裡，汪暉詳
細地闡釋了自韋伯以降，從理性化過程思考啟蒙與現代性關係的二種
學說，一是現代化理論，另一是批判理論。二者皆出自於韋伯有關理
性化過程的假設，然而它們雖然是同源，可是卻分道而行。汪暉認為
韋伯將理性化與西方社會現代化視為是不證自明的同一個歷史過程，
「這表現在：與啟蒙運動一樣，A.他把理性視為具有普遍意義和價值
的動力。B.從這種普遍的理性觀點出發，他把不同文化的差別解釋為
理性化程度的差別。C.以這種理性化程度的差別為基本內容，他在
不同的文化之間重構了一種傳統主義社會與現代社會的對立，從而
將在空間上並置的文化關係放置於一種普遍主義的時間關係之中。」
（同上，26）

　　現代化理論使用社會學功能主義的觀點，首先，將現代性的起源
與現代歐洲分離，使其成為一種在時空中具有一般性與中立性的社會
發展模式。其次，切斷現代性與西方理性主義在歷史語境中的關聯，
使西方社會中所謂的理性化過程成為一種放諸四海的判準。現代化理
論抽象化了產生於歐洲歷史過程中的社會特徵，不僅將現代化本身作
為歷史自身的目標，更將其視為是普遍適用的社會發展指標。在這個
貌似科學性與價值中立的敘事下，現代化的真正動力被視為是來自西
方，第三世界的國家可以反對，但是無法拒絕；可以模仿，然而卻不
能創新。整個世界將朝向一個既定的方向前進，而西方則代表這個發
展的最高與最完美的階段。「這種歷史目的論的敘事方式不僅陷入了
循環推論的方法論泥沼，而且無法對現代化過程本身所造成的問題做

出判斷，無法超出現代化的概念來提供衡量的準則和價值目標。[23]」
（同上，28）「換言之，以西方社會的理性化過程作為對象的社會學方
法已經無力對中國的現代性問題做出恰當的分析，因為這種社會學方
法本身就是理性化過程的產物和體現。」（同上，25）

　　然而，韋伯有關理性化過程的認識，事實上並不全然如現代化理
論架空事實所描繪的那樣，是一個從愚昧到開化、低級到高級、傳統
到現代、農業到工業、發達到不發達、後來者到成功者的不斷進化過
程。韋伯的作品另外還顯示出，歷史上與理性化進程有關的資本主義
社會制度，如科學、工業、官僚等體制的發展越是合理，人類就越不
可避免地受其支配與役使。所以「技術的進步和社會組織的理性化不
過是對人和自然的新的統治形式。『自己反對自己』的現代性傳統在
韋伯的知識體系中的體現就是理性化概念的自我矛盾」（同上，24）。
韋伯對理性化過程內含有的矛盾性與悲觀性的預見，當然完全不可能
顯現在現代化理論對未來充滿樂觀的許諾之中，可是這一理論的洞見
卻直接影響了霍克海默（M. Horkmeimer）與阿多諾（T. Adordo）對啟蒙
與現代性理論的批判，也啟發了哈貝馬斯對現代性的思考。

　　以《啟蒙辯證法》為代表的早期批判理論，雖然用「工具理性」的
概念進一步發展與批判了西方理性化過程對自然與人類的扭曲，可是
由於他們對理性的認識陷在一種本質化與全稱性的假設之中，從而所
做的批判性揚棄，仍然難以完全超克理性的枷鎖，只能停留於一種姿
態的表達。作為這個批判傳統繼承人自居的哈貝馬斯則認為，工具理

23　新的研究成果更明確地顯示，所謂的「現代化理論」，從一開始就不是一個純學術的問
　　題，它是當時美國社會與文化的獨特產物。它的誕生不僅是因為那個時代美國的社會科
　　學界企圖擺脫對歐洲學術的從屬地位，更是在面對世界各地的非殖民化過程與共產勢力
　　興起時，美國國家機器強力打造的一個有關全球戰略的工具。隨著冷戰的結束，如今這
　　段歷史也逐漸變得明朗。有關此一問題，請見雷迅馬，《作為意識形態的現代化：甘迺
　　迪時期美國的社會科學與「國族營造」》。中央編譯社，2003。

性所造成的惡果，只能看作是生活世界的一種病態性的現象，而不一定是西方理性主義的必然部分。對他而言，現代性所呈現的問題，與其說是一個悖論，毋寧說是「一個未完成的方案」，他嘗試從所謂的「溝通理性」之中尋找一種新的啟蒙辯證法。只是在這個概念裡，理性雖然被視為是具有主體間性與對話性的特質，並無法縫合這個過程中早已存在的專門化與世俗化二個原則之間的結構性矛盾，在根本上也不能將整個方案從一種暗含著普世性理性的進化過程中拯救出來。「換句話說，現代性方案的『未完成性』本身是極為可疑的。」（汪暉，2000a：8）

此外，汪暉指出哈貝馬斯現代性方案的基礎，是建立在歐洲民族國家體系的形成和關於民族國家主權的原理之上，作為這個方案標誌的「主體的自由」，其實並未包括國際關係的領域[24]。然而，「『現代性的方案』的國際性的方面對於非西方國家具有特別重要的含義，因為這些國家的現代性問題的起源本身即是國際性的……哈貝馬斯沒有提及的問題恰好構成一個既新又舊的問題，這就是：在檢討『現代性』本身的得失之前，先要問：這是『誰』的『現代性的方案』？」（汪暉，

---

24 國際法理論界存在著的一個經典問題是：「國際法究竟是不是法？」這個令人不斷爭議的問題反映一個事實，即如韋伯所言：「眾所週知，『國際法』作為『法』的形式一再受到否定，因為缺乏一個跨國家的強制權力。」（韋伯，2006：65）因此所謂的國際（international），其實指的是國與國之間，而非一個超出民族國家主權形式之上更高的政治性概念，現在所謂的國際關係理論，實質上仍然只是國家理論的一種外延，聯合國設立的宗旨只是試圖協調或解決這種國與國之間的矛盾的機構。作為聯合國前身的國際聯盟，當年是在美國的倡導下成立，可是因為不願受其節制，又拒不參加。早在1932年，針對國際聯盟的章程與美國門羅主義的矛盾時，施米特即尖銳地指出：「不可能設想一個強國，尤其不可能設想帝國主義的世界強國在法律上會將自己束縛在一整套局外的異國人可用以針對其自身的準則和概念之上。……如果說，對於19世紀歐洲民族的殖民帝國主義具有典型意義的是諸如保護國和殖民地這樣的東西，那麼，美國的基本成就則是發明了干涉條約與此相近的干涉法律名稱。」（施米特，2006：168-169）因此如果完全從國際法的角度來理解國際法，往往會得出自我肯定的結論。當代從意識形態批判的角度研究國際法的問題，請見蘇珊‧馬克斯（2005）。

1997：9）。事實上，哈貝馬斯現代性方案中有意或無意迴避的這個問題，不僅存在於汪暉以中國現代性視野為起點所做的追問之中，也是傅柯〈何謂啟蒙？〉的議題真正關切之所在。此即為何傅柯在文章中強調，從「現在本體論」將「當下」問題化的過程中，所謂「現在本體論」討論的內容就是「我們自身的本體論」（ontologie de nous-memes），它不僅僅涉及對各類理性的歷史性反思，而更重要的在於，這是以另一種方式去回答在此時此刻的歷史過程中「我們是誰？」[25]。

　　此一問題與傳統上「什麼是人？」的問題性質完全不相等同。從當下時刻對自身身分所做的追問，目的並不是企圖去尋求一種超越歷史的人性以及與此相關的某些本質性的真理。傅柯強調，這個提問所針對的對象，毋寧是關於自身獨特的與歷史的某種存在模式，它指的不僅是從源頭上重新追溯，以及從更根本處重新思考我們認同的系譜，並且也指創造某種新的主體性與當下我們自身倫理和政治轉換的可能性。從而「我們是誰？」的問題，同時是意謂著何種歷史綜合體構成了我們的認同，以及我們如何以另外的方式存在。與傅柯相同，汪暉提出的「文化同一性」概念亦強調「現代性與自我認同」[26]的內在關係，從這是「誰」的現代性的質問中，他想要表達的是「對於大多數中國人來說，需要的是自我認同的重新確認。重新認識自己的認同，這不只是把握自己的一種方式，而且是把握世界的一種方式，也是我們獲得生存理由和生存意義的一種方式。……認同問題是存在的，即使這個問題不是以追問『我是誰』？的方式出現。我們可以換一種方式

25　例如傅柯在另一篇觸及啟蒙問題的文章中說：「當康德在1784年詢問『何謂啟蒙？』時，他想要說：『在目前的時刻發生了何事？何事在我們身上發生？什麼是這個世界、這個時期、這個我們目前正在生活的時刻？』。或者，以另外一種方式說此事，即『我們是誰？』，作為啟蒙者、作為這個啟蒙世紀的見證者，我們是誰？」（Foucault, 1994: 231）

26　吉登斯在一本以此為書名的著作中表達了類似的觀點，認為自我認同「這種新機制，一方面由現代性制度所塑造，同時也塑造著現代性制度的本身」（吉登斯，1998：2）。

追問這個問題：人們正在從事怎樣的社會實踐？……因此，當我們開始追問我們自己是誰的時候，我們實際上總是在問：我們自己與自己身處的社會、國家、世界以至自然界的關係怎樣？社會、國家、世界和自然界是抽象的概念，在這些概念的背後，是具體而複雜的感情、道德、審美和信仰的關係」（汪暉，1997：2-3）。

四、何謂中國？：多元性與內在視野

　　汪暉認為中國的現代歷史是被現代性的歷史敘事籠罩的歷史，「就中國的『現代性』問題而言，從問題的提出、形成的方式以及它的病理現象都不僅僅是外來的文化移植，而是在不同的文化和語言共同體之間的互動關係中形成的。因此，對中國『現代性』的研究涉及的是一種『文化間性』、『文化間的交往行為』。這個概念並不意味著否認中國『現代性』發生的被動性，但卻同時承認中國『現代性』發生過程中的文化自主因素。」（汪暉，1997：35）由於理性化的概念與中國的社會與文化並不存在必然的歷史關聯性，將理性化自身視為規範和描述中國的工具，經常是將西方的社會和文化危機當作中國的危機，無法診斷出中國現代社會自身的問題何在。「因此，要建立文化研究的新的方法論視野，首先需要做的工作是尋找描述中國社會和文化的基本語言和範疇，……第二步則是把這種語言植入它的形成過程並觀察其功能，而不是把這種語言當作透明的、不變的本質。……一方面，通過這些觀念對相關領域的命名，無序的生活世界在語言中獲得了意義和秩序，並顯示出價值的取向；另一方面，觀念與生活世界的關係又不僅僅是命名關係，當『公』、『個人』、『科學』和『社會主義』及其相關概念被建構出來並植入歷史語境中，這些觀念本身也成為生活世界的一部分和社會文化再生產過程的最富活力的因素。……對這個過程的分析……个是對作為『外部』的第三世界的一部分的說明：

這種說明的真正含義存在於第三世界話語之外，即它是對『我們自己的』西方文明的自我批評，是對西方的現代性及其理性主義的自我診斷。」（同上，33）

由於西方現代性的概念是植根於歐洲資本主義體系形成的過程中，它自身是以民族國家作為不言自明的單位，通過與其他亞洲帝國在地理、歷史、法律、經濟、語言、哲學、宗教等各個面向不斷的對比過程中獲得自我的確認。與帝國在結構上對立的民族國家，其合法性的建立事實上與一種自認是普世性的知識體系有著深刻的聯繫，展現在西方從19世紀逐漸開始形成的歷史學、經濟學、社會學、政治學、哲學、文學、法學、語言學、人類學、考古學等各領域。在這一背景之下，不僅有關「國家」的知識構成了政治敘述與認同模式的核心，「國家」也自然地被看作是歐洲的本質屬性，並被組織在一種歷史時間的進化過程之中，最後順理成章地成為「世界歷史」的必然所在。

這種歷史目的論將雙方所有的關係用現在與過去、進步與落後等時間性範疇進行概括，非但存在於以政治結構為主導的帝國－國家二元論之中，也表現在側重地理空間描述的亞洲－歐洲二元論裡，更潛藏於強調文化差異的東－西文明二元論的內部。正是為了顛覆和打破歐洲中心主義「世界歷史」的敘事架構，日本的京都學派創造了一種新版世界史意義下的「東洋史」。然而，作為一種抵抗性或競爭性的「東洋」概念，它的敘述出發點同樣是建立在民族國家的基點上，從而無論是在尺度上或是在時序上，皆與歐洲近代歷史對「西方」的界定極為類同。因此這個學派所宣稱「東洋的近世」的假說並未能建立自身所期盼的主體性位置，基本上仍然不自覺地繼續陷在「脫亞入歐」的道路中難以抽身，成為只是歐洲現代性敘事的簡單顛倒與另類複製。其他呼籲「在中國發現歷史」，或是以中國或亞洲為中心，建

構東亞區域自身現代性動力的敘事，大多也皆屬於這個類型的衍生形態。

　　這或許是為何汪暉在《興起》一書的起始，即拆解帝國－國家二元論作為不證自明的基本分析單位與支撐這個論述的知識體系，並由此展開對整個中國現代性的討論。然而，對帝國－國家二元論及其相關的概念的質疑，並非是要完全摒棄這些概念的功用，而是將它們作為主題來處理，拒絕將其視為是歷史敘事的基本框架與分析的前提。換言之，如何理解中國的政治文化與認同模式的獨特性及其轉化過程，關鍵在於如何在一種新的問題意識或是關係架構中重新界定這些概念。由於歷史的事實表明，在中國皇權一統體制穩定的延續與各個王朝不斷循環更替的表象下，內部始終存在著政治制度、地方勢力、族群類別、社會集團、宗教信仰、文字語言、風俗文化等各類的差異性。在交往與互動的過程中，往往產生出多元的社會格局與不同的歷史聯繫模式。

　　因此，所謂的中國，實質上是由變遷與多樣性所組成，無法按照一種線性的時間方式，以單一起源或是單一民族的譜系來概括。從《興起》這部著作可以明確地看出，主導全書真正的基本概念既不是帝國，也不是國家，更不是傳統的王朝或是天下，而是中國，是一個在歷史過程中不斷轉變，因而需要被反覆重新定義的中國。與前述的中國中心論不同，在此作為一個認識論範疇的中國不再是一個自明的單位，而是一個去自然化的與混雜的統合體。由於近代歐洲的歷史概念是結合一種直線進化與目的論的時間觀，並且依賴這個認識論的框架建立起民族主體，為了重構中國歷史敘述的框架，汪暉試圖恢復內在於傳統之中的認識範疇，以儒學的「時勢」概念為基礎，重新構建一個不受時間目的論制約，同時又能將時間與空間組織成為具有關係

性的問題架構[27]。

與時間概念一樣,「時勢」這個極少受人重視但極其重要的概念也是含有歷史的意識,可是它本身並不依循任何的目的,只是指歷史中事物變化的自然展開過程。它具有兩個關鍵性作用,「首先,時勢概念將歷史及其變化納入自然的範疇,解構了天命對人事的關係,為主體的歷史行動提供了空間。……其次,時勢概念將斷裂的歷史重新組織在一種自然演變的關係之中,從而也創造了自然演變的歷史主體;……因此,這一概念為一種共同體的意識或中國認同提供了重要的認識框架。」(《興起》,上卷,第一部,58-59)在流變的視野之中,時勢的概念不僅排除一切先驗性的假設,從對象自身出發,表明任何事物只是變動不居的時勢的產物,它也在方法論上啟發了一種自覺的要求,使儒學沒有以一種本質主義或原教旨主義的方式建構其政治/道德理想。「在這裡,時勢的觀念為一種經學考古學和經學譜系學的誕生奠定了基礎。」(同上,60)

從當代政治人類學的比較研究可知,政治的維度存在於任何性質的社會之中[28],無論是所謂的無國家形態的社會、傳統的國家形態或

27　在當代一部專門討論中國的「勢」概念的著作中,F. Jullien也特別強調,相較於西方,中國思想的特殊之處在於並不考慮事物的最終目的,只是從現實內在邏輯的觀點去詮釋事物的本身。值得注意的是,為了描繪這個在西方並不存在的概念,作者也借用了傅柯的「機置」(dispositif)概念作為類比。請見F. Jullien(1992: 15)。

28　譬如傳統的政治人類學一般將原始社會視為是非國家性質的社會,其中政治力量的存在僅是保持在微不足道或甚至為零的狀態。而當代重要的人類學者Pierre Clastres的研究確認,甚至在被現代人視為是沒有信仰、沒有法律、沒有王者的社群裡,仍然存在完整的政治維度。他對一位沒有權力可是卻富有威望的印地安酋長所做的分析,挑戰了傳統上理性與政治的內在關聯性,為政治理性提供了另一個不為人知的面貌。有關此一問題,請見P. Clastres(1974)。從當代對原始社會領域的研究經過來看,如果說Claude Lévi-Strauss對神話的探討,在思維方式上打破了人們對所謂「野性思維」是非理性的偏見。那麼Marshall Sahlins對土著生產模式的研究,則是從經濟的層面改變了世人對原始社會的刻版印象。他證明所謂的「原始經濟」並非是一種只能維持生存、缺乏長期積累與沒有剩餘的生產方式。從目的與手段、技術方法與需求的關係上表明,原始經濟作為一種完全已發展成型的經濟現實,擁有自身的理性並且服從於其內在的邏輯。它是以「反生產」

是現代的國家形態，任何共同體的構成與其內在制度的安排，皆依賴
某種能夠將自身正當化的意義系統以及需要訴諸於一個合法化的過
程[29]。江暉認為「『理』是中國思想的秩序觀的集中表達。……它把世俗
秩序與超越的秩序、循環的邏輯與變化的邏輯融為一體，從而成為
一個遍在的和自然的範疇。所謂『遍在的』，即指『理』內在於事物的
獨特性；所謂『自然的』，即『理』不是一種僵硬的規則，而是體現在
『物』的轉變過程內部的秩序。對『理』的認識始終是和『物』概念所內
含的獨特性關係在一起的。……在『理』的視野內，對『物』的認識過
程總是包含了一種有關『理』的普遍主義預設；但在『物』的視野內，
這種『理』的普遍預設總是落實在具體的情境之中」（《興起》上卷，
第一部，62）。換言之，「物」是「理」的系譜，而「理」也是「物」的系
譜，二者的關係在時勢自身之中構成，表現的是事物合理的秩序及其
自然的演變過程，在這個框架之內，各種政治性和社會性的制度皆可
看作是這一秩序及其演化的歷史形式。中國現代性的問題是在知識和
制度的巨變中產生的現象，「從而對這些問題的歷史理解不可避免地

的機制運行，對剩餘性的行為具有排斥性，所以只要針對需求所做的生產達到均衡，經
濟就基本靜止不動。在政治層面上，P. Clastres對原始社會的研究也是具有革命性的意
義。他不僅確認政治普世性的存在，闡明任何人類社會皆存在社會性的政治機制以及對
秩序和法規的依賴，同時也否認了西方政治形式的普世性，將其還原成為地區性的權力
運作級別。從此，政治的領域不再被認為是一個內含進步性並且不斷朝向國家形式的演
變過程，亦即是從無權力形式存在的社會，進化至分權的社會或是具有國家形式的社
會。此外，他的作品也影響了法國當代政治哲學的思考方向，如Claude Lefort對現代社
會中權力象徵面向的探討，Marcel Gauchet對宗教在現代社會中所扮演的角色等。

29 自從韋伯在《經濟與社會》一書中，從經驗主義的觀點區分了正當性（Legitimität）與合
法性（Legalität），並對正當性的類型加以區分後，這二個概念之間的差別似乎並沒有因
此而更加清晰，甚至是有意地被混淆。施米特就曾批評說，「現今最流行的正當性的形
式就是對合法性的信仰。在這裡，正當性與合法性這二者被歸結為一個共同的正當性
概念，而合法性本來恰恰意味著與正當性的對立」。請見卡爾‧施米特（2003：254）。
此外，尤爾根‧哈貝馬斯對韋伯的正當性概念也有過說明，請見哈貝馬斯（2000：123-
133）。中文世界在翻譯這兩個概念時，經常視為是同義字，或者是將正當性譯為合法
性，更造成這二個概念難以被相互區分。

涉及19世紀發生在世界觀、知識體系、制度條件和物質文明方面的
巨大轉變。如果近代中國革命的主要任務之一是將傳統中國轉化為一
個民族國家，那麼，天理世界觀的解體與公理世界觀的支配地位的形
成正適應著這一轉化過程。」(同上，71)

　　儘管對天理或公理的概念至今已被多方討論過，然而汪暉表明，
對二者的認識及其關係轉換的詮釋，不應如既往停留在抽象的層次，
而是要從其實際的歷史展開過程來理解，因為被視為是「社會想像」[30]
(同上，50)核心的這兩個概念，對應著的是人們在日常生活實踐中
具體的抉擇與判斷，從而二者關係的替換是與實質的社會關係的轉變
密不可分。天理和公理皆涉及心物關係和事物的秩序問題，「天」和
「公」分別代表著一種普遍性的價值，而「理」則表示超越「物」同時又
內在於物的法則。天理世界觀的支配地位基本上產生於唐宋時代的歷
史過程中，它傾向於把各種物質關係或利益關係看成是一種道德的、
心性的和形而上的關係，因此理學、經學或史學等儒學形態也被理解
為關於自然、物質、制度和行為的知識。而公理世界觀則反之，它是
規劃現代民族－國家合法性的前提，傾向於將倫理的關係理解為一種
物質的、利益的和必然的關係，因而自然科學、社會科學和人文科學
也應該被視為是道德知識。

　　汪暉試圖闡釋天理與公理這兩個概念之所以產生的具體情況與轉
化關係，展現知識與制度不斷變化的歷史過程。在中國的政治歷史
中，儒學基本上可以視為是政權合法性知識的主要來源，與各時代不
同形態王朝合法性的建立有密切的關係。他從儒學自身內在視野所展
開的歷史過程中去追問，為何天理範疇在宋代的語境中最終成為一個
新型世界觀的核心理念，亦即是說，天理世界觀之所以成為類似卡爾

30　汪暉在書中主要是從歷史過程中直接敘述「概念」作為一種「社會想像」與制度的內在關
　　聯性，有關「社會想像」概念的理論性討論，請參考 C. Castoriadis (1975)。

‧施米特（Karl Schmitt）所謂的時代的「中心領域」（施米特，2003：230），其正當性的過程是建立在何種可能性條件之上。汪暉認為，從唐宋之間社會結構轉變的過程與結果觀之，天理在儒學的世界中佔據主導性的位置是和宋代儒者對歷史變遷的觀察與解釋密不可分。「……正像孔子以『禮崩樂壞』的視野重構聖王的禮制一樣，宋儒將他們觀察到的各種社會問題和危機概括在『禮樂與制度分化』的道德／歷史視野之中，並通過重構儒學的基本問題介入當代的社會問題，奠定自身的歷史位置。」（《興起》，上卷，第一部，220-221）換言之，以三代禮樂與漢唐之法的對比建立評斷歷史的框架，與其說是儒學從自身視野出發，對歷史所作的一種客觀陳述，毋寧說是以復古的方式與批判性的態度所建構的一種悖論式的思想方式，以此作為對秦漢以來各種社會和倫理變化的總結。

　　宋儒綜合天、道、天道建構出新的天理觀，認為在此之上不再有任何更高的終極性意義體系。天理表現的不僅只是一種抽象的思想或是形而上的概念，它還提供了一種理解宇宙秩序的視野和人的生活世界的基本框架，與一個社會重新塑造其認同方式密切相聯。它的建立標示著這是在權衡並且順應時勢的需要之下，儒學自身對道德／社會／政治評價體系的轉型，而作為這一歷史／道德視野中之主體的「士」，亦是這一巨變本身的產物。通過借用三代以上／三代以下的歷史對比、「禮樂與制度的相互分化」的參照，宋儒「以天道／天理對抗政術（郡縣條件下的皇權－官僚政治），以恢復宗法對抗市場流動，以倡導井田對抗貿易和稅法，以學校對抗科舉，以成德對抗功名，以復古的形式對抗外來文化和歷史變遷」（同上，110）。這些涉及當時社會各個層面的爭論，無論是封建與郡縣、井田與均田、租傭調與二稅法、學校與科舉、夷夏與正統等，皆可在天理世界觀的名義下彰顯出其真正的意義與價值。通過中國傳統儒學的知識譜系與社會制度之間

內在的聯繫與演變，《興起》一書不僅在理論上闡釋了天理世界觀正當性建立的過程，並且也間接說明了其政治合法性的基礎與歷史動力的來源。

如果說宋儒以「禮樂」作為古代封建體制的特徵，用「制度」代表後世以皇權為中心的郡縣制國家，晚清以降，圍繞著這個以天理為中心所形成的世界觀則發生了極為重大的改變。為了應對清朝作為一個由少數民族統治的多民族帝國所面臨的各種複雜的社會與政治問題，清儒採用與宋儒類似的托古改制手法，同樣以一種悖論性的方式，在經學的視野內將復古的正統主義與經世致用的實踐要求融為一體，作為在時勢變遷需要下安身立命的依據。在努力回歸先王典制的過程裡，清儒從經學的脈絡中批判宋儒的天道觀和心性論，「力圖在制度的層面綜合三代封建與郡縣制度，在井田、學校、封建的理想與錢糧、生員、大一統政治之間形成一種平衡。……在道德實踐的層面綜合先王禮制與日常生活中的欲望，力圖在必然與自然、理與欲之間形成內在的連貫性。……以變易或時勢的觀念理解六經皆史、道器一體的命題，……從而在史學的層面把封建的精神注入郡縣的體制之中。……這三個層面相互滲透，最終把變革的意志與對古代典制的理解融合為一體」（《興起》，上卷，第二部，514），從而為乾嘉時代今文經學的興起提供了前提與條件。

清代今文經學學者以《春秋公羊傳》為核心，恢復漢末以降湮滅不彰的今文經學，使用今文的觀點注釋經典，將理學內在的道德中心論結構轉化成為一種有關王朝合法性的理論。今文經學者「對於禮儀、法律和歷史的研究緊密地聯繫著多民族帝國內部的民族關係、組織社會的基本原則及其內在矛盾、清帝國面臨的不斷變化的內外關係及其衝突，等等。……不斷地在夷夏、內外以及三統、三世等範疇中探討王朝的合法性問題，並在禮與法的基礎上重建關於『中國』的理

解。……而為新的歷史實踐——殖民主義時代條件下的變法改革——提供了理論前提和思想視野」（同上，490）。換言之，今文經學的主要特點在於以禮儀和文化取代地域和族群作為社會認同與政治合法性的重要尺度，破除了早期經學與理學思想中強烈的民族意識和夷夏之別，以大一統的邏輯承認多民族王朝的統一性，同時也間接地批判了清朝政治中存在的種族主義。今文經學取消內外，將夷夏相對化，縱使之後因與晚清主流的民族主義思潮相抵杵而退出歷史舞台，可是也擴大了中國的含義，從而為一種超越族群認同的中國認同提供了框架。由此可見，中國的認同不能完全歸因於是一種漢族中心主義史觀的產物，而是與包括少數民族王朝在內的歷代政權對自身政治合法性需求的結果。「在鴉片戰爭前後，龔自珍、魏源等人將這一相對化的夷夏觀帶入了中西關係之中，進而為學習西方、促進改革提供了內在於儒學的前提。」[31]（《興起》，上卷，第一部，87），最終清代今文經學也從一種王朝合法性的理論轉化為一種變法改制的學說。

　　由於內外關係的深刻變化，天朝的存在不再是至大無外，成為只是處於競爭中列國中的一員，這種新的夷夏觀無法再依賴舊有的儒學正統主義作自我定位，而必須是由外部來加以界說。也就是說它是建立在現代民族國家及其主權觀念的基礎之上，將多民族帝國視為是這一內外觀的內部，以此重構自身與世界的關係。所以「資本主義及其創造的世界關係既是新型國家認同和主權形式的最為重要的動力，也

31　汪暉將今文經學內部的變化與歷史語境之間的互動總結為：「在莊存與和劉逢祿為代表的發創階段，今文經學注重王朝的合法性和內外關係問題，從而『內外例』、『議世卿』成為重要的經學主題；在龔自珍和魏源隨著內外問題從帝國內部的種族問題擴展為帝國疆域內部的管治方式及其改革問題，輿地學和其他經世之學被組織到經世學視野內部，從而極大的擺脫了經學原有的框架；在以康有為、廖平為代表的興盛階段，歐洲中心的『全球知識』正在成為支配性的知識，如果無法在儒學內部發現能夠包容這一『全球知識』的框架，並按照這一新的儒學普遍主義設計變革的藍圖，儒學就無法避免沒落的命運。」（《興起》，上卷，第二部，743）

是導致民族認同和主權形式發生危機和轉化的最為重要的動力」(《興起》,上卷,第一部,100)。汪暉強調「在晚清以降的文化運動中,真正的新生事物不是民族主體,而是主權國家的政治形式,是商業和工業資本主義的長足發展與民族–國家之間的內在聯繫,是科學技術及其世界觀的革命性力量與民族主義之間的有機互動,是以現代教育和都市文化為中心展開的知識譜系與新的國家認同的關係,是一種能夠將個人從家族、地方性和其他集體認同機制中抽離出來並直接組織到國家認同之中的認同方式以及由此產生出的義務和權利的新概念,是在上述條件之下民族主體本身的更新」(同上,78-79)。

　　從清代中期開始與外部的接觸,特別是鴉片戰爭以降,反映的不僅是國家之間的衝突,更是兩種不同體制的對抗。在西潮的衝擊下,重構新的世界觀和知識體系成為知識分子的共同要求。由於西方列強進入現代的過程中,科學與方法的新觀念對所有的知識領域皆產生了關鍵性的影響,伴隨著科學技術與教育體制的引進,這個新觀念也逐漸地被納入至晚清的世界觀論述之中,從而形成一種科學的世界觀。「即科學不僅僅是一種可以被利用的知識,而且是一種理想的政治、道德、審美境界的基礎;科學知識不僅是西方文明的特質,而且也是普遍的宇宙原理。在這樣的視野中,科學不是一種工具,而是一種內在的模型,整個世界將以這個抽象的模型為典範而展現出來。」(《興起》,下卷,第二部,1170)汪暉試圖闡述現代知識譜系的構成與世界觀轉變的相互關係,他強調,將一種與社會無關的自然研究,擴展成具有普世性意義的科學世界觀,並最終在正當性與合法性上取代天理觀,這整個過程既是西學東漸的結果,又脫胎於中國的天理世界觀[32],從而公理世界觀的形成可說是科學世界觀與天理世界觀彼此鬥

32　在書中的一個注釋中,汪暉指出:「從概念上看,現代中國思想中的科學概念包含了自然、道德和政治三方面內容,它一方面是在揚棄古代的格致概念的過程中產生的,但

爭與相互交融的結果。

　　汪暉將天理世界觀與公理世界觀的交替歸納成三點：「第一，公理世界觀逆轉了天理世界觀，將未來而不是過去視為理想政治和道德實踐的根源。……第二，公理世界觀以一種直線向前的時間概念取代了天理世界觀的時勢或理勢概念。……第三，公理世界觀以原子論的方式建構了『事實』範疇，並以此衝擊天理世界觀的形而上的預設，試圖按照事實的邏輯或自然的法則建構倫理和政治的根據。」（《興起》，上卷，第一部，48）然而，在天理世界觀的衰敗與公理世界觀的興起過程中，代表超越時空的普遍秩序的「理」卻被保留下來，二者不是簡單的替換關係，也存在著相互的滲透。「在這個意義上，公理世界觀是沿著天理世界觀的邏輯確立自身的合理性和合法性，而不是相反。」（同上，50）換言之，「天理和公理既內在於各自的時代，又是各自時代的他者。」（同上，66）

　　在《興起》下卷第一部中，作者以三個人為代表，分別展示出在晚清思想的過渡階段，對公理觀三種不同的思考領域與方向。嚴復的公理觀建立在易學、理學和實證主義的基礎上，強調宇宙秩序與自然世界的一致性。受康有為的影響，梁啟超融合今文經學、陽明心學和德國唯心主義哲學，強調公理觀的內在性，並以知行合一的方式溝通自然世界與道德世界。與前二人相反，章太炎認為公理的名義只是對世人的一種壓迫，從而以唯識學和莊子思想建構了一種否定的公理觀。這三種方案展現出了豐富的多樣性內容，值得注意的是，雖然三人各自思想的來源不同與對時勢的分析各異，可是皆普遍地表現出了

　　另一方面又保留了理學世界觀的那種體系性的特徵，即使是在語詞的變遷中也顯現出了格致（以及與天理）概念與科學（以及與公理）概念的歷史關係；因此，這一科學概念與science的關係並不像字面翻譯的對應關係那麼簡明。但是，科學概念在運用過程中呈現的特點不能僅僅被歸結為傳統思想方式的作用，它還需要置於近代中國的世界觀轉變和社會結構的變化中理解。」（《興起》，下卷，第二部，1428）

一種悖論特性，亦即在尋求現代的過程中，同時又不斷地對這個目標
進行批判性的反思。所以汪暉強調，「晚清公理觀內含的這種自我否
定的邏輯不是現代科學譜系及其制度性實踐的產物，而是淵源於在傳
統世界觀內部的形態有所區別的公理觀本身。在現代科學自身正在致
力於『否思』的時刻，這一公理觀提供了一種批判性地反思現代性及
其危機……的智慧的源泉。」（《興起》，下卷，第二部，1424）

　　中國從一個帝國轉化為民族國家體系中的主權國家的歷史過程表
明，與西方資本主義體系利用自身的民族為單位建立現代國家的方式
正好相反，中國是依賴外來的現代國家形式重新凝聚民族主體。而以
民族國家作為存在的必要前提，並不是由自身內部的需要所決定，是
西方殖民主義體系壓迫之下的結果。以科學思想為內含的公理觀及其
知識譜系，從結構上取代天理世界觀的過程裡，不但改變了帝國對外
的政治形式，使中國從以自身為中心的朝貢體系轉變為條約體系中的
一員，還體現了內部社會主權形式的巨大改變，形成了現代意義下
的「市場」與「社會」或者應該說就是「市場社會」[33]。也就是說在現代中
國的語境中，「『社會』主要不是產生於資產階級抵禦國家干預的自我
保護功能，而是處於衰落過程中的國家進行自我改造的產物，即力圖
通過制定改革政策建立特定的社會團體，以取代一部分國家功能，
重建國家的合法性，進而為新的民族同一性的形成創造前提。」（《興
起》，下卷，第二部，1482）在這個過程中，以國家主權及其法理基
礎為依託，重構教育體制和知識譜系，並將帝國內部多元文化性的群
體關係構想為一個整體的人民主體，瓦解了傳統天理世界觀下的血
緣、地緣與宗法關係。

33　有關市場社會概念的詳細討論，請見汪暉（2001：1-49）。作者以博藍尼的分析為例，說
　　明自由市場的形成其實是依賴國家的計畫，而國家對市場的干預卻是自然的產生。也就
　　是說，所謂的自由放任是精心策劃的結果。

　　公理與現代民族主義及其體制雖然相互關聯，可是在救亡圖存、共同抵禦外辱的認識下，中國的認同模式並沒有依循西方民族國家所採取的模式，將君主國和帝國統治相互分離，進一步對內排除地方性、方言文化、族群的與宗教的差異，而是通過民族與國家相結合的方式形成單一主權國家，去克服帝國內部多元的種族及其政治體制造成分裂的威脅，這種具有包容性的多層次的認同取向無法被化約成單純的民族認同問題。所以概括而言，「晚清以降以國家改革為中心的社會運動綜合了清代形成的中國認同、帝國擴張過程中的地域關係及其知識發展、國際間的承認關係，並將所有這些放置在國家建設和經濟重組的現代化的方案和時間意識的軌道內。王朝的衰落為共和政治體制的合法性提供了前提，但王朝時代的認同和制度建設的要素也被組織到了共和時代的政治認同和制度結構之中；從城市印刷文化（媒體、文學和課本等）的大規模發展，到戰爭時代城市力量向鄉村的滲透和擴展，民族認同的形成經歷了由上而下和由下至上的曲折過程。……20世紀世界歷史上的最為重大的歷史現象——中國革命及其意識形態——就發生在這一危機與轉化之中，正是這一革命過程轉化了傳統的認同方式，重構了國家的主權形態，創造了新的政治／社會結構和認同方式，為各不相同的政治取向提供了基本的歷史前提。」（《興起》，上卷，第一部，100）

五、何謂興起？反思性與對象解放

　　汪暉從中國思想和社會變化的過程開展出對現代性的理解方式，不是簡單地抽空歷史事實，任意套用西方社會科學中既有的分析概念。亦不是以一種本質主義的方式去尋求中國自身的特殊性，因為這種特殊性仍然是相對於西方普遍主義的特殊性，所呈現的無非是一種黑格爾式普遍與特殊的二元對立，其結果只是將自身再次的東方化，

無可避免地成為西方普遍性話語內部的另類複製。事實上，問題的關鍵不在於特殊性的內容，而是在於進入這種特殊性方式的本身。在拒絕接受任何概念的先驗性時，汪暉也拒絕了這些先驗性概念之中可能所暗含的各類假設。在《興起》再版的序言裡，作者表示：「『現代中國思想的興起』看起來是一個平易的敘述，但是從導論起到最後的結論，我的每一個部分都在挑戰我們常識中的『現代』、『中國』、『思想』和『興起』這些概念。」（汪暉，2008：465-466）從《興起》一書整個敘述的過程可見，所謂「現代」，指的並不是在自然狀態下以線性方式流露的時間感，而是一種悖論的方式或態度，跳出任何目的論的假設，面對同時質疑自身當下所處的時代。所謂「中國」，也不是一個單一自明的概念，而是一個在歷史過程中經歷各式各樣異質性元素不斷交互接觸與融合的結果，其過程充滿變化與多樣性，無法以現代人文或社會科學中既有的概念簡單地加以概括。至於「思想」，則更不是脫離歷史現實的自在存在，亦不是社會關係的簡單產物，而是構成社會與社會構成不可或缺的實質部分。

從而對思想進行歷史性的分析時，並非是簡單地將概念放置在一種時間性的序列之中，尋求某個絕對的起源或是不斷延續的實體，而是要面對散落的歷史碎片，從反覆呈現的歷史要素的相互關係之中重新進行拼湊與提問，在斷裂性的前提之下思考所謂的連續性，最終在問題架構形成的內在過程中，透過具體的分析去展示思想如何成為歷史語境的構成性力量。以構成性、悖論性與多樣性為取向的分析模式，最終所呈現的當然不再是傳統意義下的思想史或社會史，而是一種類似傅柯所謂的不斷「問題化過程」的態度或方法[34]。或許從這個觀

---

34 傅柯說：「我想我們將要做的工作，就是一個問題化過程的工作以及無休止的問題化過程的工作。……思想的工作並不在於揭露祕密隱藏在所有既存事物之中的惡，而是在所有習以為常的事物中預先感知有威脅性的危險，使所有牢固確實的事物變成具有問題

點檢視《興起》一書，不僅比較容易理解這部著作的結構與含意，也更接近「興起」這個概念所傳達的內容。在所有著作中，汪暉似乎從未使用或解釋過興起的概念，只有在再版的序言裡，簡單地將這個概念等同於易經中所謂的生生之意，以此強調整個中國現代思想「是一個充滿了新的變化和生長的過程」[35]（汪暉，2008：466）。在多處的訪談中，汪暉表明不喜歡討論純粹的方法問題，而寧願從具體的歷史分析過程展示出自身方法的使用。由此，透過全書敘述所展現的整個中國思想的多樣性與不斷變化的過程，或許間接地可被視為是對這個未明確定義的概念所作的一個說明。

　　無論如何，圍繞著興起的概念為核心所形成的問題架構，強調的是過程而非起源，是關係而非本質，是斷裂而非延續，是對現代中國自身的認同方式與主體性位置不斷的質疑和追問。這種被汪暉稱為「內在視野」的方法，明顯地完全不同於從一種本質主義的立場去追求自身特殊性的「本土視野」，其目的不是企圖要建立一個同質性的認同對象，而是開展一個遠比現代西方民族國家概念更豐富、也更有包容性的認識範疇。從而所謂的興起，與當前在現實層面上所議論的中國崛起，無論是從討論的內容、方法與結論上根本毫無關聯，在時

性。」（M. Foucault, 1994: 612）

35 如我們所知，在中國，興起的含意不僅只是指一個生長與變化的過程，也是以賦、比、興為核心的中國傳統文學的表現方法之一。葉嘉瑩認為，與「比」相反，古人所謂的「興」，不是一種由心到物的關係，其特點是重視客觀事物對創作者的自然感發作用。陳世驤更指出，「興」在功能上有複查（burden）、疊覆（refrain），尤其是反覆迴增法（incremental repetitions）的本質。「興」擁有的這兩種特性，與汪暉強調從對象自身出發，使對象主體化的內在視野，並注重歷史中某些要素的反覆呈現的方式，似乎不謀而合。上述有關「興」的研究，請見葉嘉瑩（2000）以及陳世驤（1975）。此外，也有學者跳出傳統的觀點，不再將比興視為僅僅是兩種修辭手段，甚或是兩種形象思維的方式，而是進一步從一種整體的藝術思維方式將比興與中國傳統思維相聯，稱為「比興思維」。請見李健（2003）。然而無論從什麼觀點詮釋這個概念，比興所顯示的特色在於它不是如西方從模擬的角度，努力去挖掘或再現事物終極的表象，而是以整體性的觀點，從事物關聯性的基礎上建立起對世界的認識，這一模式也與《興起》一書處理思想的方式相符。

序上也完全錯位[36]。它既不是指一種政治制度的崛起,也不是指一種
經濟實體的崛起,更不是指一種文化模式的崛起,而是指一種新的提
問方式的湧現。它提供了一個批判性的和反思性的視野,不但有助於
我們從內在更深入地理解過去,更有益於我們發現自身當下的盲點與
問題癥結之所在。

在這個新的問題架構之中,不僅使作為研究客體的中國從對象的
位置之中獲得解放,同時也挑戰了西方從19世紀以降,人文與社會
科學領域中既有學科劃分的合理性以及各領域之中既存概念的有效
性。從而將對中國的認識得以突破傳統的漢學、支那學、中國學、東
洋史、東方學、區域研究等,在域外知識體系內部一直處於邊緣性學
科位置的侷限,最終成為世界學術核心領域中平等對話的一員。換
言之,《興起》一書不僅使西方的普遍主義現代性去自然化與去神祕
化,將其還原為各種特殊主義中的一支,同時也使所謂「中國」的獨
特性得以進入普遍主義的範疇之中,獲得真正的主體性發言位置,與
世界上所有不同的各個歷史主體,同等地共享與共創一個開放性的與
普遍性的論述場域。汪暉對中國現代性的反思所採取的方式,與一般
單純的主體性思維不同,整個問題的導向不是在於去思考如何不斷深
化自我的意識,亦不是企圖從對立面對事物進行客觀的批判,而是
類似於馬克思的「從後思索」(Nachdenken)、弗洛伊德的「事後發生」
(Nachträglichkeit)、海德格的「再思」(Andenken)等概念[37]所共同揭示
的思考方式,即從對象出發,跳出既有的時間概念,排除任何立場與
先驗性假設,以事物相互之間的關係為核心,在回覆性思考的過程

---

36 據汪暉自述,《興起》一書大約從1989年開始孕育到完成,時間長達十多年,是在特殊
   的社會危機之後的背景中,以及非常悲觀的氛圍下,重新思考中國歷史命運的問題。請
   見汪暉(2008:480)。

37 有關這幾個概念的說明,請見本書第二章的注釋42。

中,重新決定事物的秩序與因果關係,並以此建構整個意義的內容。汪暉對現代性反思的過程,展示出現代性自身的多樣性,不斷搖撼與顛覆了被現代性所固定的自我認同方式,在自我解放的同時,也解放了一直習慣將他者視為僅僅是一個客體的對方。

汪暉最初以矛盾性做為理解魯迅世界的一把鑰匙,以「個人一致性」作為起點去思考這種複雜的悖論性之後,促使了他對中國現代史中「五四」啟蒙運動的重新思考。面對這個思想紛然雜陳與互相矛盾的運動,又提出了「歷史同一性」的概念,作為分析這個悖論性歷史運動的框架。從「個人一致性」到「歷史同一性」所改變的不僅是範圍的擴大,所關切的焦點也有根本上的不同。「個人一致性」仍然停留在各類思想本身的含義,換言之只是屬於一般性問題的內容層次,而「歷史同一性」則是更深入地將問題的核心指向這些不同的思想之所以能夠並存的可能性條件與其合法性的過程。他從「歷史同一性」的問題架構中總結了五四啟蒙運動所呈現的「態度同一性」特質,之後再提出所謂「文化同一性」的範疇,更進一步將此方法擴展至中國現代思想的整個領域,作為探討產生現代性悖論式思想的社會條件和歷史意義的框架。《興起》一書討論的範圍雖然止於30年代的科玄學論戰,可是從〈當代中國的思想狀況與現代性問題〉、〈中國新自由主義的歷史根源——再論當代中國大陸的思想狀況與現代性問題〉、〈去政治化的政治、霸權的多重構成與60年代的消逝〉、〈亞洲想像的政治〉等一系列涉及當代的文章可見[38],以同一性的問題架構去反思各種悖論性之所以產生的可能性條件,是從魯迅研究迄今一直存在於汪暉著作中的主題。在《反抗絕望——魯迅及其文學世界》新版的序言裡,汪暉從事後回顧的角度說道:「魯迅研究是我個人的學術生涯的

---

38 請參閱汪暉(2008)。

起點，這一點至今對我仍很重要。」（汪暉，2000b：2）因為「我覺得魯迅始終可以作為一個衡量現代思想變化的特殊的座標。這倒不是說他的思想如何的高超，而是說他的思想的那種複雜性能夠為我們從不同的方向觀察現代問題提供線索」（同上，3）。從而「我常常訝異地發現，十年來，讀了許多書，聽了無數的演講，走訪了許多地方，但我對現代中國思想的思考經常會回到我自己的起點去。這讓我感到惶惑，也有些奇怪的感覺。那是一個將要離我而去的影子麼？」（同上）。

第十二章

五月的弔詭
資本主義意識形態終結的開始*

* 原文無副標題，為《法國1968：終結的開始》的中文版序言。作者為A. Quattrocchi & T. Nairn，由趙剛教授譯注，聯經出版社1998出版。

> 我要這個世界，並且要它原來的樣子。再
> 一次地要它，永遠地要它，我貪得無厭地
> 嘶喊著：重新來過！
>
> ——尼采，《善惡的彼岸》

　　5月，在法國正是春暖花開的季節。在1968年的5月，法國卻突然爆發了它現代歷史上最波瀾壯闊的一次社會運動，整個社會幾乎到達了革命的邊緣。在一個感受不到任何明顯的政治或經濟危機的現代西方資本主義社會，卻事前毫無任何徵兆地發生了一場如此驚天動地的事件，完全超乎了任何人的想像，當然也包括了法國人自己。由於其影響既深且廣，如今雖然已經歷卅載，整個事件似乎並未因時間的流逝而完全沉澱下來。相反地，隨著日後歷史發展的不同需要，一直反覆不斷地被討論與詮釋。「68」已經成為近代法國社會的一項遺產，化作潛藏在人民意識層之下的一種「集體無意識」，不因意識形態的不同或黨派的差異而有所區別。事實上，我們更可以將「68」本身視為是當代西方資本主義社會中，一直被壓抑問題的一次無預警式的爆發。運動雖然迅速地結束，可是所顯露出來的症狀，如幽靈般長期纏繞著法國的社會。

　　事件表面的導火線，源自於當時的大學生對整個高等教育制度的
不滿。60年代，法國的經濟快速發展，整個大學體系卻相對落後。
不僅硬體設施明顯不足，無法滿足戰後大量擁入高等學府的學生之需
要。所傳授知識的內容也無法跟上社會的腳步，特別是人文與社會科
學的學生，在激烈的市場競爭原則之下，對大學教育變革的要求也因
此格外強烈。面對大學的保守、封閉與僵化，學生的不滿雖然一致，
可是由於各方的立場不同，其訴求也各異，甚至有時相互矛盾。一部
分學生的願望，在於高等教育制度的現代化，徹底改善學校的基礎設
施，更新教學的方法與內容，提供給學生一個自由、開放與完善的學
習空間，最終使經過激烈競爭擠入大學窄門享有受教權利之人，畢業
之後，順利的投入就業市場，找到正式的工作。

　　另一批相對較激進的學生則與此完全相反，並非僅在技術層次對
當時的高等教育不滿，而是追根究柢，對大學本身的理念以及背後整
個資產階級生活方式的質疑。這些人認為，大學不應該只是一處職業
訓練所，工作也不等於餬口飯，生命更非意味著自私、自利、庸庸碌
碌與自我壓抑。這兩種相互矛盾卻又統一的觀點，相輔相成，構成了
68年5月學運最初發難的基礎。面對學生的訴求，當時的法國政府非
但未積極地回應，反而粗暴地鎮壓，使得事態不斷惡化。由於學生的
組織行動得法，且議題切中資本主義社會問題的癥結，以至於事件迅
速地蔓延。在極短的時間裡，不僅席捲全國的各大學，並且擴展至工
人階級，引發了全國性的大罷工，整個社會癱瘓與國家權力的暫時真
空，最終導致內閣的更動，國會的全面改選與總理蓬皮杜的下臺。

　　然而，如此巨大的一次事件，在持續近一個月之久後，卻倏然地
落幕。除了少數托洛斯基派與毛派團體繼續堅持鬥爭外，整個社會又
迅速地恢復了舊有的秩序。常態的政治活動重新出現，經濟的齒輪也
開足馬力，再次高速運轉，整個國家又被導致既有的勞動與休閒、生

產與消費的軌道之上。

法國68年5月的學運,毫無疑問地與當時世界各地風起雲湧的學生運動相互呼應。無論是在波蘭、捷克、德國、意大利、西班牙、英國、美國⋯⋯等,青年人對現狀的憤怒與反叛,成為一股無法阻擋的潮流。然而在法國,並且只有在法國,反叛不僅是青年人的,同時也是社會的。除了大學生外,參與的人從中學生、年輕的工人、技術人員,到中層幹部、學院人士、知識分子、專業人士等,包括了社會各個不同的階層,並導致整個國家權力真空與社會癱瘓幾近一個月之久。與其他國家的學生運動相較,為何法國的學生運動在時間上較晚,可是卻更深入與更廣泛地撼動了整個社會?圖罕(Alain Touraine)認為,這種獨特地現象與運動最初的導向無關,因為法國學生的訴求基本上與其他國家的學生運動類似,主要原因應與當時法國社會的特殊狀況與國家所扮演的角色有關。

60年代,在阿爾及利亞獨立戰爭後,整個法國社會積極地朝所謂的工業化國家邁進,一切以經濟或科技的標準作為最高指導原則。效率與增長不僅成為經濟領域的鵠的,也變成社會與人文發展的共同目標。然而,工業化社會單面向發展所存在的問題與矛盾卻未受到應有的重視。與此同時,大眾傳播媒體彌漫著一股標準文化,販賣著幸福快樂人生的妙方。汽車、電視、度假、舒適、優雅⋯⋯似乎垂手可得。自由、自主、自在、自足的日子似乎近在眼前。一切的戰爭、社會衝突都煙消雲散,貧窮的消滅、社會的不平等被掃除⋯⋯仿彿人類終於在工業化的堅實土壤中找到了解決一切困難的依據,歷史也終於越過了前半世紀兩次世界大戰所帶來的創傷。

在這巨大的反差中,法國國家的角色一直曖昧不清。從殖民帝國轉型成一個所謂的現代民主國家的過程時,法國的國家機器變成一種矛盾的綜合體。它既中央集權,同時又結構渙散,既現代,同時又老

舊，既偉大，同時又渺小，既自由，同時又威權……除了在國際上代
表這塊土地的住民以外，似乎並無法真正使人民對他自身社會的運作
方式產生任何的認同。以至於當不滿的能量積累至一定程度爆發時，
因為國家是民主的，所以無法採用集權國家的方式，真正予以武力鎮
壓。可是事實上，卻又正是因為國家過於中央集權，不允許社會其他
部門的自主運作，以致衝突不斷發生與擴大。這與其他國家的情況完
全不同。在東歐，如捷克、波蘭，在高壓的政治下，學運可以迅速地
及強力地被敉平。在西方，由於大學制度基本上獨立於社會自主地運
作，以至於整個問題無法延伸至國家的層次。換言之，學生的反叛運
動，在東歐地區，瞄準的對象是國家。在西方國家，是文化。可是在
法國卻又與眾不同，是社會。

因此，當國家宰制整個經濟生活與社會運作時，文化的反叛成為
抵抗權力的一種鬥爭方式。法國5月的學運成功地將政治上的抗爭與
文化上的反叛，二者結合成為一種社會的運動。這也是為何其他國家
的學運，如德國，大多停留在自身的圈子裡，雖然提出了許多觀念，
但只是對資本主義體制的批判與拒斥。然而，在法國，時間上雖較
晚，卻在具體行動中引爆了整個社會的內在矛盾。在西方現代官僚資
本主義社會裡，人民第一次產生了對激進革命的肯定，而不再如以
往，僅是停留在被既存體制中所吸納的示威或請願活動的範圍，不再
與官方共同配合繼續演出治理與抗議的戲碼。

按照傳統的社會分析理論，任何一個重要的社會運動都無法獨立
於工人運動之外，社會運動的主體應是工人，尤其是在像法國這樣具
有悠久社會鬥爭經驗傳統的國家，工人階級一直是具有決定性的力
量。為何68年5月的事件，是由學生發動與領導，而非工人，則是一
個耐人尋味的問題。特別是在戴高樂主政的時期，整個法國社會在工
業化的過程裡，絕大部分工人並未真正享受到經濟發展的成果。在危

機爆發的前夕，總理蓬皮杜政府的政策更是充滿了反工人階級的色彩，低工資、劣質的工作條件、專權的領導、對工會活動設置諸多的障礙、嚴重的住屋問題與教育訓練的過度分化等，整個勞動條件的制度化，遠遠落後於德國與英國。

從68年運動的經驗可以發現，社會運動事實上並不完全是由社會的底層，特別是社會、經濟條件最差的階層為主導。如果是這樣，那麼19世紀就應該是以農民運動為主導，而非工人運動。事實上，決定性的因素應取決於一個社會中統治力量的本質，以及運動本身與統治階級的關係。這也意味著，不應當僅從社會職業的角度作為選擇的惟一標準。在商業資本主義社會裡，城市的小市民才是社會運動的主要力量，因為他們真正承受有產者及國家的宰制。在資本主義初期工業化的階段，主要衝突的場域，則是在工廠以及整個勞動的關係之中。而在我們所謂的消費社會裡，問題的主要癥結從生產轉向消費時，文化的層面則顯得格外重要。

在這種意義下，我們可以看到，在形成中的社會運動本質上與工人運動不同。這當然絕不意味著工人所處的不利世界與此全然無關。而是說，工人運動所採取的行動，就社會學上的意義而言，與5月運動不同，可是在歷史層面上卻相互融合。這也說明了5月運動的另一個曖昧與矛盾的特色，亦即運動雖然由學生發難，並擴及工人及不同的社會階層，以致引起全國性的大罷工，可是運動真正觸及的卻多是工人及各階層中的年輕人。相反地，其他大部分的工人及受薪階級，似乎滿足於將保護他們權益的行動交予工會，要求的多只是停留在短期性改善他們的生存條件等技術性問題上。就這點而言，68年5月運動裡，最保守與最相信現代官僚資本主義誘餌的，矛盾地卻是理論上應該是最革命的工人階級。特別是法國共產黨以及它所領導的工會團體，非但不是整個運動的前衛或先鋒隊，運動的初期甚至還採取敵視

的態度對待學生。

　　儘管馬克思主義的術語在運動中及運動後廣為流行，但法國共產黨由於無法掌握社會的脈動，因此它的政治影響力在5月事件中受到嚴重的挫敗，並且從此一蹶不振。所以，5月的運動並非是工人運動的新化身，而是一種嶄新的社會運動的雛形，展現了新的主題與新的行動者。整個事件證明了資本主義社會繁榮的外表下，存在的不只是某些所謂簡單的邊緣性問題，激進式的衝突與革命的可能也同時存在。此外，同時也暴露出在政治與社會的層次上，對「學生」這個概念理解的困難。無論是在社會學或馬克思主義的理論，都不存在這個範疇，忽視將現代的青年視為一種歷史與文化現象，或者是某種與傳統不同的新的年齡類別。正是理論上的這種漏洞，使得整個事件仿佛從天而降，毫無預警似地突然發生。

　　學生以及整個青年之所以成為事件的主體，是因為他們已經真正為社會革命的一極，徹底地與典型地具現了現代個人深層的及普遍的生存狀態。在經濟發展的國家，教育已經不再僅是一種文化遺產的傳遞，而是某種具有決定性的生產與發展的物質力量，大學則正是這整個系統的重要一環。學生事實上並非是一個職業類別，而是一個既接近又遠離整個社會矛盾與張力的場域。革命的行動不必然完全是以社會邊緣分子的導向為主。相反地，卻是位於社會結構矛盾核心的學生，這些人與國家機器的發展與轉變緊密相連，與整個政治與經濟體制性的宰制直接衝突。因此，在不同形式的政治與經濟權力的籠罩下，學生或青年知識分子直接是以勞動者的身分，成為運動的主導，不再是如以往，是被壓迫或苦難沉默大眾的代言人。

　　68年5月的另一個特色，是整個運動雖然充滿了政治性，可是與此同時，難以置信地卻又是充滿了節慶式的成分。在過程中，鎮暴部隊與示威遊行分子之間，毫無疑問地存在著激烈的衝突。警棍亂舞、

石塊齊飛，處處是被焚的汽車與催淚彈。然而在街頭巷尾的慘烈戰鬥中，部隊並無真正開火射擊，雙方仿佛有默契似地努力克制，避免使事件成為一場生死鬥爭。公權力的暴力雖然未演變成無情的殺戮，可是卻無法恢復制度本身的尊嚴。反而使整個大學的、社會的與政治的規範與法律喪失了原有合法性的基礎，替整個事件的節慶化敞開了大門。

因為統治權威的破產、社會規範的解體，突然間解放了所有在制度中被壓抑與禁止的事物。國家權力的真空使整個社會處在一種假期狀態，所有曾經「正常的」、合法的與制度化運作的機制全部銷聲匿跡。在教室、街上、工作間、辦公室，另類的聲音出現，以往沒有發言權力或欲望的人開始相互傾訴。原本不相識的人，也變得和藹可親，人與人之間的冷漠、距離與藩籬突然撤除，湧現出一種獨特的重新社會化情形。這不僅存在於普通人之間，也出現在政治立場上不同的派別裡面。

事實上，當時參與運動的分子相當複雜，訴求也各自分歧。譬如無政府主義者與國際造勢主義者（L'internationale situationniste）傾向於堅持此時此地的鬥爭，強調在大學的內部反對大學的必要；而托洛斯基派與毛派分子則主張將眼光投射至第三世界的革命，希望將資產階級的大學轉向為工人大眾服務。這些在政治光譜上潛存的對手，卻共生共存，形成了一個真正的整體。整個巴黎在烽煙四起、街堡處處的狀況下，散播出一股節慶般似的無名興奮。這種節慶感遠遠地超出了一般性的消遣，根本上是對某種在生存上需要東西的嚮往，可是卻一直遭受到所謂的「正常」社會與常態政治的抑制。就這層意義而言，5月的運動又是充滿了政治性的、非暴力的普遍性友愛和人際溝通的重新建立，與衝突時的暴力性，矛盾地構成了整個事件的一體兩面。

依照摩漢（Edgar Morin）的說法，整個事件在文化上對法國社會

至少產生兩個重要與深遠的影響。首先它侵蝕了整個社會的地基。西方理性化社會的兩根主要支柱：秩序與進步，不再是不可置疑的起點，工業社會以科技與經濟掛帥的意識形態喪失了它原有的魅力。科學的發展、技術的進步、經濟的成長、都市化的增加、教育的延長……等，這些曾被視為是絕對進步的象徵，如今突然顯露出一種反動的面貌。

對進步概念的質疑事實上雖然早已有之，可是皆未如這般斷然地被視為是反動的，並且批判的聲音是來自於強調進步主義的社會內部。人們開始「質」問官僚化、科技化、效率化的生活，難道不會帶來無止盡的壓迫與精神的變異？所謂的的進步難道不會引領人們走向世界的毀滅？所謂的瘋狂難道不正是潛藏在我們一直深信不疑的理性之中？事件之後，社會雖然繼續前進，可是一切已不再一如往昔般地確定。

其次，這個事件有利於某種新的時代精神湧現。在對既有社會質疑的同時，某種深層的渴望，以不同的形貌醞釀、滲透與擴散，人們不再如60年代般地壓抑與克制。徘徊在順從與反叛、習性與不安之際，逐漸用與以往完全不同的眼光來看待社會、工作、自然、死亡、性或者異性。這種對存在的新渴望，突出地表現在「欲望」（désir）這個字廣泛地被使用上面。媒體也不再美化現實，開始真正面對問題。曾經提供現成幸福藥方的雜誌，亦出現了有關老年、疾病、孤獨、夫妻間的困擾、人際的障礙等問題的探討。

必須指明的是，68年5月的運動雖然與美國加州青年文化運動的內涵有些類似，含有對自由以及團體生活的渴望，可是本身卻並不包括新女性主義、生態保護意識、差異性文化（culture of differences）……等議題。它只是一個斷裂，然而在效果上卻開啟、加速與擴大了以上這些運動在法國的發展。此外，就政治層面而言，值

得注意的是，因為馬克思主義的語彙與分析架構，是唯一比較能夠貼切地呈現現代人在資本主義社會困境的理論武器，以致一股泛左翼的思潮在68年5月事件之後逐漸成為主流。然而，馬克思主義的這套語言，雖然成為參與者以及事後訴說者共同的基本溝通與思考工具，可是它並無法完全真正解釋整個運動的獨特性質。它的流行只是暫時填補與回應對所發生事件的瞭解需求。特別是各派對未來革命形勢的預測，在現實世界裡相繼落空之後，整個左翼的思潮開始逐漸回落，在激烈的自我批判中，尋求新的出路。後來所謂的「新哲學家」（nouveaux philosophes）事件，即是其中一段比較突出的插曲。68年5月的事件，給法國的左翼帶來了極佳的機遇，同時也帶來無比的挑戰。馬克思主義在事件之後雖然影響力擴增，可是同時卻也導致馬克思主義的危機。

　　68年5月事件發生至今已歷卅載，有關的文獻與研究也早已多不勝舉。然而我們可以發現，人們不斷地談到「68」，可是深入地討論卻相當困難。不僅當年參與者的記憶經常擺盪在兩個極端，不是熱烈擁抱式的懷舊，就是對過去的行動全然的否定。甚至相關的研究，經常也是站在某些預設的既定立場，一廂情願式地對整個事件投射出自身的欲望或焦慮。其中最著名的例子，可算是費黑（Luc Ferry）與柯諾（Alain Renault）二人合著的《68年思想》（La pensée 68, Gallimard. 1987）一書。由於68年5月運動之後，某些被稱之為結構主義或後結構主義的法國思想家的著作蔚為流行，作者即想當然耳地將這些被歸類為「反人文主義」的論述，直接地聯繫至68年5月的運動，不但認為前者是後者指導思想，並且充滿道德口吻地指責法國目前瀰漫著一股所謂的虛無主義與此有關。

　　事實上，事件絕大多數的參與者，對上述思想家的著作不僅完全陌生，所持的立場，無論是或明或暗，也與其截然不同。自主的要

求、存在的困境等議題與主體的消失、人的死亡、意義與歷史的終結等，並無必然的關聯。從巴黎大學索邦（Sorbonne）分校、牆上所寫的「阿爾杜塞無用」（Althusser à rien）這句著名口號，即可略知一二。此外像傅柯（Michel Foucault），如我們所知，68年以前，他對學運的態度也是相當的保守。至於拉岡（Jacques Lacan），當時更是不會有人認為他的著作與社會或政治運動有關。《68年思想》的作者完全未注意到，是由於5月運動的挫敗之後，整個社會氣氛與時代精神與反人文主義的思潮相互契合，才是真正導致這些思想家的著作廣受歡迎的原因。二者之間真正的關係並非是思想的，而是由於二者共同處在反叛的境遇之中。

按照一般的想法，革命應該只會發生在貧窮、落後與動盪的地區，可是1968年的5月，在發達的西方資本主義社會裡，卻毫無預警，首次自主地出現了一場準革命性的運動。整個事件所代表的意義非凡，經常甚至有人將它與1789年法國大革命，1848年布爾喬亞革命與1871年巴黎公社並列。夸特羅其與奈仁兩人合著的《法國1968：終結的開始》，雖然不能說是有關這項議題的權威之作（其實到現在似乎也還沒有），可是卻是一個極佳的入門讀物。夸特羅其在前半部，排除枯燥的歷史性敘述，代以散文詩般的描繪，讓讀者身臨其境地感受當時的氣氛。而奈仁在後半部，則補以嚴謹的政治經濟學分析，一感性，一理性，完美地提供了一個瞭解1968年5月運動的初步架構。

當蘇聯共產集團解體，資本主義彷彿取得了全面性勝利之際，在這個歷史時刻，重新審視這個來自資本主義內部的事件，不禁令人想到，歷史可能並未終結，而是如這該書的標題所言：終結的開始。事實上，已經開始了卅年。

中外文書目

中文書目：

孔金與孔金娜。2000。《巴赫金傳》。張杰、萬海松譯。上海：東方出版中心。

巴赫金。1998。《巴赫金全集》1-6卷。曉河、賈澤林、張杰、樊錦鑫等譯。石家莊：河北教育出版社。

史密斯‧丹尼斯。2000。《歷史社會學的興起》。上海：上海人民出版社。

朱光潛。1983。《朱光潛美學論文集》，第三卷。上海：上海藝文出版社。

伍至學。1996。〈馬克思論哲學語言的秘密〉。《哲學雜誌》15：222-237。

吉登斯‧安東尼。1998。《現代性與自我認同》，北京：三聯書局。

列寧。1988。《唯物主義和經驗批判主義》。中共中央馬克思、恩格斯、列寧、史大林著作編譯局編譯。北京：人民出版社。

亨特‧邁克爾‧H。1998。《意識形態與美國外交政策》。褚律元譯。北京：世界知識出版社。

李登輝。1994。〈孤島的痛苦 ——生為台灣人的悲哀〉。《自立晚報》，4月30日～5月2日。

李維。2003。比興思維研究——對中國古代一種藝術思維方式的美學考察。合肥：安徽教育出版社。

汪暉。1997。《汪暉自選集》。桂林：廣西師範大學出版社。

——1998。與陳燕谷主編，《文化與公共性》。北京：三聯書店。

——2000a。《死火重溫》。北京：人民文學出版社。

——2000b。《反抗絕望——魯迅及其文學世界》。石家莊：河北教育出版社。

——2001。〈是經濟史，還是政治經濟學？〉，《〈反市場的資本主義〉導言》，許寶
　　強，渠敬東選編，北京：中央編譯出版社。

——2004。《中國現代思想的興起》，上下卷，共四部，北京：三聯書店。

——2005。〈在歷史中思考〉。《學術月刊》，7月號。

——2008。《去政治化的政治》。北京：三聯書局。

貝爾·丹尼爾。2001。《意識形態的終結——五十年代政治觀念衰微之考察》。張國
　　清譯。南京：江蘇人民出版社。

岑麒祥。1988。《語言學史概要》（修訂版）。北京：北京大學出版社。

施米特·卡爾。2003。《政治的概念》。上海：上海人民出版社。

——2006。《論斷與概念：在與魏瑪、日內瓦、凡爾賽的鬥爭中（1923-1939）》。上
　　海：上海人民出版社。

洛克。1983。《人類理解論》，上冊，關文運譯。北京：商務印書館。

韋伯·馬克斯。2006。《經濟與社會》，上卷。北京：商務印書館。

俞吾金。1993。《意識形態論》。上海：人民出版社。

——1995。〈馬克思物質觀新探〉。《復旦學報》（社會科學版）6：3-9。

——2008。〈馬克思對物質本體論的揚棄〉。《哲學研究》3：3-11。

哈貝馬斯·尤爾根。1999。《認識與興趣》。郭官義、李黎譯。上海：學林出版社。

——2000。《合法化危機》。上海：上海人民出版社。

施密特。1989。《馬克思的自然概念》。沈力譯。台北：結構群。

洛維特·卡爾。2002。《世界歷史與救贖歷史——歷史哲學的神學前提》，李秋靈、
　　田薇譯。北京：三聯書店。

馬克思／恩格斯。1956-1985。《馬克思恩格斯全集》。中共中央馬克思、恩格斯、
　　列寧、史大林著作編譯局編。北京：人民出版社。

——1972。《馬克思恩格斯選集》，1-4卷。中共中央馬克思、恩格斯、列寧、史大
　　林著作編譯局編。北京：人民出版社。

馬克斯·蘇珊。2005。《憲政之謎：國際法、民主和意識形態》。上海：上海譯文出
　　版社。

馬利寧＆申卡魯克，1987。《黑格爾左派批判分析》。曾盛材譯。北京：社會科學文
　　獻出版社。

孫善豪。1998。〈馬克思論意識形態〉。《台灣社會研究季刊》31：115-139。

海德格爾‧馬丁。1999。《謝林論人類自由的本質》。薛華譯。瀋陽：遼寧教育出版社。

陳世驤。1975。《陳世驤文存》。台北：新潮出版社（二版）。

陳岱孫。1987。《從古典經濟學派到馬克思若干主要學說發展編略》。台北：谷風出版社。

張旭東。2005。《全球化時代的文化認同：西方普遍主義話語的歷史批判》，北京：北京大學出版社。

康德。2004。《純粹理性批判》。鄧曉芒譯，楊祖陶校。北京：人民出版社。

景中強。2004。《馬克思精神生產理論研究》。北京：中國社會科學出版社。

黑格爾。1979。《精神現象學》，上下卷。賀麟、王玖興譯。北京：商務印書館。

馮景源。1987，《馬克思異化理論研究》。北京：中國人民大學出版社。

雷迅馬。2003。《作為意識形態的現代化：甘迺迪時期美國的社會科學與「國族營造」》。北京：中央編譯社。

蒂利‧查爾斯。2012。《信任與統治》。胡位鈞譯。上海：上海人民出版社。

詹明信。1990。〈意識形態諸理論〉。《當代》1-3月號。

楊念群。2001。《中層理論──東西方思想會通下的中國研究》。南昌：江西教育出版社。

聖經。1979。聯全聖經公會，現代中文譯本。

葉嘉瑩。2000。《迦陵論詩叢稿》。台北：桂冠出版社。

福山‧弗蘭西斯。1998a。《歷史的終結與最後一人》。本書翻譯組譯。呼和浩特：遠方出版社。

──1998b。《信任──社會道德與繁榮的創造》。李宛蓉譯。呼和浩特：遠方出版社。

劉康。1995。《對話的喧聲：巴赫汀文化理論述評》。台北：麥田出版社。

鄧曉芒。2003。〈三層樓說的誤區與藝術的定位〉。《雲南大學學報》（社會科學版）2.2：49-54。

盧卡奇。1992。《歷史與階級意識──關於馬克思主義辨證法的研究》。杜章智、任立、燕宏遠譯。北京：商務印書館。

賴希‧威爾海姆。1990。《法西斯主義群眾心理學》，張峰譯，重慶：重慶出版社。

鮑曼‧齊格蒙。2006。《尋找政治》。洪濤周順郭台輝譯。上海：上海人民出版社。

薩林斯‧馬歇爾。2002。《文化與實踐理性》。趙丙祥譯。上海：上海人民出版社。

外文書目：

Abaev, V. I. 1969. "Modernisme et déshumanisation de la linguistique". *Langages* 15 : 85-98.

Adert, Laurent. 1991. "Autour de Mikhail Bakhtin" *Critique* 525: 260-275.

Adorno, Theodor. W. 1984. *Modèles critiques: interventions-répliques*. traduit de l'allemand par Marc Jimenez et Eliane Kaufholz. Paris: Editions Payot.

Althusser, Louis. 1965. *Pour Marx*. Paris: François Maspero.

——1972. *Lénine et la philosophie, suivi de Marx et Lénine devant Hegel*. Paris: François Maspero.

——1974. *Eléments d'autocritique*. Paris: Hachette.

——1975 (1968). *Lire le Capital*. édition nouvelle et refondue, 2 volumes.Paris: François Maspero.

——1976. *Positions*. Paris: Editions Sociales.

——1993. *Ecrits sur la psychanalyse, Freud et Lacan*. Textes reunis et presentés par Olivier Corpet et François Matheron. Paris: Editions Stock/Imec.

——1994a. *Sur la philosophie*. Collection L'infini. Paris: Editions Gallimard.

——1994b. *Ecrits philosophiques et politiques*. Tome 1, textes reunis et presentés par François Matheron. Paris: Stock/Imec.

——1995. *Sur la reproduction*. Paris: Presses Universitaires de France.

Anderson, Perry. 2010. " Two Revolutions". *New Left Review* 61: 59-96.

Assoun, Paul-Laurent. 1978. *Marx et la répétiton historique*. Paris: Presses Universitaires de France.

——1984. *L'entendement freudien: Logos et Anakè*. Paris: Editions Gallimard.

——1987. "Le sujet de l'idéal". In *Aspect du malaise dans la civilization*, Navarin Editeur.

——1993a. *Freud et les sciences sociales*. Paris: Armand Colin Editeur.

——1993b. *Introduction à la métapsychologie freudienne*. Quadrige. Paris: Presses Universitaires de France.

Assoun, Paul-Laurent & Gérard Raulet. 1978. "La généalogie du concept de critique chez Marx". In *Marxisme et théorie critique*. Paris: Petite Bibliothèque Payot.

Arrivé, Michel. 1986. *Linguistique et psychanalyse: Freud, Saussure, Hjelmslev, Lacan et les autres*. Paris: Librairie des Meridiens, Klinchsieck.

——1994. *Langage et psychanalyse, linguistique et inconscient: Freud, Saussure, Pichon, Lacan*.

Paris: Presses Universitaires de France.

Arvon, Henri. 1970. *L'Esthétique marxiste*. Paris: Presse Universitaire de France.

Ansart-Dourlen, Michèle. 1985. *Freud et les Lumières: Individu, raison, société*. Paris: Editions Dunod.

Anzieu, Didier. 1985. *Moi-peau*. Paris: Editions Dunod.

——1999. *Le groupe et l'inconscient: L'imaginaire groupal*. Paris: Editions Dunod.

Audinet, Jacques. 1987. "La religion dans la dynamique sociale américaine". *Esprit* 133: 23-36.

Bahktin, Mikhail (Volochinov, V. N.) 1977. *Le marxisme et la philosophie du langage: essai d'application de la méthode sociologique en linguistique*. Préface de Roman Jakobson. Traduit du russe et présenté par Marina Yaguello. Paris: Les Editions Minuit.

Balibar, Etienne. 1983. "La vacillation de l'idéologie dans le Marxisme". *Raison Présente* 66: 97-116.

——1986. "Idéologie et conception du monde: Engels entre l'état, la science et les masses". In *Epistémologie et Matérialisme*. édité par Oliver Bloch. Paris: Meridiens Klinsksieck.

——1991. *Ecrits pour Althusser*. Paris: Editions La Découverte.

——1993a. *La philosophie de Marx*. Paris: Editions La Découverte.

——1993b. "L'objet d'Althusser". In *Politique et philosophie dans l'œuvre de Louis Althusser*. édité par Sylvain Lazarus. Paris: Presse Universitaire de France.

——1997. *La crainte des masse: Polique et philosopie avant et après Marx*. Paris: Editions Galilée.

Bannet, Eve Tavor. 1993. "The Scene of Translation: after Jakobson, Benjamin, de Man, and Derrida". *New Literary History* 24: 577-595.

Barth, Hans. 1976. *Truth and Ideology*. translated by Frederic Lilge. foreword by Reinhard Bendix. University of California Press.

Barrett, Michèle. 1993. "Althusser's Marx, Althusser's Lacan". In *The Althusserian Legacy*. Edited by E. Ann. Kaplan and Michael Sprinker. London. New York: Verso.

Barthes, Roland. 1964 (1953). *La degré zero de l'écriture: suivi de Eléments de sémiologie*. Paris: Editions du Seuil.

Baudrillard, Jean. 1972. *Pour une critique de l'économie politique du signe*. Collection Tel. Paris: Editions Gallimard.

——1986. *Amérique*. Paris: Editions Grasset.

Baudry, Jean-Louis. 1968. "Le sens de l'argent". In *Théorie d'ensemble*. Collection Tel Quel.

Paris: Editions du Seuil.

Bekerman, Gérard. 1981. *Vocabulaire du marxisme*. Paris: Presses Universitaires de France.

Benjamin, Jessica. 1977. "The End of Internalization: Adorno's Social Psychology". *Telos* 32: 42-64.

Benjamin, Walter. 1986. *Le concept de critique esthétique dans le romantisme allemand*. Traduit de l'allemand par Philippe Lacoue-Labarthe et Anne-Marie Lang. L'avant-propos de Philippe Lacoue-Labarthe. Paris: Editions de Flammarion.

Benveniste, Emile. 1966. *Problèmes de linguistique générale I*. Collection Tel. Paris: Gallimard.

Bernans, Davld. 1999. "Historical Materialism and Ordinary Language: Grammatical Peculiarities of the Class Struggle Language Game", *Rethinking Marxism* 11.2: 18-37.

Bernet, Rudolf. 1994. *La vie du sujet: Recherches sur l'interprétation de Husserl dans la phénoménologie*. Paris: Presses Universitaires de France.

Bessis, Sophie. 2001. *L'occident et les autres: histoire d'une suprématie*. Préface inédite de l'auteur. Paris: La Découverte/Poche.

Bible de Jérusalem. 1975. Paris: Desclée de Brouwer.

Biemel. Walter. 1987. *Le concept de monde chez Heidegger*. Paris: Librairie Philosophique J. Vrin.

Blanchot, Maurice. 1971. *L'amitié*. Paris: Editions Galliamrd.

Bottomore, Tom (eds). 1983. *A Dictionary of Marxist Thought*. Great Britain: Basil Blackwell.

Bouchard, Christine. 2000. "Processus analytique et insaisissable perlaboration", *Revue Française de Psychanalyse* 4: 1077-1092.

Brandist, Craig. 1996. "Gramsci, Bakhtin and the Semiotics of Hegemony". *New Left Review* 216: 94-109.

——1997. "Bakhtin, Cassirer and Symbolic Forms". *Radical Philosophy* 85: 20-27.

Brooker, Paul. 1991. *The faces of Fraternalism: Nazi Germany, Fascist Italy ,and Imperial Japan*. Oxford University Press.

Bursztein, Jean-Gérard. 2000. *Qu'est-ce que l'appareil psychique: psychanalyse et sciences neurocognitives*. Paris: Edition Nouvelles Etudes Freudiennes.

Calvet, Louis-Jean. 1977. *Marxisme et Linguistique: précédé de Sous les Pavés de Staline: la plage de Freud*. Paris: Editions Payot.

Campbell, David. 1992. *Writing Security: United States Foreign Policy and the Politics of Identity*. University of Minnesota Press.

Carlebach, Julius. 1991. " Karl Marx et la critique de la religion". *Philosophie* 31: 47-65.

Carr, David. 1999. *The Paradox of Subjectivity: the Self in the Transcendental Tradition.* Oxford University Press.

Carver, Terrell. 1987. *A Marxist Dictionary.* Polity Press.

Cassirer, Ernst.1972. *La philosophie des forms symboliques.* Vol. 1-3. traduit de l'allemand par Claude Fronty. Paris: Les Editions de Minuit.

—— 1979. *Symbol, Myth, and Culture: Essays and Lectures of Ernst Cassirer, 1935-1945.* New Haven: Yale University Press.

Castoriadis, Cornelius. 1975. *L'institution imaginaire de la société.* Paris: Seuil.

Catherine, B.-Clément.; Bruno, Pierre. & Sève, Lucien. 1977. *Pour une critique marxiste de la théorie psychanalytique.* Paris: Editions Sociales.

Chasseguet-Smirgel, Janine. 1979. "Quelques réflexions d'un psychanalyste sur l'idéologie". *Pouvoir* 11: 33-40.

—— 1990. *La maladie d'identité: Essai psychanalytique sur l'idéal du moi.* Paris: Editions Universitaires.

Chomsky, Noam. 2009. *Cartesian Linguistics. A Chapter in the History of Rationalist Thought.* third edition. edited with a new introduction by James McGilvray. Cambridge University Press.

Clark, Katerina, & Holquist, Michael. 1984. *Milkhail Bakhtin.* Cambridge, Massachusetts: Harvard University Press.

Clastres, Pierre. 1974. *La société contre l'état.* Paris: Edition de Minuit.

Clauzade, Laurent. 1998. *L'Idéologie ou la révolution de l'analyse.* Paris: Gallimard.

Cohen, G. A. 1978. *Karl Marx's Theory of History.* Princeton University Press.

Colletti, Lucio. 1975. *Politique et philosophie: suvi de "Le marxisme deformé et inachevé".* par Jean-Marie Vincent. traduit par Christiane Tiller. Paris: Editions Galilée.

—— 1976. *Le marxisme et Hegel.* traduit de l'italien par Jean-Claude Biette et Christian Gauchet. Paris: Editions Champ Libre.

Cook, Daniel J. 1973. *Language in the Philosophy of Hegel.* The Hague: Mouton & Co. N.V. Publishers.

Cournut, Jean. 1982. "L'innocence de la Marquise ou spécificités et vicissitudes de l'après-coup dans la théorie freudienne et la pratique analytique". *Revue Française de Psychanalyse.* 3: 535-557.

Coward Rosalind & Ellis, John. 1977. *Language and Materialism: Developments in Semiology and the Theory of the Subject.* London, Henley and Boston: Routledge & Kegan Paul.

Crary, Johathan. 1990. *Techniques of the Observer: On Vision and Modernity in the Nineteenth Century*. October Book. MIT Press.

"Culture et communiste, l'autre face de <Paris-Moscou>". 1979. *Recherche* No. 39. textes réunis et presentés par Natacha Dioujeva & Thierry Wolton. Paris.

Dallemagne, Jean-Luc. 1977. *L'économie du "capital"*. Paris: François Maspero.

Damisch, Hubert. 1987. *L'origine de la perspective*. Paris: Flammarion.

Debray, Régis. 1993. *L'état séducteur: Les revolutions médiologiques du pouvoir*. Collection Essais. Folio. Paris: Editions Gallimard.

Derrida, Jacques. 1967. *De la grammatologie*. Paris: Les Editions de Minuit.

——1972. *Marges, de la philosophie*. Paris: Les Editions de Minuit.

——1979(1967). *L'écriture et la différence*. Collection Points. Paris: Seuil.

——1987. *Psyché : Invention de l'autre*. Paris: Galilée.

——1993. *Spctres de Marx : L' état de la dette, le travail du deuil et la nouvelle Internationale*. Paris: Galiée.

Donnet, Jean-Luc. 1995. *Surmoi: Le concept freudien et la règle fondamentale*. Tome I . Monographie de la《Revue Française de Psychanalyse》. Paris: Presses Universitaires de France.

Dor, Joël. 1985. *Introduction à la lecture de Lacan: 1. l'inconscient structuré comme un langage*. Paris: Editions Denoël.

Eagleton, Terry. 1991. *Ideology :An Introduction*. London; New York: Verso.

Eco, Umberto. 1976. *A Theory of Semiotics*. Bloominton & London: Indiana University Press.

——1984. *Semiotics and the Philosophy of Language*. Bloomington: Indiana University Press.

——1994. *La recherche de la langue parfaite dans la culture européenne*, traduit par Jean-Paul Manganaro, préface de Jacques Le Goff. Paris: Seuil.

Enriquez, Eugène. 1983. *De la horde à l'état: Essai de psychanalyse du lien social*. Paris: Editions Gallimard.

——1986. "Immuable et changeante illusion: l'illusion nécessaire". *Topique* 37: 135-162.

Erickson, John. 1985 (1975). *The Road to Stalingrad: Stalin's War with Germany*. v. 1. London: Panther Books.

——1985 (1983). *The Road to Berlin: Stalin's War with Germany*. v.2. London: Grafton Books.

Etkind, Alexandre. 1993. *Histoire de la psychanalyse en Russie*. trduit du russe par Wladimir Berelowitch. Paris: Presses Universitaires de France.

Feuerbach, Ludwig. 1960. *Manifestes philosophiques. Textes Choisis (1839-1845)*. Traduit de l'allemand par Louis Althusser. Collection 10/18. Paris: Presses Universitaires de France.

Fontaine, Jacqueline. 1974. *Le cercle linguistique de Prague*. Collection Repère. Paris: Maison Mame.

Formigari, Lia. 1994. *La sémiotique empiriste face au kantisme*. traduit par Mathilde Anquetil. Liège: Pierre Mardaga Editeur.

Forrester, John. 1980. *Language and the Origins of Psychoanalysis*. New York : Columbia University Press.

Foucault, Michel. 1966. *Les mots et les choses: une archéologie des sciences humaines*. Paris: Gallimard.

——1969. *L'achéologie du savoir*. Paris: Gallimard.

——1971. *L'ordre du discours*. Paris: Gallimard.

——1984. *Histoire de la sexualité 2: L'usage des plaisirs*. Paris: Gallimard.

1990. "Qu'est-ce que la critique ?(critique et Aufklärung)". *Bulletin de la société française de philosophie*. 2, 35-63. Avril-Juin.

——1994. *Dits et Ecrits. I-IV. 1954-1988*. Edition établie sous la direction de Daniel Defert et François Edwald. Paris: Gallimard.

——2008. "Introduction à l'Anthropologie". In *Anthropologie du point de vue pragmatique* de Emmanuel Kant. traduction Michel Foucault. présentation Daniel Defert, François Edwald, Fédéric Gros. Paris: Vrin.

Freud, Sigmund. 1940-1952. *Gesammelte Werke*. 18. vol. Chronologisch geordnet. Frankfurt am Main: Imago & S. Fischer Verlag.

——1953-1966. *The Standard Edition of the Complete Psychological Works of Sigmund Freud*. 24. vol. Translated from the German under the general editorship of James Strachey, in collaboration with Anna Freud, assisted by Alix Strachey and Alan Tyson. London: Hogarth Press.

——1966. *Correspondance avec le Pasteur Pfister 1909-1939*. Publiée par les soins d'Ernst L. Freud dt de Heinrich Meng. Traduit de l'allemand par L. Jumel. Préface de Daniel Widlöcher. Colletion Tel. Paris: Gallimard.

——1979. *Correspondance 1873-1939*. Nouvelle édition augmentée. Lettres choisies et présentées par Ernst Freud. Traduit de l'allemand par Anne Berman avec la collaboration de Jean Pierre Grossein. Paris: Gallimard.

——1983. *Contribution à la conception des aphasies: une étude critique*. Préface de Roland

Kuhn. Traduit de l'allemand par Claude Van Reeth. Paris: Presses Universitaires de France.

——1985. *Letters, Sigmund Freud and Lou Andreas-Salomé* ed. by Ernst Pfeiffer. New York: Norton.

Freyssenet, Michel. 1995. "Historicité et centralité du travail". In *La Crise du travail*. Sous la direction de Jacques Bidet et Jacques Texier. Paris: Presses Universitaires de France.

Game, Jerôme. 1998. "Réflets d'un présent perpétuel: la littérature comme immanence dans la philosophie de Mikhail Bakhtin". *Les Temps Modernes* 601: 109-132.

Gardiner, Michael. 1992. *The Dialogics of Critique: M. M. Bakhtin and the Theory of Ideology*. London & New York: Routledge.

Gauchet, Marcel. 2002. *La démocratie contre elle-même*. Collection Tel. Paris: Editions Gallimard.

Geertz, Clifford. 1973. *The Interpretation of Cultures: Selected Essays by Clifford Geertz*. Basic Books.

Gentzler, Edwin. 1993. *Contemporary Translation Theories*. London & New York: Routledge.

Giddens, Anthony. 1991. "Four Thesis on Ideology". *Canadian Journal of Political and Social Theory/Revue canadienne de théorie politique et sociale*.15. 1-2 & 3: 21-24.

Glaser, Hermann. 1995. *Sigmund Freud et L'âme du xx siècle: Psychogramme d'une époque*. Matériaux et analyses. Traduit de l'allemand par Jean-Pierre Bernardy, Pierre Cotet et Jean Gilbert Delarbre. Paris: PressesUniversitaires de France.

Goldhagen, Daniel. Jonah.1996. *Hitler's Willing Executioners: Ordinary Germans and the Holocaust*. Alfred A. Knopf. New York: Random House.

Goldmann, Lucien. 1970. *Marxisme et sciences sociales*. Paris: Gallimard.

Godelier, Maurice. 1970. "Economie marchande, fétichisme, magie et science: selon Marx dans Le Capital". *Nouvelle Revue de Psychanalyse* 2: 197-212.

Goutefangea, Patrick. 1993. "L'établissement de la notion de renversement chez le jeune Marx". *Etudes philosophiques* 2: 161-178.

Goux, Jean-Joseph. 1970. "La reduction du matériel". In *Littérature et idéologies*. Colloque de Cluny II. édité par B. Dufour, R. malaval & G. Titus-Camel. La Nouvelle Critique special 39 bis. 208-218.

——1973. *Economie et symbolique: Freud, Marx*. Paris: Editions du Seuil.

Gramsci, Antonio. 1977. *Gramsci dans le texte*, recueil realisé sous la direction de François Ricci en collaboration avec Jean Bramant, traduit Par Jean Bramant, Gilbert Moget,

Armand Monjo, François Ricci. Paris: Editions Sociales.

——1984. "Notes on Language". *Telos* 59: 127-150.

Green, André. 1969. "Sexualité et idéologie chez Marx et Freud". *Etudes Freudiennes* 1-2: 187-217.

——1973. *Le discours vivant: la conception psychanalytique de l'affect*. Paris: Presses Universitaires de France.

——1977. *Les chaines d'éros: actualité du sexuel*. Paris: Editions Odile Jacob.

——1983. *Narcissisme de vie Narcissisme de mort*. Paris: Les Editions de Minuit.

——1984. "Le langage dans la psychanalyse". In *Langages*. deuxième rencontres psychanalytiques d'Aix-en-Provence 1983. Paris: Edition Les Belles Lettres.

——1985. "Réflexions libres sur la représentation de l'affect". *Revue Française de Psychanalyse* 3 : 773-788.

——1987. "La représentation de chose entre pulsion et langage". *Psychanalyse à l'Université* tome 12. 47 : 357-372.

——1990. *La folie privée: Psychanalyse et des cas-limites*. Paris: Gallimard.

——1991. "Méconnaissance de l'inconscient: science et psychanalyse". In *L'inconscient et la science*. Paris: Editions Dunod.

——1995. *La causalité psychique: entre nature et culture*. Paris: Editions Odile Jacob.

——2002a. *La pensée clinique*. Paris: Editions Odile Jacob.

——2002b. *Idées directrices pour une psychanalyse contemporaine: méconnaissance et reconnaissance de l'inconscient*. Paris: Presses Universitaires de France.

Guess, Raymond. 1981. *The Idea of a Critical Theory: Habermas and the Frankfurt School*. Cambridge University Press.

Guenancia, Pierre. 2002. "Foucault/Descartes: la question de la subjectivité". *Archives de Philosophie* 65.2: 239-254.

Hall, Stuart. 1974. "Marx's Notes on Method: A Reading of the 1857 Introduction". *Working Papers on Cultural Studies* 6: 132-170.

——1977. "Re-thinking the 'Base-and-Superstructure'Metaphor". In Jon Bloomfield(ed.) *Class, Hegemony and Party*. London: Lawence & Wishart.

Hall, Stuart.; Lumley, Bob.& McLennan, Gregor. 1978. "Politics and Ideology: Gramsci" . In *On Ideology*. Great Britain: Hutchinnson.

Haug, Wolfgang Fritz. 1987. *Commodity Aesthetics, Ideology and Culture*. New York: International General.

Havas, Ferenc. 1996. "La langue comme conscience pratique: observations sur une idée de Marx". *Actuel Marx* 19: 63-68.

Heidegger, Martin. 1973. *Approche de Hölderlin*. traduit par H.Corbin, M. Deguy, F. Fédier and J. Laune. nouvelle édition augmentée. Paris: Gallimard.

Henry, Michel. 1976. *Marx, tome I, une philosophie de la réalité. tome II une philosophie de l'économie*. Paris: Gallimard.

Hirst, Paul. 1979. *On Law and Ideology*. U.S.A: Humanities Press.

Hirschkop, Ken. 1985. "The Social and the Subject in Bakhtin", *Poetics Today* 6.2: 769-775.

——1986. "A Response to the Forum on Mikhail Bakhtin". In *Bakhtin: Essays and Dialogues on his Work*. ed. by Gary saulMorson. Chicago & London: The University of Chicago Press.

Hochmann, Jacques & Jeannerod, Marc. 1991. *Esprit, où es-tu? psychanalyse et neuroscience*. Paris: Editions Odile Jacob.

Holquist, Michael. 1990. *Dialogism: Bakhtin and his World*. London & New York: Routledge.

Holzkamp, Klaus. 1983. "Base/Superstructure-above/below: Spatial Metaphors and the Theory of Ideology". In Sakari Hänninen and Leena Paldán (eds.) *Rethinking Ideology : A Marxist Debate*. Berlin: Argument-Verlag.

Houdebine, Jean-Louis. 1977. *Langage et marxisme*. Paris: Editions Klincksieck.

Inwood, Michael. 1992. *A Hegel Dictionary*. Great Britain: Blackwell.

Ivanov, Viach. Vs. 1976. "The Signification of M. M. Bakhtin's Ideas on Sign, Utterance, and Dialogue for Modem Semiotics". in *Semiotics & Structuralism: Readings from the Soviet Union*. ed. & intro. by Henryk Baran. trans. by William Mandel, Henryk Baran & A. J. Hollander. New York: International Arts & Sciences Press.

Jameson, Fredric. 1971. *Marxism and Form: Twentieth-Century Dialectical Theories of Literature*. Princeton University Press.

Jay, Martin. 1973. *The Dialectical Imagination: A History of the Frankfurt School and the Institute of Social Research, 1923-1950*. U.S.A: Little, Brown & Company.

——1994. *Downcast Eyes: the Denigration of Vision in Twentieth-Century French Thought*. Berkeley: University of California Press.

Jeannot, Thomas. M. 1990. "Marx's Use of Religious Metaphors". *International Philosophical Quarterly* 30.2: 135-150.

Jones, Ernest. 1961. *La vie et l'œuvre de Sigmund Freud*. tome II. Traduit de l'anglais par Anne Berman. Paris: Presses Universitaires de France.

Jullien, François. 1992. *La propension des choses: Pour une histoire de l'efficacité en Chine*. Des Travaux. Paris: Seuil.

Juranville, Alain. 1984. *Lacan et la philosophie*. Paris: Presses Universitaires de France.

Karsz, Saül. 1974. *Théorie et politique: Louis Althusser, avec quatre textes inédits de L. Althusser*. Paris: Fayard.

Keenan, Thomas. 1993. "The Point is to (ex)Change it : Reading Capital, Rhetorically". *Fetishism as Cultural Discourse*. (eds) E. Apter & W. Pietz. New York: Cornell University.

Kennedy, Emmet. 1979. "Ideology from Destutt de Tracy to Marx". *Journal of the History of Ideas* 40: 353-368.

Klaus, Georg. & Buhr, Manfred. 1972. *Marxistisch-leninisches Wörterbuch der Philosophie*. Rowohlt.

Kofman, Sarah. 1973. *Caméra obscura: de l'idéologie*. Paris: Galilée.

Köhnke, Klaus Christian, 1991. *The Rise of Neo-Kantianism*. trans. by R. J. Hollingdale. Press Syndicate of the University of Cambridge.

Koonz, Claudia. 2003. *The Nazi Conscience*. Cambridge. London. England: The Belknap Press of Harvard University Press.

Kremer-Marietti, Angèle. 1990. "Le problème de la symbolisation chez Cassirer", dans *Ernst Cassirer: de Marbourg à New York*. édité sous la direction de Jean Seidengart. Paris: Editions du Cerf.

——1990. "De la matérialité du discours saisi dans l'institution". *Revue Internationale de la Philosophie* 173: 241-261.

Kristeva, Julia. 1969. *Recherches pour une sémanalyse*. Collection Tel Quel. Paris: Editions du Seuil.

——1970. "Une poétique ruinée", Présentation de *La poétique de Dostoievski de Mikhail Bakhtin*. Paris: Editions du Seuil.

——1977. *Polylogue*. Collection Tel Quel. Paris: Editions du Seuil.

——1996. *Sens et non-sens de la révolte: pouvoirs et limites de la psychanalyseI*. Paris: Librairie Arthème Fayard.

——2007. *Cet incroyable besoin de croire*. Paris: Editions Bayard.

Labica, Georges. 1987. *Karl Marx. Les《Thèses sur Feuerbach》*. Paris: Presses Universitaires de France.

Labica, Georges. & Bensussan, Gérard. (eds.) 1985 (1982). *Dictionnaire critique du marxisme*. deuxième édition refondue et augmentée. Paris: Presses Universitaires de France.

Lacan, Jacques. 1966. *Ecrits*. Paris: Editions du Seuil.

——1970. "Radiophonie". *Scilicet*. No. 2/3. Paris: Edition du Seuil.

——1971. "Lituraterre". *Littérature: Littérature et psychanalyse* 3: 3-10.

——1975. *Le séminaire, livre XX. Encore. 1972-1973*. Texte établi par Jacques-Alain Miller. Paris: Edition du Seuil.

——1977. "Préface (1966)". In *Jacques Lacan*. Par Anika Lemaire. Deuxième édition revue et augmentée. Bruxelles. Belgium: Editeur Pierre Mardaga.

——1978. Le séminaire, livre II. *Le moi dans la théorie de Freud et dans la technique de la psychanalyse.1954-1955*. Texte établi par Jacques-Alain Miller. Paris: Editions du Seuil.

——1981. *Les Psychoses. Le Séminaire Livre III. 1955-1956*. Texte établié par Jacques-Alain Miller. Paris: Editions du Seuil.

Lacoue-Labarthe, Philippe. 1987. *La fiction du politique: Heidegger, l'art, et la politique*. Collection Detroites. Paris: Christian Bourgeois Editeur.

Lacoue-Labarthe, Philippe. & Nancy, Jean-Luc. 1973. *Le titre de la lettre: une lecture de Lacan*. Paris: Editions Galilée. Paris.

——1978. *L'absolu littéraire: Théorie de la littérature du romantisme allemand*. Paris: Editions du Seuil.

——1991. *Le mythe nazi*. Edition de l'Aube.

Laplanche, Jean. & Pontalis, Jean-Bertrand. 1967. *Vocabulaire de la psychanalyse*. Sous la direction de Daniel Lagache. Paris: Presses Universitaires de France.

Larrain, Jorge. 1979. *The Concept of Ideology*. Great Britain: Hutchinson.

——1983a. *Marxism and Ideology*. London: Macmillan Press.

——1983b. "Ideology". In *A dictionary of Marxist Thought*. ed. by Tom Bottomore, Great Britain: Basil Blackwell.

Lebrun, Gérard. 1989. "Note sur la phénoménologie dans les Mots et les Choses". In *Michel Foucault: Philosophe, rencontre internationale Paris 9,10,11 janvier 1988*. Paris: Seuil.

Lecercle, Jean-Jacques. 2004. *Une philosophie marxiste du langage*. Paris : Presses Universitaires de France.

Lecourt, Dominique. 1973. *Une crise et son enjeu: essai sur la position de Lénine en philosophie*. Paris: Librairie François Maspero.

——1992. *L'Amérique entre la Bible et Darwin*. Collection Quadrige. Paris: Presses Universitaires de France.

Lefebvre, Jean-Pierre. 1990. "Philosophie et philologie: les traductions des philosophes allemands". In *Encyclopaedia Universalis, Les enjeux I*, Encyclopaedia Universalis. France.

——1991. "La langue de Marx". *Philosophie* 32: 29-46.

Lefort, Claude. 1978. *Les formes de l'histoire: Essais d'anthropologie politique*. Collection Essais Folio. Paris: Editions Gallimard.

——1999. *La complication: retour sur le communisme*. Paris: Fayard.

Lœwy, Michael. 1979. *Marxisme et romantisme révolutionnaire, Essais sur Lukács et Rosa Luxemburg*. Paris: Editions Le Sycomore.

Lotter, Konrad; Meiners, Reinjard. &Treptow, Elmar. 1984. *Marx-Engels Begriffslexikon*. München: Beck.

Löwy, Michael. & Robert Sayre. 1992. *Révolte et mélancolie: Le romantisme à contre courant de la modernité*. Paris: Editions Payot.

Luporini, Cesare. 1979. "Le politique et l'étatique : une ou deux critiques ? ". In *Marx et sa critique de la politique*. Paris: François Maspero.

Macherey, Pierre. 1973. "A propos du processus d'exposition du 'Capital'(le travail des concepts) ". In *Lire le Capital IV*. Paris: François Maspero.

Mah. Harold. 1987. *The End of Philosophy, TheOrigin of "Ideology": Karl Marx and the Crisis of the Young Hegelians*. Berkeley: University of California Press.

Mandel, Ernest. 1970 (1967). *La formation de la pensée économique de Karl Marx : de 1843 jusqu'à la rédation du"capital"*. deuxième édition revue et corrigée. Paris: François Maspero.

Mannheim, Karl. 1936. *Ideology and Utopia*. trans. by Louis Wirth and Edward Shils. New York: Harcourt. Brace and Company.

Marion, Jean-Luc. 1991. *Questions cartésiennes*. Paris: Presses Universitaires de France.

Markus, György. 1991. "Concepts of Ideology in Marx". *Canadian Journal of Political and Social Theory/Revue canadienne de théorie politique et sociale*. 15. 1-2 & 3: 87-106.

Marx, Karl./Engels, Friedrich. 1972 (1975-). *Gesamtausgabe (MEGA)*, Hrsg. Vom Institut für Marxismus-Leninismus beim Zentralkomitee der Kommunistischen Partei der Sowjetunion und vom Institut für Marxismus-Leninismus beim Zentralkomitee der Sozialistichen Einheitspartei Deutschlands. Berlin. Dietz.

——1976. *Le Capital : Critique de l'économie politique, livre premier*, traduit de Joseph Roy. entièrement revisée par l'auteur. Paris: Editions Sociales.

Matejka, Ladislav. 1973. "On the First Russian Prolegomena to Semiotics", appendix. *Marxism and the Philosophy of Language*. Cambridge, Massachusetts: Harvard University

Press.

McLellan, David. 1969. *The Young Hegelians and Karl Marx*. London: Macmillan.

——1973. *Karl Marx, His Life and Thought*. Hong Kong: Macmillan Press.

——1986. *Ideology*. University of Minnesota Press.

Meek, Ronald. L. 1956. *Studies in the Labour Theory of Value*. London: Lawrence & Wishart.

Mellor-Picaut, Sophie. 1983. "Idealisation et sublimation". *Nouvelle Revue de Psychanalyse* 27: 124-140.

Mepham, John. 1979. "The Theory of Ideology in Capital". Issues in *Marxist Philosophy*. eds. J. Mepham & D. H. Ruben, Hassocks: Harvester.

Meschonnic, Henri. 1975. *Le signe et le poème*. Paris: Editions Gallimard.

Miller, Matin A. 1998. *Freud and the Bolsheviks: Psychoanalysis in Imperial Russia and the Soviet Union*. New Haven & London.: Yale University Press.

Milner, Jean-Claude. 1983. *Les noms indistincts*. Paris: Editions du Seuil.

Mitchell, W. J. T. 1986. *Iconology: Image, Text, Ideology*. The University of Chicago Press.

Mitscherlich, Alexandre & Margarete. 1972. *Le deuil impossible: Les fondements du comportement collectif*. Traduit de l'allemand par Laurent Jospin. Paris: Editions Payot.

Mohun, Simon, (ed.) 1994. *Debats in Value Theory*. Macmillan Press.

Morson, Gary Saul & Emerson, Caryl. 1990. *Mikhail Bakhtin: Creation of a Prosaics*. California: Stanford University Press.

Moscovici, Serge. 1981. *L'âge des fouls*. Paris: Editions Fayard.

Mouffe, Chantal. 1979. "Hegemony and Ideology in Gramsci". In *Gramsci and Marxist Theory*. Chantal Mouffe (ed.). Routledge & Kegan Paul.

——1993. *The Return of the Political*. London; New York: Verso.

——2005. *On the Political*. Abingdon. New York: Routledge.

Moulin, Georges. 1967. *Histoire de la linguistique: des origins au xx siècle*. Paris: Presses Universitaires de France.

——1972. *La linguistique du xx siècle*. Paris: Presses Universitaires de France.

Muldworf, Bernard. 1997. "Résistances idéologique, idéologie de la résistance: Réhabiliter 《illusion》?" *La Pensée* 31: 117-125.

Nassif, Jacques. 1977. *Freud l'inconscient: sur les commencements de la psychanalyse*. Paris: Editions Galilée.

Ogilvie, Bertrand. 1987. *Lacan: la formation du concept de sujet (1932-1949)*. Paris: Presses Universitaires de France.

Osier, Jean-Pierre. 1982(1968). "Présentation" de《L'essence du christianisme》de Ludwig Feuerbach. Paris: François Maspero.

Panofsky, Erwin. 1975. *La perspective comme forme symbolique.* traduit par G. Ballangé. Paris: Minuit.

Paris-Moscou: 1900-1930. 1979. Paris: Editions du Centre Georges Pompidou.

Perret, Catherine. 1993. "La critique défunte en son miroir: Sur critique de la culture et société de T.W. Adorno". *Traverses* 6: 58-73.

Philonenko, Alexis. 1989. *L'école de Marbourg: Cohen-Natorp-Cassirer.* Paris: Librairie philosophique J. Vrin.

Pirog, Gerald. 1987. "The Bakhtin Circle's Freud: From Positivism to Hermeneutics". *Poetics Today* 8.3: 591-610.

——1989. "Bakhtin and Freud on Ego", in *Russian Literature and Psychoanalysis*, ed. by Daniel Rancour-Laferriere. Amsterdam: John Benjamins Publishing Company.

Pomorska, Krystyna. 1968. *Russian Formalist Theory and its Poetic Ambiance.* Paris & The Hague: Mouton.

Pontalis, Jean-Bertrand. 1977. *Entre le rêve et la douleur.* Paris: Editions Gallimard.

Ponzio, Augusto. 1990. *Man as a Sign : Essays on the Philosophy of Language.* translated from the Italian and edited by Susan Petrilli.Berlin; New York: Mouton de Gruyter.

Portis, Larry. 2000. "Les fondements structurels et moraux de l'hégémonie américaine". *Actuel Marx.* 27: 43-54.

Prawer, S.S. 1976. *Karl Marx and World Literature.* Great Britain: Oxford University Press.

Rancière, Jacques. 1973. "Le concept de critique et la critique de l'économie politique des 'Mansucrits de 1844' au 'Capital' ". In *Lire le Capital III.* Paris: François Maspero.

——2005. *La haine de la démocratie.* Paris: Fabrique.

Rastier, François. 1972. *Idéologie et théorie des signes. Analyse structurale des Eléments d'Idéologie d'Antoine-Louis-Claude Destutt de Tracy.* The Hague: Mouton.

Récanati, François. 1979. *La transparence et l'énonciation :pour introduire à la pragmatique.* Paris: Edition du Seuil.

Reichel, Peter. 1993. *La fascination du nazisme.* Traduit de l'allemand par Olivier Mannoni. Paris: Editions Odile Jacob.

Renault, Emmanuel. 1995. *Marx et l'idée de critique.* Paris: Presses Universitaires de France.

Revault d'Allonnes, Myriam. 1999. *Le déperissement de la politique: généalogie d'un lieu commun.* Paris: Aubier.

—— 2010. *Pourquoi nous n'aimons pas la démocratie*. Paris: Editions du Seuil.

Rey, Alain. *Théories du signe et du sens*. *Lectures I* 1973 et *Lectures II*. 1976. Paris: Editions Klincksieck.

Ricœur, Paul. 1965. *De l'interprétation: essai sur Freud*. Paris: Editions du Seuil.

——1986. *Lectures on Ideology and Utopia*. edited by George H. Taylor. New York: Columbia University Press.

Robin, Régine. 1986. *Le réalisme socialisme: une esthétique impossible*. Paris: Editions Payot.

Robins, Robert Henry. 1979. *A Short History of Linguistics*. 2nd ed. London. New York: Longman.

Rosanvallon, Pierre. 2006. *La contre-démocratie: la politique à l'âge de la défiance*. Paris: Editions du Seuil.

Rosdolsky, Roman. 1989(1977). *The Making of Marx's "Capital"*. 2 volumes. second (unabridgred) paperback edition. trans. by Pete Burgess. London: Pluto Press.

Rosen, Michael. 1993. "From Vorstellung to Thought : is a 'Non Metaphysical' View of Hegel Possible? ". In *G. W. F. Hegel: Critique Assessments III*. Robert Stern (ed.) London: Routledge.

Rose, Margaret. A. 1984. *Marx's Lost Aesthetic: Karl Marx and the Visual Arts*. Great Britain: Cambridge Univertity Press.

Rossi-Landi, Ferrucio. 1975. *Linguistics and Economics*. The Hague: Mouton.

Sahlins, Marshall. 1996. "The Sadness of Sweetness: The Native Anthropology of Western Cosmology". *Current Anthropology* 37.3: 395-428.

Salamini, Leonardo. 1981. "Gramsci and Marxist Sociology of Language". *International Journal of Sociology of Language* 32: 27-44.

Sallis, John. 1977. "Hegel's Concept of Presentation". *Hegel Studien* 12: 129-156. Bonn. Bouvier: Verlag.

Sasson, Anne Showstack. 1990. "Gramsci's Subversion of the Language of Politics". *Rethinking Marxism* 3, 1: 14-25.

Saussure, Ferdinand de. 1980. *Cours de linguistique générale*. Publié par Chales Bally et Albert Sechehaye avec la collaboration de Albert Riedlinger. Edition critique préparée par Tullio de Mauro. Paris: Editions Payot.

Sayer, Derek. 1987. *The Violence of Abstraction: The Analytical Foundation of Historical Materialism*. Basil Blackwell.

Schaeffer, Jean-Marie. 1980."Romantisme et langage poétique". *Poétique* 42: 177-194.

——1987. *L'image précaire: du dispositif photographique*. Paris: Seuil.

Schlagdenhauffen, Alfred. 1934. *Frédéric Schlegel et son groupe, La doctrine de l'Athenaeum(1798-1800)*. Strassbourg: Publications de la Faculté des Lettres à l'Université.

Schwartz, Michael. 1998. "Critical Reproblemization: Foucault and the Task of Modern Philosophy". *Radical Philosophy* 91: 19-29.

Sève, Lucien. 1980. *Une introduction à la philosophie marxiste:suivi d'un vocabulaire philosophique*. Paris: Editions Sociales.

Shell, Marc. 1978. *The Economy of Literature*. Baltimore: John Hopkins University Press.

Sinelnikoff, Constantin. 1974. "Situation idéologigue de Wilhelm Reich", in *Freudo-marxisme et sociologie de l'aliénation*. Editons 10/18. Paris: Anthropos.

Spivak, Gayatri Chakravorty. 1988. *In Other Worlds, Essays in Culture Politics*. London: Routledge.

Stanguennec, André. 1990. "Néokantisme et hégélianisme chez Ernst Cassirer".In *Ernst Cassirer: de Marbourg à New York*. sous la direction de Jean Seidengart. Paris: Editions du Cerf.

Stephanson, Anders. 1995. *Manifest Destiny: American Expansion and the Empire of Right*. New York: Hill and Wang.

Stewart, Suan. 1986. "Shouts on the Street: Bakhtin's Anti-linguistics". in *Bakhtin: Essays and Dialogues on his Work*. ed. by Gary Saul Morson. Chicago & London: University of Chicago Press.

Taminaux, Jacques. 1977. *Le regard et l'excédent*. La Haye: Martinus Nijhoff.

Theunissen, Michael. 1986. *The Other: Studies in the Social Ontology of Husserl, Heidegger, Sartre, and Buber*, trans. by Christopher Macann.U.S.A. MIT press paperback edition.

Thibault, Paul J. 1997. *Re-reading Saussure: The Dynamics of Sign in Social Life*. London: Routledge.

Thompson, John B. 1987. "Language and Ideology: A Framework for Analysis". *The Sociological Review*. 35. 3: 516-536.

——1990. *Ideology and Modern Culture: Critical Social Theory in The Era of Mass Communication*. California: Stanford University Press.

Titunik, Irwin. R. 1987(1976). "Translator's Introduction". In *Freudianism: a Critical Sketch*. by V. N. Volosinov. translated by I.R. Titunik; edited in collaboration with Neal H. Bruss. Bloomington: Indiana University Press.

Todorov, Tzvetan. 1977. *Théorie du symbole*. Paris: Edition du Seuil.

Tort, Patrick. 1988. *Marx et le problème de l'idéologie: le modèle égyptien suivi de Introduction à l'anthropologie darwinien*. Paris: Presses Universitaires de France.

Uchida, Hiroshi. 1988. *Marx's Grundisse and Hegel's Logic*. edited by Terrell Carver. London: Routledge.

Urban, Wilbur. M. 1973. "Cassirer's Philosophy of Language". In *The Philosophy of Ernst Cassirer*. ed. by Paul Arthur Schilpp. La Salle. Illinois. Open Court Publishing Company.

Verene, Donald. Phillip. 1969. "Kant, Hegel, and Cassirer: The Origins of the Philosphy of Symbolic Forms". *Journal of the History of Ideas* 30.1: 33-46.

Veyne, Paul. 1969. "Panem et circenses: l'énergétisme devant les sciences humaines". *Annales: économies, sociétés, civilizations* 24. 3-4: 785-825.

——1978. *Comment on écrit l'histoire*. Point. Paris: Seuil.

Vincent, Jean-Marie. 1987. *Critique du travail, Le faire et l'agir*. Paris: Presses Universitaires de France.

Vinogradov, V. V. 1969. "Triompher du culte de la personnalité dans la linguistique soviétique". *Langages* 15 : 67-84.

Vucinich, Alexander. 1976. *Social Thought in Tsarist Russian: The Quest for a General Science of Society 1861-1917*. The University of Chicago Press.

Weber, Samuel. M. 1985. "The Intersection: Marxism and the Philosophy of Language". *Diacritics* 15.4: 94-112.

Williams, Raymond. 1977. *Marxism and Literature*. Great Britain: Oxford University Press.

——1980. "Base and Superstructure in Marxist Cultural Theory". In *Problems in Materialism and Culture: Selected Essays*. London.Verso.

Whitebook, Joel. 1995. *Perversion and Utopia: A Study in Psychoanalysis and Critical Theory*. Cambridge, Massachusetts: The MIT Press.

Wiggershaus, Rolf. 1993. *L'Ecole de Francfort: Histoire, développement, signification*. Traduit de l'allemand par Lilyane Deroche-Gurcel. Paris: Presses Universitaires de France.

Willey, Thomas. E. 1978. *Back to Kant: The Revival of Kantianism in German Social and Historical Thought 1860-1914*. Detroit: Wayne State University Press.

Zenkovsky, B. 1953-1955. *Histoire de la philosophie russe*. 2 Volumes. traduit du russe par C. Andronikof. Paris: Librairie Gallimard.

台灣社會研究叢刊

國家圖書館出版品預行編目資料（CIP）資料

意識形態的幽靈／于治中作.
-- 初版 -- 臺北市：行人文化實驗室, 2013.12
376 面；14.8×21 公分 —（台社叢刊；18）
ISBN 978-986-89652-8-7（平裝）

1.社會意識 2.意識形態

541.14   102026407

意識形態的幽靈
作者：于治中

總編輯：周易正
責任編輯：孫德齡
美術設計：鄭宇斌
行銷業務：李玉華、蔡晴
排版：Bear 工作室
印刷：崎威彩藝

定價：420 元
2013 年 12 月　初版一刷
ISBN：978-986-89652-8-7

出版者：行人文化實驗室（行人股份有限公司）
發行人：廖美立
地址：10049 台北市北平東路 20 號 10 樓
電話：（02）2395-8665
傳真：（02）2395-8579
郵政劃撥：50137426
http://flaneur.tw

總經銷：大和書報圖書股份有限公司
電話：（02）8990-2588